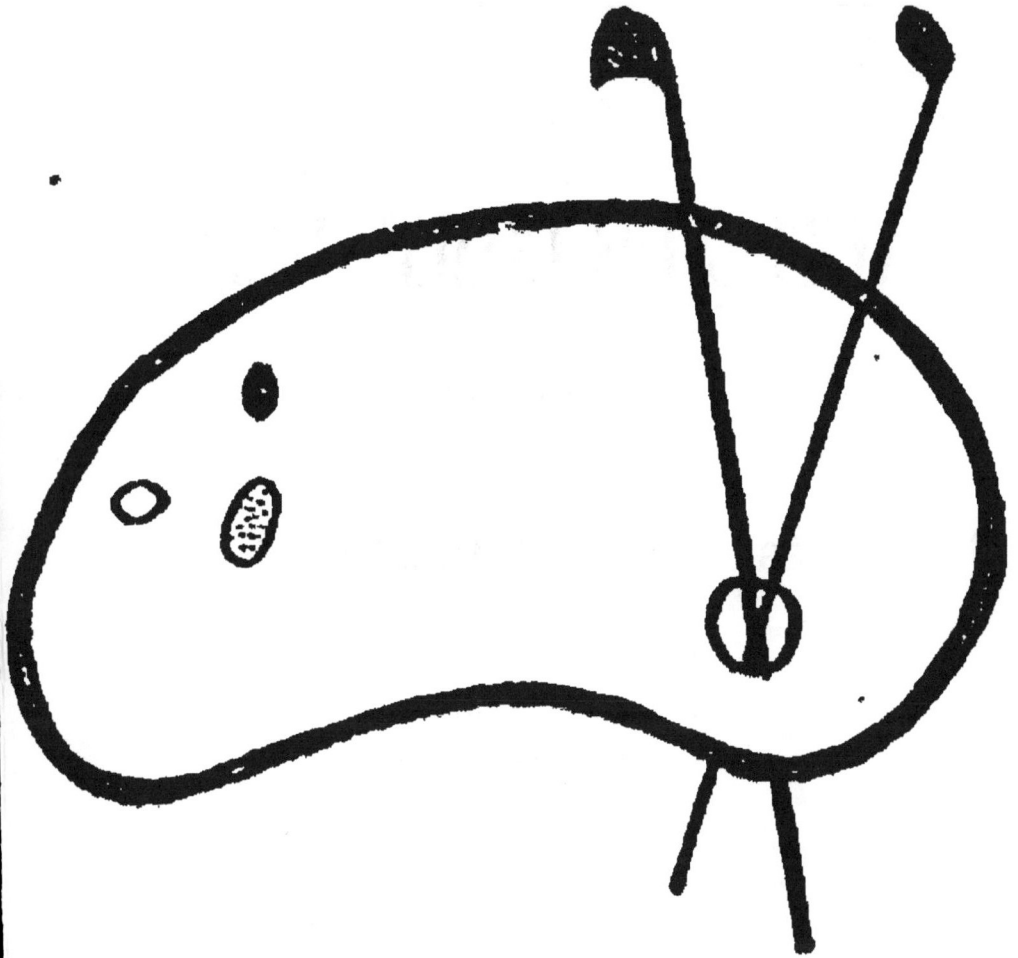

DEBUT D'UNE SERIE DE DOCUMENTS
EN COULEUR

DES

ACTES DE COMMERCE

TERRESTRES

THÈSE POUR LE DOCTORAT

PAR

Pierre APPERT

AVOCAT A LA COUR D'APPEL

PARIS

LIBRAIRIE NOUVELLE DE DROIT ET DE JURISPRUDENCE

Arthur ROUSSEAU, ÉDITEUR

14, RUE SOUFFLOT, ET RUE TOULLIER, 13

1897

Imp. G. Saint-Aubin et Thevenot. — J. THEVENOT, successeur, Saint-Dizier.

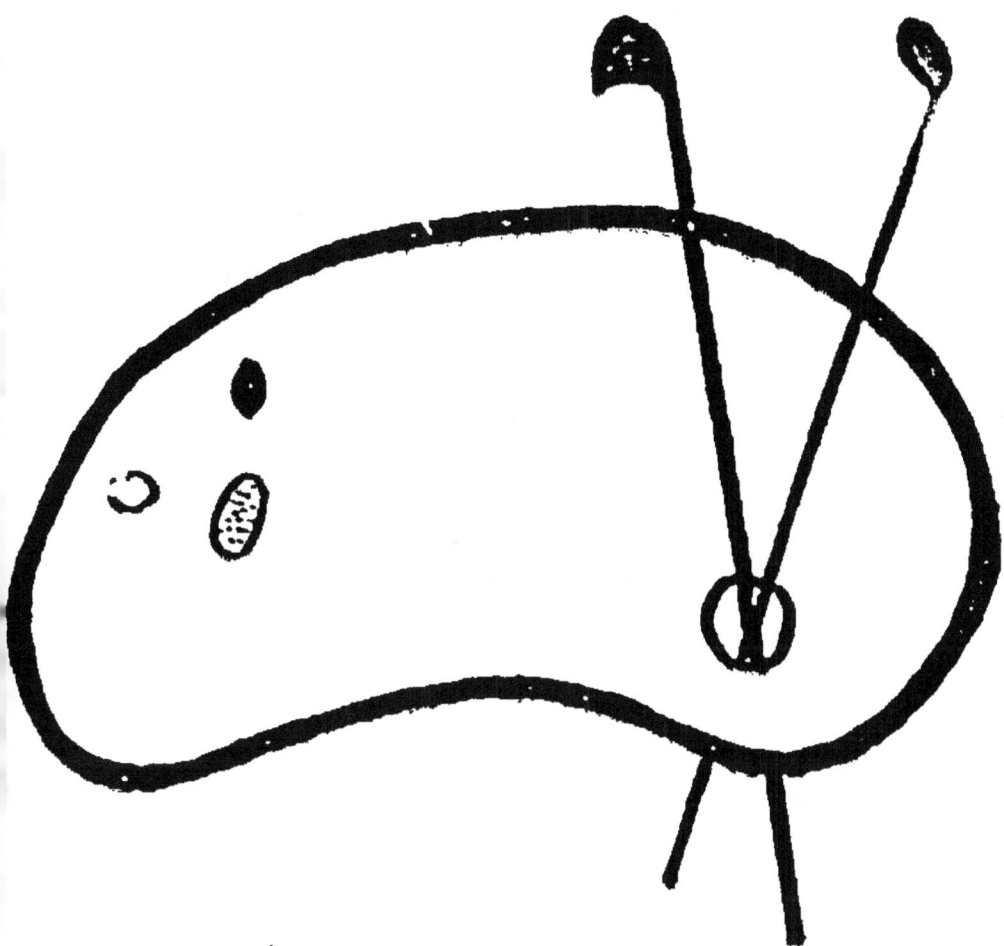

FIN D'UNE SERIE DE DOCUMENTS
EN COULEUR

THÈSE

POUR LE DOCTORAT

UNIVERSITÉ DE PARIS. — FACULTÉ DE DROIT

DES

ACTES DE COMMERCE

TERRESTRES

THÈSE POUR LE DOCTORAT

L'ACTE PUBLIC SUR LES MATIÈRES CI-APRÈS

Sera soutenu le mercredi 24 mars 1897, à 9 heures 1/2

PAR

Pierre APPERT

AVOCAT A LA COUR D'APPEL

Président : M. THALLER.

Suffragants : { MM. LYON-CAEN, *professeur.*
DESCHAMPS, *agrégé.*

PARIS

LIBRAIRIE NOUVELLE DE DROIT ET DE JURISPRUDENCE

Arthur ROUSSEAU, ÉDITEUR

14, RUE SOUFFLOT ET RUE TOULLIER, 13

1897

A MES PARENTS

DES ACTES DE COMMERCE TERRESTRES

INTRODUCTION

Qu'est-ce qu'un acte de commerce ?

Cette question se pose tous les jours devant nos Tribunaux consulaires et nos Cours d'appel, et la loi commerciale
n'énonce aucun principe de droit permettant aux magistrats de donner une solution rationnelle.

Les transactions commerciales font naître des litiges
multiples, dont la plupart supposent tranchée cette question primordiale : l'acte de commerce en effet a pour privilège d'attribuer la qualité de commerçant avec l'aptitude
à la faillite, et d'entraîner l'obligation de tenir des livres
et la compétence de juges spéciaux ; notre Code n'indique
aucun signe grâce auquel le juriste ou le praticien puisse
déterminer le caractère particulier de ces actes ; les excep-

tions d'incompétence se multiplient, les jugements se contredisent, les auteurs discutent et le problème n'est pas résolu.

Il est peut-être hardi de vouloir jeter la lumière sur ces questions en coordonnant des idées sans cohésion et d'essayer de ne pas se perdre au milieu de l'énumération des actes que nous fournissent les articles 632 et 633 du Code. La plupart des commentateurs depuis bientôt un siècle ont tourné leurs efforts de ce côté ; d'autres ont reculé devant la tâche ; une évolution de jurisprudence s'est lentement formée, posant quelques règles simples dont les arrêts se sont inspirés ; on n'est pas arrivé à s'entendre. L'énumération posée en 1807 pour tenir lieu d'une définition est devenue incomplète, car depuis un siècle des faits nouveaux sont apparus sur le marché, sans qu'on puisse savoir si l'on doit les considérer comme civils ou commerciaux.

Une définition de l'acte de commerce s'impose au point de vue théorique, afin de combler les lacunes de la loi ; elle est une nécessité pratique et devient indispensable pour le magistrat, depuis longtemps obligé d'errer parmi les assimilations analogiques tirées des exemples donnés.

Cette définition doit être cherchée dans une conciliation des termes des articles 632 et 633 ; le premier énonce les actes du commerce terrestre, le second les opérations du trafic maritime. Cependant, nous n'essaierons que la théorie des actes du commerce de terre ; une synthèse des faits commerciaux terrestres et maritimes serait véritablement impossible, car dans l'article 633 le législateur s'est inspiré d'idées toutes différentes de celles qui l'ont guidé dans l'énumération des faits de l'article 632 ; si dans cet article il s'est inspiré de quelques vagues notions d'économie politique (et encore certains auteurs contestent qu'il ait suivi aucun principe dirigeant), dans l'énoncé des faits du commerce maritime, il a obéi avant tout à des considérations d'utilité pratique ; la liste aurait pu en être plus longue ou plus courte ; il n'y avait aucun motif rationnel de décision ; d'ailleurs les opérations du commerce de mer ont peu changé et se sont peu développées depuis un siècle ; l'énumération telle qu'elle est suffit à la pratique ; il est inutile de chercher à en rattacher les termes à un principe théorique qui n'existe pas.

Les actes du commerce terrestre seront donc seuls l'objet de cette étude ; seuls ils présentent vraiment un intérêt juridique. C'est une définition de ces faits que nous allons chercher.

Nous étudierons d'abord la notion d'acte de commerce, comment elle est apparue et s'est développée dans notre droit, ce qu'elle est aujourd'hui ; — nous examinerons les systèmes proposés par la doctrine en vue de concilier les termes de l'article 632 et les règles posées par la jurisprudence dans le même but ; et, après avoir exposé la définition de l'acte de commerce que nous croyons conforme à la loi et aux principes économiques, nous en étudierons les conséquences pratiques en concordance avec l'énumération de l'article 632.

De là, les quatre parties de cette étude :

I. — De la notion d'acte de commerce en général ;

II. — Qu'est-ce que l'acte de commerce ? — Systèmes proposés ;

III. — Essai de définition ;

IV. — Conséquences pratiques de la théorie adoptée.

PREMIÈRE PARTIE

DE L'ACTE DE COMMERCE EN GÉNÉRAL.

—

CHAPITRE PREMIER

DE LA NOTION D'ACTE DE COMMERCE.

SECTION I. — Son sens, ses origines légales.

La distinction de l'ordre civil et de l'ordre commercial n'a pas existé de tout temps ni chez tous les peuples, et les Romains ne l'ont pas connue (1) : car la division du *jus civile* et du *jus gentium* ne se basait pas sur les mêmes

(1) V. Vivante, *Histoire et polémique ; Annales de droit commercial,* 1893, p. 1 ; Cuq, *Institutions juridiques des Romains,* I, p. 483.

principes que notre division du droit civil et du droit
consulaire. La première reposait sur des différences de
capacité et de formes ; la seconde apparaît comme reposant sur des différences de fond.

Cette grande distinction des affaires civiles et des affaires commerciales remonte chez nous à la fin du moyen
âge, et si elle n'était pas consacrée législativement avant
cette époque, certains documents nous prouvent que les
usages la respectaient (V. notamment la Lettre de Phi-
lippe Ier, d'octobre 1061 ; le Livre des Métiers d'Estienne
Boileau).

Mais tandis qu'autrefois elle avait pour base une distinction de personnes, une différence de situations juridiques, aujourd'hui elle s'appuie sur une différence de faits ;
notre ancien droit partait de la notion de commerçant,
déterminée par tout le système des corporations (1) ; notre
droit actuel repose sur la notion d'acte de commerce.

La notion légale d'acte de commerce, c'est-à-dire d'un
acte juridique distingué des autres à raison de certains
caractères spéciaux, n'est pas ancienne : elle n'apparaît
manifestement dans les textes législatifs qu'au commencement de ce siècle, avec la promulgation du Code de
commerce, en 1807.

S'il est vrai que l'acte de commerce a toujours existé en
fait, puisqu'il est une conséquence nécessaire de l'existence même du commerce, en droit, la conception d'un
acte juridique reconnaissable à certains signes légaux est
réellement nouvelle; elle semble être un produit de la
liberté du travail, et ne s'être fait jour dans l'esprit du
législateur que du moment où celui-ci eut admis la possi-

(1) V. Levasseur, *Histoire des classes ouvrières en France*, 2 vol.
Paris, 1867.

bilité pour toute personne de trafiquer librement, pour son compte, sous sa responsabilité, sans avoir à obéir aux règles étroites des statuts professionnels.

La petite industrie demeura longtemps fermée à tous ceux qui ne faisaient pas partie du monde restreint des corporations (1); la juridiction du commerce ne s'appliquait qu'aux personnes, non aux choses, ou tout au moins la première condition nécessaire pour être justiciable des tribunaux consulaires était d'être commerçant. Le régime des castes qui divisait les hommes au grand détriment de la liberté et du progrès, se faisait sentir là comme dans les autres branches de la législation.

Le système des corporations, qui limitait d'une façon déplorable au point de vue économique le droit de se livrer au commerce et à l'industrie, la réglementation rigide et presque immuable des manufactures, ayant pour résultat d'anéantir la concurrence; telle était l'organisation d'autrefois, système arbitraire et vexatoire, où le droit de commercer était accordé à la faveur et aux situations de famille. Tout cela était absolument contraire à la notion d'acte de commerce, c'est-à-dire d'un acte juridique, présentant certains caractères déterminés, accompli librement par toute personne, et se distinguant des actes juridiques ordinaires par ses éléments constitutifs.

Sous l'ancien régime, un acte commercial, — si l'on peut employer ce mot qui n'apparaît nulle part dans les auteurs (2), — est l'opération faite par une personne re-

---

(1) Le régime corporatif ne s'appliquait qu'aux *métiers d'artisans*; la banque, le grand commerce étaient libres, ainsi d'ailleurs que les manufactures. V. Savary, *Dict. du commerce*, v° *Banque, Manufacture*.

(2) Aucun des dictionnaires de droit antérieurs à la Révolution, entre autres le *Dictionnaire de commerce*, de Savary, ne contient le mot « Acte de commerce ».

vêtue de la qualité de « marchand », et « pour faits de
marchandise » : voilà tout. Et encore, cette commercialité toute personnelle est-elle bien moins étendue dans ses
applications que celle admise aujourd'hui par notre Code
de commerce (art. 632, 6°). C'est pourtant aller peut-être
un peu loin que de poser en principe que la notion d'acte
de commerce n'existait pas dans l'ancien droit : si le nom
n'était pas connu, la chose était admise, et Jousse, dans
son *Commentaire de l'Ordonnance de* 1673, en tirait certaines conséquences que nous aurons à examiner.

En étudiant cette donnée abstraite qui constitue la notion d'acte de commerce, il faut se garder d'en confondre
l'histoire avec celle des juridictions consulaires. Si des
magistrats spéciaux ont, presque de tout temps, été utiles
pour l'expédition des affaires de commerce, les bases de
la compétence qui leur a été attribuée ont pu changer et
ont changé en effet.

Tout d'abord, est-ce bien par suite de l'éclosion d'une
idée abstraite, purement doctrinale et rationnelle, que les
rédacteurs du Code de 1807 ont échafaudé la théorie de
l'acte de commerce, semblant en faire ainsi un acte concret,
bien déterminé, soumis à des règles distinctes ? Ou bien
plutôt le législateur du commencement du siècle n'a-t-il
pas agi ainsi, comme le fait la plupart du temps le législateur, sous l'influence des idées du moment ?

C'est difficile à dire, et les travaux préparatoires jettent
peu de lumière sur cette question.

La loi a voulu définir l'acte de commerce, le caractériser, cela est certain (et il le fallait parce qu'elle voulait
transporter la compétence de la personne sur le fait) (1) ;

_____

(1) V. art. 447 du projet du Code de commerce : « La compétence des
Tribunaux de commerce se détermine par le fait qui donne lieu à la

mais à quelle cause faut-il attribuer ce changement apporté dans les règles qui régissaient depuis si longtemps la commercialité ? Les rédacteurs n'ont-ils pas inconsciemment obéi à l'une des idées dominantes de toute la Révolution française, l'idée de la suppression des classes ? On serait tenté de le croire, lorsqu'on recherche les motifs de cette conception si soudaine et si nouvelle dans notre droit (1). La Révolution avait aboli toutes les distinctions de personnes, supprimé les privilèges et proclamé la liberté du commerce ; organiser une classe de commerçants eût paru un retour aux anciens errements, une pierre apportée à la reconstruction de l'édifice du passé.

N'est-ce pas la même crainte qui a dicté l'article 638 du Code civil « La servitude n'établit aucune prééminence d'un héritage sur l'autre », et qui se laisse entrevoir dans l'article 1er du projet du Code de commerce « Toute personne a le droit de faire le commerce en France (2) » ?

S'il est assez difficile de démêler les causes profondes de cette conception d'un acte juridique nouveau, il est aisé de voir les résultats obtenus.

Le Code de 1807 a abandonné les traditions anciennes pour poser ce principe : la détermination de la compétence par le fait, en tenant compte, seulement dans certains cas, de la qualité de la personne ; et ce fait est devenu la base même de la loi commerciale, puisqu'il fixe la compétence

contestation. » V. aussi Locré, *Esprit du Code de commerce*, 1re édition, t. VIII, p. 215, 260, 323.

(1) Regnaud de St-Jean d'Angély s'exprimait ainsi, à la séance du Conseil d'État : « Notre section a voulu consacrer le principe, que pour se livrer au négoce, il n'est pas besoin d'être agrégé à une corporation, à la différence de ce qu'avait réglé l'ordonnance de 1673. » — V. *Procès-verbaux de la rédaction au Conseil d'État du Code de commerce*, I, 1re séance, n° 6.

(2) Cf. Locré, *op. cit.*, p. 221, Observ. de la Cour de Paris.

et peut donner la qualité de commerçant : or, le Code de commerce n'est pas autre chose que la loi à laquelle sont soumis les commerçants, soit entre eux, soit vis-à-vis des particuliers.

Quels sont dès lors les signes légaux révélateurs de la commercialité, quels sont les caractères distinctifs de l'acte de commerce? C'est ce qui fera l'objet de notre étude ; la question est loin d'être claire, les solutions proposées sont très variées, et la multiplicité des arrêts témoigne de l'incertitude de la jurisprudence comme de la doctrine.

L'idée d'établir les assises de la loi commerciale sur certains faits spéciaux n'a donc été mise en pratique qu'à la suite de la Révolution française : c'est notre Code de commerce qui le premier l'a appliquée ; il a été suivi par la plupart des législations européennes, même par celles qui n'ont pas copié ou modifié l'œuvre de la codification napoléonienne.

Cependant une notion nouvelle apparaît dans les travaux législatifs de l'époque actuelle : elle se manifeste dans le projet récent du nouveau Code de commerce allemand. Il abandonne le système de la commercialité réelle pour revenir à l'ancienne classification des commerçants et des non-commerçants.

SECTION II. — **Histoire de la notion d'acte de commerce.**

Si la notion d'acte de commerce est une innovation législative, l'analyse rationnelle sur laquelle elle repose se trouve à l'état confus dans les usages et même dans certains textes antérieurs au commencement du siècle : ce n'est donc pas une innovation juridique.

Les peuples anciens n'ont pas connu la conception abstraite dont nous parlons, — soit comme les Phéniciens et les Carthaginois, parce qu'ils n'ont pas eu de droit à proprement parler, mais un ensemble d'usages, soit comme les Romains parce qu'ils n'ont pas eu de commerce.

Nous savons cependant que les Grecs avaient institué la juridiction spéciale des Θεσμοθέται (thesmothètes), au nombre de six, chargés de l'expédition rapide des conflits commerciaux, qu'ils examinaient et renvoyaient au Tribunal des Nautodices (sorte d'amirauté) (1). Pour l'Empire romain, une Constitution d'Anastase (Constantinople, 502) ordonne que, dorénavant, pour tous les différends relatifs à leur négoce ou à leur profession, toutes personnes, même les soldats et fonctionnaires soumis à une juridiction exceptionnelle, répondront devant les juges dont ressortit le commerce ou la profession qu'elles exercent (7, C., *De jurisd. omn. jud.*, III, 13).

C'est la trace la plus lointaine d'une distinction quelconque des actes civils et des actes relatifs au négoce.

§ 1. — En France, dans notre ancien droit.

En France, c'est seulement au XIVᵉ siècle que l'on voit apparaître un essai de réglementation d'une justice spéciale au commerce : c'est l'Ordonnance de novembre 1339, que l'on considère comme le texte le plus ancien sur la juridiction commerciale (2).

---

(1) Caillemer, *Institutions commerciales d'Athènes au temps de Démosthène*, p. 18. Paris, 1873.

(2) « Voulons et leur octroyons comme dessus, que si, pour aucuns contraux faits entre eux et autres marchands, le prévost de ladite ville, ap-

Cette Ordonnance est l'application exacte du principe ancien de la compétence commerciale : pour déterminer cette compétence, elle ne tient compte que d'un élément, la qualité de la personne qui se livre au commerce ; — aujourd'hui au contraire, la compétence est déterminée, tantôt seulement par la nature intrinsèque des actes, tantôt, à la fois, par la qualité de l'auteur et la nature de l'acte.

La distinction des deux éléments de la commercialité (élément objectif et élément subjectif, comme les appelle M. Manara) s'est formée lentement et pour ainsi dire inconsciemment dans les Édits royaux, sous l'influence des nécessités de la pratique. On s'aperçut de bonne heure que, malgré la réglementation des métiers, certaines personnes se livraient à des actes isolés de négoce, le besoin de prompte justice, résultant de la rapidité et de la fréquence des opérations commerciales, devait faire étendre la compétence consulaire à ces actes, bien qu'ils ne fussent pas accomplis par des « marchands ». On admettait ainsi par la force des choses qu'un acte pouvait tomber sous la juridiction des consuls, c'est-à-dire devenir commercial, constituer un « fait de marchandise », indépendamment de la qualité de son auteur : désormais la notion d'acte de commerce objectif était née ; elle s'est développée sous l'influence de causes diverses pour aboutir à la théorie de l'acte de commerce et trouver sa consécration définitive dans les articles 631, 632, 633 et suiv. du Code de commerce de 1807.

On en trouve la genèse dans une lettre patente de Henri II

pelé avec lui deux des bourgeois..., leur fasse bon et brief droit sommairement. » V. E. Genevois, *Hist. des juridictions consulaires.* Paris, 1866.

de 1556, rapportée par Toubeau (1) et contenant établissement de la Bourse de Rouen ; elle déclare que « les prieur et consuls pourront connaître et juger *entre gens de quelque état et condition qu'ils soient*, des matières concernant le fait de marchandises, trafic et commerce ».

A la suite de l'Ordonnance du Chancelier de l'Hospital (15 novembre 1563), qui organise la juridiction des consuls à Paris, survient la déclaration royale du 28 avril 1565, rendue pour la ville de Bordeaux ; elle ordonne que « les juges et consuls seront compétents quant à la marchandise vendue ou achetée, entre les marchands et autres officiers qui font trafic de marchandises,... et ce, nonobstant les fins d'incompétence et de renvoy qu'ils pourraient requérir en vertu de nos lettres de committimus ». Jousse, qui rapporte ce texte, cite un grand nombre d'arrêts rendus dans le même sens (2).

Au moment où fut promulguée l'Ordonnance de 1673, il était donc à peu près admis dans la pratique qu'un fait unique de négoce pouvait, par sa nature intrinsèque, attribuer compétence aux juges consuls, indépendamment de la qualité de son auteur.

L'Ordonnance de 1673 (titre XII) détermine ainsi la compétence des juridictions consulaires :

ART. 2. — « Les juges et consuls connaîtront de tous billets de change entre négociants et marchands, ou dont ils devront la valeur, et entre toutes personnes pour let-

---

(1) Toubeau, *Institutes du droit consulaire* (Paris, 1700), p. 405.
(2) Arrêts du parlement de Paris (16 juillet 1650 ; 5 février 1664) ; arrêt du grand Conseil (1er février 1661) ; sentence du présidial d'Orléans (10 février 1744).
Dans ces espèces, les justiciables sont la plupart du temps des officiers ou des ecclésiastiques ; le commerce possédait, il faut croire, un bien grand attrait pour que l'on se décidât à enfreindre les règles disciplinaires.

tres de change ou remises d'argent faites de place en place. »

ART. 4. — « Les juges et consuls connaîtront des différends pour ventes, faites par des marchands, artisans et gens de métier, afin de revendre ou de travailler de leur profession ; comme à tailleur d'habits pour étoffes, passements et autres fournitures, etc..., etc. »

ART. 6. — « Ne pourront les juges consuls connaître des contestations pour nourriture, entretien et ameublement, même entre marchands si ce n'est qu'ils en fassent profession. »

En vertu de ces textes, comme le remarque Toubeau, la lettre de change (art. 2, *in fine*) est par elle-même attributive de juridiction, ce qui équivaut à dire, comme le fait l'article 632 (7°), qu'elle est « acte de commerce entre toutes personnes ».

Mais l'Ordonnance devait-elle ne s'appliquer qu'aux marchands, et « entre gens qui commercent ordinairement », — ou au contraire régir même les actes isolés de négoce, accomplis par des particuliers non marchands ? La question fut vivement controversée. Les romanistes refusaient d'étendre l'Ordonnance au delà des litiges entre marchands ; mais Toubeau déclare que cette interprétation ne prévalut pas, malgré les opinions déjà démodées de Bartole et d'Accurse ; Bouvot, dans ses *Arrêts*, soutient la même thèse ; enfin, elle a pour défenseur le commentateur fameux de l'Ordonnance, Jousse lui-même.

Il s'appuie d'abord sur la Déclaration de 1565, et les nombreux arrêts qui en ont appliqué le sens ; et il ajoute qu'on doit réputer « marchands, tous ceux qui s'immiscent dans le négoce, qui achètent des marchandises pour les revendre et en gagner, quand même ils n'auraient été ni apprentis, ni maîtres ». Il en sera ainsi des mineurs, « des bourgeois et autres qui ne sont ni marchands, ni artisans », même des officiers qui achètent et revendent, « quoiqu'ils n'aient ni boutiques, ni magasins, ni registres » ; il faut, bien entendu, qu'il s'agisse de « faits de marchandise et revente ».

Ces lignes témoignent sans conteste que les anciens auteurs ont entrevu un signe révélateur de la commercialité, ayant la puissance d'attribuer compétence aux Consuls, malgré les termes étroits de l'Ordonnance, malgré les règlements rigides des corporations qui faisaient de l'exercice du commerce un privilège si envié.

Aussi, en 1701, un Edit permettait à tous les sujets du Roi, même nobles, de faire le commerce, et à la même époque, Toubeau (*op. cit.*, I, p. 385) pouvait écrire ces lignes : « La juridiction consulaire est encore plus réelle que personnelle, car les Consuls sont en quelque façon plutôt juges de la marchandise que des marchands. »

Cette manière d'interpréter l'Ordonnance de Savary ne changea pas jusqu'au commencement de ce siècle. La Constitution du 3 septembre 1791, en proclamant la liberté du commerce, ne put que multiplier les cas d'application de cette théorie, et la loi des 16-24 août 1790, qui a réorganisé les Tribunaux de commerce, n'en a pas modifié la compétence *ratione materiae* ; les Ordonnances de 1565 et de 1673 sont donc restées en vigueur jusqu'à l'Empire et les opinions de leurs commentateurs ont été suivies jusque-là (1).

(1) En 1801, Boucher, *Principes du droit civil et du droit commercial* (chap. I et II), déclarait que « ce n'est pas la qualité qui donne la compétence, mais le fait », et soutenait « qu'un *seul acte de commerce* suffisait pour être négociant ». — Cette dernière proposition semble être une conséquence des règles de la compétence commerciale, les commer-

C'est en présence de cet état de choses que se trouvaient les rédacteurs du projet de Code de commerce.

§ 2. — Dans le droit des cités lombardes, au moyen âge.

Si la théorie, ou plutôt la conception de l'acte de commerce s'est lentement et péniblement formée dans notre ancien droit, confuse et quasi inconsciente, tout autre est le développement qu'a suivi et atteint cette idée dans les Statuts des cités italiennes vers la fin du moyen âge (1).

Dès la fin du XIV⁰ siècle, la plupart des cités lombardes de la vallée du Pô (Crémone, Florence, Milan, Modène, Pavie, Plaisance, Vérone, Venise, Gênes) ainsi que Bologne et Rome sont dotées de Statuts, destinés à régir les rapports des commerçants entre eux (*Statuti dei mercanti*).

Les Lombards ont toujours montré pour le commerce des dispositions très marquées ; dès le XII⁰ siècle, ils étaient les banquiers des croisés en Terre Sainte, et possédaient des comptoirs dans les principales villes d'Europe (2). Il n'est donc pas étonnant que les nécessités de leur commerce très actif, la multiplicité de leurs relations avec les différentes villes de la vallée du Pô leur aient montré de bonne heure l'avantage d'une codification des usages du commerce. Comme le remarque M. Lattes, ces différentes cités semblent avoir reconnu les bienfaits d'une législation uniforme, dont les Statuts de Milan avaient fourni le type.

çants étant seuls justiciables des consuls ; si l'acte devenait par lui-même attributif de juridiction, c'est qu'on présumait probablement qu'en le faisant, son auteur avait pris la qualité de commerçant.

(1) V. Lattes, *Il diritto commerciale nella legislazione statutaria delle città italiane* ; Manara, *Gli atti di commercio*.

(2) V. C. Piton, *Les Lombards en France et à Paris* (2 vol. 1892-93), t. I ; — Friguet, *Hist. de l'association commerciale depuis les temps anciens* (1875), chap. II.

Cette tendance à l'uniformité s'explique naturellement par la proximité des villes, la similitude des conditions commerciales et industrielles et de toute la vie économique ; enfin par la commodité que les commerçants pouvaient trouver à être soumis toujours et partout au même traitement juridique.

Il ne faudrait pourtant pas chercher dans les Statuts des cités lombardes une définition abstraite et juridique des actes de commerce ; on n'y trouve qu'une énumération de ces actes, à l'occasion de la compétence des Consuls (le même procédé a été employé par la plupart des Codes de ce siècle). Mais ce qui fait véritablement l'originalité de ces Statuts, c'est que les actes ainsi énumérés sont commerciaux par nature, par eux-mêmes, indépendamment de la qualité de celui qui les accomplit ; et nulle part, il n'est déclaré qu'on doive les réputer tels par cela seul qu'ils sont accomplis par les membres de la corporation.

Les Statuts de Milan de 1541 (1) ne se bornent pas à énumérer les actes commerciaux par leur objet ; ils contiennent une disposition qui semble l'origine de ce qu'on a appelé aujourd'hui la théorie de la commercialité subjective ; ils réputent acte de commerce toute obligation de sommes d'argent entre commerçants, *fra mercanti... ogni causa, per cui uno di essi debba pagar danaro all'altro*.

Parmi les actes de commerce objectifs que l'on trouve énumérés à peu près dans tous les Statuts, il y a :

1° *L'achat pour revendre* (compravendita). — C'est l'acte commercial par excellence, auquel on donne le nom de *negotiatio* ou *mercantia* ; il n'est commercial qu'autant qu'il est fait dans l'intention préconçue de revendre. Les

(1) *Constitutiones Dominii Mediolanensis del 1541, promulgate da Carlo V.*

règles des Statuts ne s'occupent pas des rapports juridiques que cet acte peut faire naître entre les contractants, ils ne posent que des prescriptions d'ordre économique, tendant à maintenir les provisions de denrées alimentaires et à prévenir la disette. La crainte de l'usure fait soumettre la vente à crédit à des règles rigides, ordonnant la rédaction d'un écrit ou l'engagement d'une caution.

2° *Le contrat de prêt* (mutuo). — L'influence canonique ne put pourtant faire prohiber ce contrat si utile au commerce ; cependant les usuriers sont exclus des corporations. Une règle assez singulière existe dans les Statuts de Gênes : le débiteur en demeure doit le double du principal et le créancier peut le saisir de sa propre autorité ; lors, au contraire, qu'il accepte paiement avant l'échéance, il doit déduire un escompte de 10 0/0.

3° *Le contrat de société.* — La société a revêtu des formes multiples dans les Statuts lombards, depuis le simple contrat de *commenda*, formé entre un armateur, qui apporte son industrie, et un capitaliste qui apporte son capital ou ses marchandises, en vue de partager les bénéfices de l'opération, jusqu'à la forme anonyme, rarement employée pourtant, mais déjà pratiquée au XV° siècle par les sociétés minières de Toscane, les filatures de soie et les mines d'argent de Massa et de Sardaigne, dont les parts d'associés étaient cessibles sous certaines conditions. La forme la plus fréquente est la société en nom collectif où chacun apporte industrie et capital, et la société en commandite, qui apparaît dans les cités lombardes telle que nous la voyons aujourd'hui, avec ses deux classes d'apporteurs et d'associés, deux sortes de responsabilités, et sa raison sociale englobant les bailleurs de fonds sous la dénomination « et compagnie » ; cette société existe dans les Statuts florentins de 1577.

4° *Le contrat de change* (cambio traiettizio).— Né de la nécessité des paiements en espèces dans des lieux différents, il ne se forme qu'à la condition qu'il y ait remise de place en place ; dès le XII° ou XIII° siècle, il est passé par écrit sous la forme d'une lettre missive, qui devient bientôt un vrai titre de crédit aux mains de son détenteur.

5° *Les banques privées.* — Leur organisation est analogue dans les différentes cités ; cela provient sans doute, dit M. Lattes, de ce que « les opérations des banquiers ne se rencontrent qu'à une époque avancée du progrès économique et de la circulation fiduciaire ». Les banquiers, formant une opération spéciale avec des juges spéciaux, font les opérations de change manuel et de change tiré, le trafic des métaux précieux, acceptent les dépôts avec intérêts, et font des prêts aux particuliers et aux chefs d'État ; en 1421, la banque de Venise crée les *contadi di banco*, sortes de mandats de paiement, analogues à nos chèques ; — en 1606, la banque de Bologne imagine le billet de banque au porteur ou à ordre.

6° Enfin, le *contrat de transport*, qui n'est pas énuméré parmi les actes de commerce objectifs, mais dont les conditions sont réglées par quelques dispositions éparses dans les Statuts.

D'après les lois de cette époque le cautionnement prenait la nature de l'obligation principale, et, en matière commerciale, la caution était privée du bénéfice de discussion.

On voit, par cette courte analyse, que la théorie de l'acte de commerce était arrivée au moyen âge à un développement scientifique très remarquable et digne de nous surprendre.

Les conséquences de cette théorie quant à la compétence sont que la juridiction des Consuls ne forme pas un privilège spécial pour les marchands, et, inversement, ne s'étend pas à tous les litiges, quelle qu'en soit la nature, qui peuvent surgir entre eux. Mais la jurisprudence et quelques législations admettaient une présomption *juris tantum* que les contrats entre marchands étaient dans tous les cas commerciaux.

Tels sont les antécédents des règles de notre Code de 1807 au sujet des actes de commerce : quelques idées confuses, éparses et exposées sans méthode dans les auteurs du XVIII⁰ siècle ; quelques dispositions vraiment originales et précoces, dans les Statuts des cités lombardes, au moyen age. Est-ce de ces notions que les rédacteurs du Code se sont inspirés ? Y a-t-il d'autres motifs qui aient pu guider leurs décisions ?

Il n'est pas toujours facile d'apercevoir les mobiles des actions des hommes, et dans notre cas, cela est presque impossible.

Voyons donc comment les législateurs de l'Empire ont envisagé l'acte de commerce, et ce que leur conception est devenue dans les principaux Codes étrangers.

SECTION III. — La notion d'acte de commerce dans la législation actuelle.

§ 1. — Dans le Code de commerce français.

L'article 1 du Code de commerce français dispose :
« *Sont commerçants ceux qui exercent des actes de com-*

merce et en font leur profession habituelle. » L'article 631 déclare que : « *Les Tribunaux de commerce connaîtront... des actes de commerce entre toutes personnes.* »

Ayant ainsi placé l'acte de commerce aux deux pôles du monde commercial, la loi a dû expliquer ce qu'elle entendait par ces mots.

Après avoir posé que c'est de la nature des actes exercés à titre professionnel que dérive la qualité de commerçant, après avoir exposé les règles du Code privé des marchands, la loi couronne son œuvre en déclarant que la compétence des Tribunaux de commerce sera réglée par le fait, et non plus comme autrefois par la personne.

Et pourtant, ce n'est pas uniquement sur la nature du fait en litige qu'est basée la compétence : celle-ci, comme l'ont dit les orateurs du Conseil d'Etat en 1806, est mixte ; en principe, il est vrai, c'est bien toujours le fait matériel qui détermine la compétence, mais dans un grand nombre de cas, le signe de la commercialité n'est pas la nature seule de ce fait, c'est aussi la qualité de son auteur, et quelquefois la forme employée.

Il ne s'agit pas pour l'instant de savoir quels sont les caractères distinctifs de la commercialité, mais seulement de quelles idées s'est inspirée la loi pour définir l'acte de commerce. L'article 632 contient une énumération que l'on peut condenser sous cette formule :

La loi répute actes de commerce :

1° Les achats pour revendre de marchandises ou valeurs ; — les entreprises industrielles, commerciales et de transports ; — les opérations sur la circulation des capitaux ;

2° Les obligations entre commerçants ;

3° Les lettres de change.

La notion de l'acte commercial, telle que l'a comprise le Code de 1807, n'a pas comme source une idée unique ; elle s'appuie en effet sur deux principes dont voici les termes :

1er PRINCIPE. — *L'acte de commerce est déterminé par la nature intrinsèque du fait juridique accompli* ; ce fait juridique, à raison de certains caractères qu'il revêt, est réputé acte de commerce, quelle que soit la qualité de son auteur, quelles que soient les conditions dans lesquelles il se produit. La loi fait abstraction de tous les éléments de personne ou de circonstance ; c'est *l'acte de commerce absolu* des allemands (*absolute handelsgeschæfte*) ; conception abstraite résultant de la conception même du commerce libre et accessible à tous, il se présente dans notre droit comme l'application d'une théorie juridique moderne qui détermine la nature des faits de l homme par la nature de leur objet, qui demande à leur auteur « ce qu'il fait, non ce qu'il est » : aussi M. Manara (1) a-t-il pu avec raison dénommer ces actes : *actes de commerce objectifs*.

2e PRINCIPE. — *L'acte de commerce est déterminé par la qualité de celui qui l'accomplit* ; la loi ne se préoccupe pas ici de la nature du fait, des éléments objectifs qui peuvent le constituer ; elle ne tient compte que de la profession de son auteur, de l'intention qui le fait agir ; il faut qu'il soit commerçant et que l'acte soit accompli dans l'intérêt de son commerce. Ces actes ne sont donc pas commerciaux par essence, mais seulement comme dépendance de l'exercice d'un négoce ; ils ne sont pas commerciaux à l'égard de toute personne, mais seulement à l'égard des commerçants : ce sont les actes de commerce *relatifs* (rela-

(1) *Gli atti di commercio*, p. 1, p. 21 et s.

tive handelsgeschæfte) ; ils ne deviennent tels qu'à raison de la qualité du sujet (*actes de commerce subjectifs*) (1). C'est là le principe ancien de la commercialité émanant de la personne et se répercutant sur le fait ; c'est la règle de l'Ordonnance de 1339, des Ordonnances de 1563, de 1610 (2), de 1673.

Mise en œuvre de ce double principe, le Code de 1807 nous apparaît, ainsi que toute la codification napoléonienne, comme une œuvre de conciliation entre les données traditionnelles respectées depuis des siècles et les aspirations de l'esprit nouveau, qui a fait la Révolution française. Notre Code, pour former les bases de tout le droit commercial, établit ainsi une heureuse fusion du droit ancien et des idées modernes, présentant dans la notion d'acte de commerce la combinaison nouvelle de l'élément objectif et de l'élément subjectif, dernier terme d'une évolution lentement formée dans l'esprit des jurisconsultes.

§ 2. — Dans les législations étrangères.

La plupart des législations modernes ont adopté le même procédé que le Code français de 1807, lorsqu'elles n'ont pas copié littéralement nos articles 632 et suiv. ; elles n'ont apporté aucune modification à la notion de l'acte de commerce telle que nos législateurs l'ont comprise et ne méritent pas grande attention.

La loi belge de 1872 contient, ainsi que notre Code, la division bipartite des actes ; mais en vertu d'une disposition spéciale de l'article 1, aucune interprétation analo-

---

(1) Manara, *op. cit.*, p. 1 et p. 62 et s.
(2) Déclaration royale du 2 octobre 1610. V. Isambert, *Rec. des anc. lois*, t. XVI, p. 14.

gique ni même extensive de la loi n'est possible ; comme on l'a dit avec raison, la théorie de la commercialité est désormais une matière figée (1) ; c'est un défaut que l'on ne peut reprocher à notre Code que tout le monde aujourd'hui est d'avis d'interpréter largement.

Le Code italien de 1882 (2) (art. 3 et 4), le Code chilien de 1867 (2) (art. 1 et 3), le Code argentin de 1889 (3) aboutissent au même résultat par des énumérations différentes ; le Code espagnol de 1886 (imité en cela par le Code portugais) ne contient sur les actes de commerce qu'une donnée bien vague ; elle comprend tous les actes prévus par ce Code « et tous les autres d'une nature analogue » (art. 2) (4).

Mais dans cet examen rapide des lois étrangères, il faut mettre à part la loi anglaise, la loi suisse et le Code de commerce allemand.

La loi anglaise n'a jamais connu la notion d'acte de commerce ; — en Suisse, elle n'existe pas ; — dans l'Empire allemand, la notion d'acte objectif tend à disparaître.

a) *Lois anglaises.* — La Grande-Bretagne n'a pas de Code de commerce ; une loi de 1850 sur les faillites, abrogée par beaucoup d'autres depuis, énumérait encore les professions commerciales, les commerçants pouvant seuls être mis en faillite. C'était là l'unique texte où fût indiquée une distinction entre commerçants et non-commerçants. Clofavru (*Le droit comparé de la France et de l'Angleterre*) prétendait qu'on arrivait ainsi à une notion de

---

(1) A. C. *Belgique judiciaire*, 1890, p. 1217. — V. Namur, *Le Code de comm. belge révisé*, nᵒˢ 24 et s.

(2) Traduction Turrel ou H. Marcy.

(3) Traductions Prudhomme.

(4) Pour connaître les énumérations des différents codes étrangers, V. *Rép. gén. de droit français*, vᵒ *Acte de commerce*, nᵒˢ 1555-1842.

l'acte de commerce à peu près semblable à celle de notre Code. Ce n'est pas notre avis. Mais désormais la question n'a plus qu'un intérêt historique; depuis la loi de 1861, la faillite est une institution commune aux commerçants et aux non-commerçants; cependant jusqu'en 1883, les causes de faillite étaient plus fréquentes pour les négociants, et la loi de 1869 contenait une annexe (*schédule*), où étaient énumérées les professions considérées comme commerciales.

Le *Bankruptcy Act* de 1883 (46 et 47 Vict., ch. 52) a assimilé complètement les commerçants et les non-commerçants, et aujourd'hui, aucune loi anglaise ne contient une énumération des commerçants (1). On comprend combien doit être flottante et vague la notion que les juges peuvent se faire de la commercialité, sans aucune base pour qualifier la profession, sans aucun critérium pour caractériser les actes. La notion légale d'acte de commerce n'existe pas dans ce pays.

b) *Code suisse.* — Le Code fédéral suisse des obligations ne connaît pas la distinction du droit civil et du droit commercial; toute personne capable de contracter a les mêmes droits et les mêmes obligations. Il n'existe qu'une différence entre ceux que les lois cantonales qualifient de commerçants ou de non-commerçants: les premiers sont obligés de s'inscrire sur un registre tenu par l'autorité cantonale, et appelé *Registre du commerce* (2); pour les autres, cette inscription n'est que facultative.

L'effet général de cette inscription est de soumettre tout

(1) V. l'analyse de cette loi par M. Ch. Lyon-Caen, *Ann. de législation étrangère*, 1884, p. 77.

(2) V. sur ce point, H. Le Fort, *Registres du commerce et raisons de commerce*, Genève, 1884.

inscrit aux dispositions spéciales des lois cantonales concernant l'exécution et la poursuite en matière de lettres
de change et à la faillite (loi de 1889).

On a prétendu à tort (et M. Le Fort le démontre pé-
remptoirement) que l'inscription volontaire conférait la
qualité de commerçant ; il en était en effet ainsi dans le
projet de Code de commerce de 1868, présenté par Mun-
zinger ; mais, ce n'est pas ce projet qui est devenu le Code
fédéral des Obligations ; et il résulte des travaux préparatoires de cette loi que le législateur de 1881 n'a pas voulu
faire de l'inscription la base d'une distinction entre les
commerçants et les non-commerçants, mais il subsiste
toujours en fait la question de savoir quels sont les commerçants, comme tels tenus de s'inscrire.

Or, le Code fédéral ne règle pas la question : la conception d'acte de commerce semble ignorée par la loi fédérale,
et si l'on a été forcé de la créer en pratique, les résultats
sont si variables qu'elle est impossible à déterminer exactement. En Suisse, en effet, la distinction entre les commerçants et les non-commerçants au point de vue de la
juridiction est réglée, non par la loi fédérale, mais par les
lois cantonales, et ces différentes législations ont abouti à
une diversité de conceptions qui n'a rien de juridique.

En réalité la distinction du commerçant et du non-commerçant n'est pas faite, car il n'y a pas de base stable pour
l'asseoir. L'autorité genevoise assujettit à l'inscription
tous ceux que la jurisprudence de Genève déclare justiciables du tribunal de commerce ; un autre canton, imitant
le Code allemand, exempte les petits boutiquiers et petits
marchands ; — un autre n'oblige à l'inscription que ceux
dont le capital commercial excède 4.000 francs ; — dans
d'autres législations, la distinction est encore moins nette,

Pour remédier à cette anarchie, résultant de l'absence d'un critérium fixe de la commercialité, la « *Feuille officielle suisse du commerce* », au lendemain de la loi (n° du 9 mars 1883), proposait de soumettre à l'inscription « tous ceux dont la profession s'exerce sous une forme commerciale », soit par l'appel au crédit, soit par la tenue de livres de comptabilité.

Mais, comme le remarque M. Le Fort, les termes de cette proposition sont bien vagues et bien arbitraires, et il préconise, pour obvier à tous ces inconvénients, qu'une loi fédérale intervienne, et déclare commerçants, soumis comme tels à l'inscription obligatoire, tous ceux qui se livrent à l'exercice de certains actes, dont l'énumération correspondrait à peu près à celle de notre article 632.

Le transport de la commercialité de la personne sur le fait est, à notre avis, le système le plus juridique et le plus pratique : nous dirons tout à l'heure pourquoi.

c) *Code allemand*. — Les Allemands paraissent pourtant vouloir renoncer à ce système : leur Code de commerce de 1861 contient tout un titre du livre IV (art. 271 à 336) (1), consacré à l'exposé du régime juridique des actes de commerce ; loin de se borner à l'énumération sèche de ces actes, il en explique le mécanisme, les conditions d'existence, les différentes modalités, et présente ainsi une conception plus haute, une étude plus approfondie de ces actes comme actes juridiques distincts.

Mais le système bien français si clair et si simple de la commercialité réelle a cessé de plaire aux Allemands ; le nouveau projet de Code de commerce, préparé à la suite du vote de leur Code civil pour 1900, revient au système

(1) Gide et Lyon-Caen, *Le Code de commerce allemand et la loi sur le change*, Paris, 1881.

de la commercialité personnelle ; il fait disparaître la notion d'acte objectif, et organise une « commercialité trinitaire », dont l'obscurité semble égaler la complication (2).

Désormais les actes de commerce deviennent *les opérations d'un commerçant qui se rapportent à son commerce.*

Le principe paraît simple ; mais comme il a bien fallu indiquer dans quels cas on deviendrait commerçant, la matière s'est singulièrement obscurcie. Le nouveau projet ne compte pas moins de trois classes de commerçants :

1° Ceux qui sont commerçants par la nature de leur exploitation et sont obligés de s'inscrire au registre du commerce (ce sont ceux qui se livrent à la profession des actes énumérés par l'art. 632) ;

2° Ceux qui opèrent à la manière du commerce sans rentrer dans la classe précédente ; mais ils ne deviennent commerçants qu'à la condition de se faire inscrire au registre du commerce ;

3° Enfin ceux qui, n'étant commerçants ni quant au fond, ni quant à la forme, parce qu'ils exploitent leur propre fonds (terres de culture, vignes, forêts, etc.), se livrent à une industrie secondaire (distillerie, minoterie, scierie).

SECTION IV. -- **Avantages de la commercialité réelle.**

Les vicissitudes de la loi fédérale suisse, la complication à laquelle le projet allemand est obligé d'aboutir, nous permettent de juger le système de la commercialité transportée sur la personne ; nous lui adresserons deux critiques : il n'est pas pratique ; il n'est pas juridique.

(2) V. l'analyse très concise que M. Thaller a consacrée à ce projet, dans les *Ann. de dr. commerc.*, 1896, p. 402.

α) *Ce système n'est pas pratique.* — Les péripéties qu'a subies le Code suisse semblent prouver que si l'on n'établit pas, comme dans notre ancien droit, une classe de commerçants, dont certaines règles permettraient de fixer facilement les limites, on doive forcément aboutir à déterminer une classe de faits revêtus de caractères spéciaux d'où résulte la qualité de commerçant.

Or, aujourd'hui que le commerce est libre, nous ne croyons pas qu'il soit possible de baser le droit commercial sur la qualité de négociant ; les commerçants ne forment plus comme autrefois une classe où l'on ne puisse pénétrer que par faveur et sous certaines conditions ; le commerce est une des voies de l'activité humaine, accessible à tous, ouverte à tous les efforts, à toutes les capacités ; un commerçant est celui chez lequel cette activité tend à accomplir certains faits, en vue de réaliser le but même du commerce.

Cela est si vrai que le nouveau projet est obligé de s'en rapporter à la nature ou à la forme des actes accomplis, lorsqu'il s'agit d'établir les catégories de commerçants.

Le fait est une chose certaine, un phénomène apparent réduit à sa plus simple expression ; — la qualification de la personne est autrement compliquée et difficile à apercevoir. Ce sont ces avantages que la commission de rédaction mettait en avant en 1806 : « Un fait de commerce, disaient-ils, peut mieux être déterminé que la qualité de commerçant, pour la raison qu'un fait a ordinairement des caractères positifs certains, au lieu que la qualité pour ainsi dire est fugitive ; elle est soumise à l'incertitude des enquêtes ; un fait au contraire est matériel » (1).

(1) Locré, *op. cit.*, t. VIII.

Il restera toujours, il est vrai, à définir le fait de commerce, qui engendrera des conséquences si importantes que tout le droit commercial reposera sur lui; mais la difficulté, puisqu'on ne peut l'éviter, sera plus simple, et la question sera plus claire.

β) *Ce système n'est pas juridique.* — Le système de la commercialité réelle est d'ailleurs, à notre avis, le plus rationnel et le plus juridique : vouloir déclarer *à priori* que telle ou telle profession sera commerciale parce qu'elle opère à la façon du commerce, parce qu'elle use de certains procédés, se livre à certaines pratiques, et répond à un mouvement d'affaires, c'est s'en tenir uniquement à la forme des actes accomplis, aux apparences extérieures, sans aller jusqu'au fond des choses.

La profession n'existe qu'à la condition de consister dans un ensemble d'actes dont l'exercice constitue l'occupation de la vie, en vue d'un résultat pécuniaire à obtenir ; les intentions ne se manifestent que par le but qu'elles poursuivent, par le fait qu'elles doivent réaliser ; ce sont les résultats de l'activité humaine qui permettent d'en rechercher et d'en connaître les mobiles, d'aller de la cause à la fin, de l'acte à la personne ; et comme la qualité de commerçant ne peut s'acquérir que par un ensemble d'actes accomplis dans une certaine intention, il est rationnel que la nature de ces actes produise ses effets sur la qualité de la personne ; c'est le fait qui doit être pris comme critérium de la commercialité.

On a dit que ce procédé avait l'inconvénient de placer sous l'empire du droit commercial des actes isolés, accomplis souvent à titre accidentel, très rares, et qui ne concouraient pas au mouvement des affaires.

La critique est peut-être juste ; — mais la rareté même

de ces actes isolés, attributifs de juridiction. doit nous
empêcher de perdre de vue les avantages de la commercialité réelle.

Le projet du Code de commerce allemand n'est peut-être
pas un recul, mais c'est une erreur juridique.

Le système de notre Code de 1807, produit d'une longue
élaboration, résultat combiné des nécessités de la pratique et des théories des juristes, est le plus simple, le
plus rationnel, nous dirions même le plus philosophique.

Nous croyons que la notion d'acte de commerce objectif
est la notion de l'avenir; sans doute, comme nous allons le
voir par la suite, l'acte de commerce en lui-même présente
des difficultés pratiques de définition devant lesquelles
les légistes ont reculé; le système de nos lois, qui consiste
dans une énumération, toujours insuffisante et toujours
incomplète, puisque le commerce même est dans un état
de perpétuel progrès, n'est pas parfait; mais il est le plus
simple et le plus clair, si toutefois l'on veut conserver la
distinction traditionnelle de l'ordre civil et de l'ordre commercial.

CHAPITRE II

PEUT-ON DÉFINIR L'ACTE DE COMMERCE ?

SECTION I. — De l'acte de commerce comme acte juridique.

L'article 632 contient la disposition suivante :

« La loi répute actes de commerce :

« Tout achat de denrées et marchandises pour les revendre soit en nature, soit après les avoir travaillées et mises en œuvre ; ou même pour en louer simplement l'usage ;

« Toute entreprise de manufactures, de commission, de transport par terre ou par eau ;

« Toute entreprise de fournitures, d'agences, bureaux d'affaires, établissements de vente à l'encan, de spectacles publics ;

« Toute opération de change, banque et courtage ;

« Toutes les opérations des banques publiques ;

« Toutes obligations entre négociants marchands et banquiers ;

« Entre toutes personnes, les lettres de change » (Modifié par la loi du 7 juin 1894).

L'intention même qu'ont eue les préparateurs du Code de déterminer la compétence « par le fait qui donne lieu à la contestation » (art. 447 du Projet) prouve qu'ils ont envisagé l'acte de commerce, comme faisant partie d'une classe distincte d'actes juridiques.

L'acte juridique, le *negotium juris* des Romains, c'est tout fait de l'homme ayant trait à un intérêt de droit ; c'est le résultat de l'activité humaine s'exerçant en vue de créer, modifier ou éteindre les droits (1).

Que parmi cet ensemble d'actes, conventions ou autres, indispensables pour nous procurer la satisfaction de nos besoins ou de nos désirs, l'acte qualifié de commerce tienne une place à part, au regard de la loi, cela n'est pas douteux ; et il n'y a là qu'une conséquence de la distinction, traditionnelle dans nos institutions, de l'ordre civil et de l'ordre commercial. Aussi, l'acte de négoce diffère-t-il sous plusieurs rapports des actes civils, soit du contrat de bienfaisance, soit de l'acte civil proprement dit, à titre onéreux, dénué de cet élément spéculatif qui caractérise le commerce.

On a dit que la loi avait donné à l'acte juridique une véritable existence, qu'elle l'avait conçu comme une entité légale se manifestant dans certaines conditions, comme un être bien déterminé, vivant de sa vie propre, soumis à diverses fluctuations de fortune, « à des maladies et même à la mort » (2).

(1) Demolombe, *Traité des contrats*, VI ; Ph. Bourgeon, *Distinction entre l'annulabilité et l'inexistence des actes juridiques*, p. 11 et s.
(2) Ph. Bourgeon, *op. cit.*

A. — 3

Ainsi personnifié, l'acte juridique a un sujet, un objet, une cause :

Un sujet, ou plusieurs sujets ; ce sont les personnes qui y figurent activement ou passivement ; ce sont les auteurs de l'acte, revêtus de telle ou telle qualité, occupant telle ou telle situation ;

Un objet; c'est le rapport de droit à réaliser, l'avantage recherché par le sujet ;

Une cause et un motif; ce sont les mobiles intimes plus ou moins directs qui font agir chaque sujet (1).

Si l'on admet que l'acte de commerce se sépare de l'acte juridique en général, de l'acte purement civil, c'est-à-dire accompli par un simple particulier pour les besoins de sa vie journalière, la question de savoir quels sont les éléments qui le distinguent n'est pas facile à résoudre : l'article 632 contient une énumération qui semble donnée sans qu'on puisse la rattacher à aucune idée rationnelle ; cette différence se trouve-t-elle dans le sujet, dans la qualité des personnes entre lesquelles l'acte doit produire ses effets? Réside-t-elle dans l'objet, dans la nature particulière du rapport de droit à créer, ou de la chose sur laquelle il porte ? dans la cause, ou dans le motif, dans l'intention des parties qui y prennent part? Autant de points douteux qui ont servi de base pour construire diverses théories de l'acte de commerce, et que nous étudierons plus loin.

Mais, si les caractères particuliers de l'acte de commerce sont difficiles à déterminer, il est une donnée incontestable; c'est que la loi l'a créé distinct de ses congénères, lui a fait une existence plus facile. Pour permettre la fré-

---

(1) L'existence de la cause comme élément particulier des contrats a été souvent et longuement discutée ; nous ne pouvons nous en occuper ici.

quente répétition des transactions sur lesquelles il porte, à raison des besoins auxquels le commerce doit satisfaire, et pour répondre à son caractère cosmopolite, international, la loi a fait à l'acte de négoce une situation plus aisée que l'on pourrait comparer à la situation relative en droit romain des contrats du *jus civile* et du *jus gentium.*

Ces différences ont pour origine la nécessité où s'est trouvé l'homme de lois, du jour où le commerce est né, de lui trouver une réglementation souple, s'accommodant de la rapidité des échanges et des progrès de l'industrie humaine.

Ces différences une fois connues, on comprendra l'utilité pratique d'une définition de l'acte de commerce, auquel ne doivent pas s'appliquer les règles communes aux contrats civils, et nous chercherons s'il est possible d'arriver à cette définition.

SECTION II. — Utilité d'une définition de l'acte de commerce.

§ 1. — Au point de vue pratique.

La Cour d'appel d'Aix faisait les observations suivantes sur le projet de Code de commerce qui lui était présenté : « Le fait de commerce fait perdre au mineur le privilège de son âge, à la femme les prérogatives de son sexe, à tous les citoyens le droit d'être jugés par les Tribunaux ordinaires ; — il les soumet à la contrainte par corps... Il est nécessaire de bien prévoir ce qu'on entend par ce mot qui doit produire de pareils effets. Il ne doit rien y avoir de vague dans son sens afin qu'il n'y ait ni surprise ni arbitraire dans son application. »

Cette distinction entre la loi civile et la loi commerciale

au point de vue des actes présente une grande utilité non
seulement dans le droit national, mais même dans les
rapports internationaux ; si l'on arrivait à une définition
juridique de l'acte de commerce qui pût permettre à toutes les législations de l'appliquer, au commerce de se développer, sans qu'on ait à modifier cette définition tous
les cinquante ans, un grand pas serait fait vers l'unification du droit commercial.

La législation française semble s'être inspirée de trois
idées directrices dans l'organisation des règles spéciales
aux actes de commerce :

1° *Concession d'une liberté plus grande pour la conclusion
des contrats* ;

2° *Application plus large des idées économiques* ;

3° *Economie et simplification dans la procédure.*

1re *idée.* — Le Code de commerce a voulu faciliter la
conclusion des contrats commerciaux par l'introduction
de règles nouvelles, relatives à la capacité des parties et
aux formes des actes.

De cette idée dérivent les règles de capacité spéciales
au mineur et à la femme mariée, et l'application des usages dans les ventes commerciales.

Quant à la capacité, certains articles exigent des conditions plus sévères pour autoriser ces incapables à faire le
commerce que pour les autres actes civils (V. les art. 3 et
4, C. com. ; les art. 215 et suiv., C. civ.) (1). Mais une
fois le mineur et la femme habilités à faire le commerce,
la loi se départit des mesures de protection organisées en
leur faveur et leur laisse une capacité aussi complète

----

(1) Ces questions sont développées avec ampleur dans tous les traités
de droit commercial ; V. Lyon-Caen et Renault, *Traité*, t. 1 ; *Répert.
gén. du dr. français*, v° *Acte de commerce* ; Dalloz, *Répertoire alpha-
bét.* et *Supplément*, eod. v°.

qu'aux majeurs capables : le commerce exige le crédit, et le crédit d'un marchand sera d'autant plus grand que ses biens pourront plus facilement être atteints par ses créanciers, parce qu'il aura pu les obliger sans réserve (art. 2092, C. civ.).

De la même idée de faciliter la conclusion des contrats dérive la règle établie par la loi du 13 juin 1866, qui décide que pour les ventes commerciales, — c'est-à-dire vraisemblablement pour les ventes de marchandises entre commerçants, — on appliquera les usages reconnus par cette loi, ce qui facilite la conclusion de ces ventes, en permettant aux parties de ne pas déterminer les clauses accessoires de leurs marchés.

2e *idée.* — Ce n'est pas d'hier que les économistes préconisent et réclament la liberté du taux de l'intérêt, alléguant non sans raison que, l'argent étant une marchandise comme une autre, celui qui en loue l'usage doit pouvoir stipuler le loyer qu'il lui plaît, ou au moins que les conditions de l'offre et de la demande lui permettent d'obtenir.

Cette réclamation a été admise *en matière commerciale* par la loi du 12 janvier 1886, peut-être moins par application des idées économiques que pour mettre les capitalistes français sur un pied d'égalité vis-à-vis des prêteurs étrangers, et pour permettre à nos compatriotes de trouver un placement favorable au commerce national (1).

Les rédacteurs de la loi de 1886 ne paraissent pas d'ailleurs s'être mis d'accord sur le point de savoir quand un prêt serait civil, quand un prêt serait commercial ; pour éviter « des explications longues et difficiles » (Rapport

_____

(1) V. Rapport de M. Labiche au Sénat (*J. off.*, 1885, *Déb. parl.* Sénat, p. 1228).

de M. Labiche au Sénat), on a décidé de renvoyer à la jurisprudence (Rapport de M. Jozon, à la Chambre des députés), jurisprudence qui n'était pourtant rien moins que constante et claire (1).

On tend généralement à admettre aujourd'hui que l'acte de prêt sera commercial toutes les fois que les sommes prêtées sont destinées à une opération de commerce (2).

3ᵉ idée. — Dans le but de simplifier la procédure, le Code et les lois postérieures ont édicté un ensemble de règles applicables uniquement aux actes de commerce, et destinées à « faire bon et brief droit sommairement » (Ord. de 1339) ; sans vouloir nous étendre sur ces différences bien plutôt de forme que de fond, nous pouvons citer les trois exceptions suivantes :

a) Les actes de commerce sont seuls soumis à la compétence des tribunaux de commerce, et, même devant les tribunaux civils jugeant commercialement, jouiront seuls de la procédure expéditive organisée par les articles 615 et suivants du Code de commerce et 414 et suivants du Code de procédure civile.

b) Seuls ces actes pourront échapper à la règle du Code civil, proscrivant la preuve testimoniale au-dessus de 150 francs, et leur existence pourra être prouvée tant par témoins que par présomptions de l'homme ; c'est du moins ce qui résulte de l'esprit de l'article 109 (C. comm.), dont on étend l'application à tous les contrats commerciaux.

c) Enfin, la loi des 11-17 juin 1859 (art. 22) établit pour « les marchés et traités ayant le caractère commercial »

---

(1) V. notamment deux arrêts contradictoires de Rouen, 4 avril 1843 (S. 43.2.413) et Cass., 27 nov. 1871 (S. 71.1.294), qui semblent s'inspirer de principes tout différents dans la détermination du caractère du prêt.

(2) MM. Lyon-Caen et Renault (*Traité*, IV, nᵒ 694) ont examiné longuement cette question.

un régime de faveur au point de vue de l'enregistrement, consistant en ce qu'ils ne seront frappés *ab initio* que d'un droit fixe de 3 francs (modifié par la loi du 19 février 1874), et ne supporteront après jugement qu'un droit proportionnel au montant des sommes portées audit jugement. Cette faveur ne s'applique que sous certaines conditions (L. 22 frimaire an VII, art. 69, § 3, n° 1 et § 5, n° 1 ; en ce sens Cass., 28 octobre 1885, D. 85.1.397).

Aux termes de cette loi, un marché sera réputé acte de commerce, lorsqu'il sera « commercial par lui-même, indépendamment de la condition d'une des parties contractantes » (1).

Ajoutons, pour terminer, que les commerçants seuls sont astreints à la tenue des livres, à la publicité de leur contrat de mariage et que seuls ils peuvent être mis en faillite ; les juges saisis de la demande des créanciers auront donc toujours à se demander si les actes exercés à titre de profession habituelle par le débiteur étaient des actes de commerce.

§ 2. — Inconvénients du défaut de définition.

Toutes ces différences légales qui existent entre les actes commerciaux et les actes civils montrent l'importance pratique qu'il y aurait à obtenir une bonne définition, complète et autant que possible immuable de l'acte de commerce. La plupart des lois qui l'ont recherchée ne sont arrivés qu'à donner une énumération ; or, une énumération, si précise qu'elle soit, est insuffisante au point de vue juridique ; comme l'a dit M. Thaller (2), « le droit

---

(1) Opinion de M. Baroche, président du Conseil d'Etat ; *Rev. de droit commercial et industriel*, 1859, t. 1, p. 292 et s.

(2) *Annales de dr. commercial*, 1896, p. 177 et s.

commercial s'élève sur un terrain mouvant sans subs-
truction rationnelle, car une énumération d'actes sans
lien entre eux n'a jamais été la base d'une science ».

Le reproche le plus grave et le mieux fondé qu'on
adresse à ce procédé insuffisant, c'est de multiplier les
procès, de les rendre interminables et d'augmenter les
frais sans résultat aucun ; pourtant, les orateurs du Tribunat espéraient bien arriver, par la constitution d'une
juridiction réelle, à faire cesser les déclinatoires pour
incompétence. Delpierre s'exprimait ainsi (1) : « La théorie de la juridiction personnelle tend à remplir d'une foule
de débats sur la compétence les avenues d'un ordre de
tribunaux institués pour juger avec célérité ; l'autre tend
à écarter l'exception dilatoire et à faire aborder immédiatement toutes les difficultés. »

Hélas ! ces bonnes intentions n'ont pas été couronnées
de succès ; il ne suffit pas de déclarer qu'une compétence
sera déterminée par le fait, phénomène concret, simple,
et en général facile à apercevoir, il faut aussi dire à quels
signes on reconnaîtra ce fait. C'est ce que la loi ne dit pas,
de sorte qu'une juridiction instituée pour juger vite et à
peu de frais se trouve obligée de se dessaisir parce que le
défendeur soulève un déclinatoire pour incompétence ; le
demandeur ne se tient pas pour battu et la question est
souvent portée jusqu'en cassation (2).

Il en est de même si le Tribunal de commerce s'est de

---

(1) Locré, *op. cit.*, VIII, p. 242.
(2) Il nous a été impossible de connaître le nombre même approxima-
tif auquel peuvent s'élever par an les jugements ou arrêts qui admettent
le déclinatoire ; le rapport statistique annuel du Président du Tribunal
de commerce de la Seine ne contient aucun renseignement à cet égard,
pas plus que les statistiques annuelles de l'administration de la justice
civile et commerciale (Ministère de la justice).

suite déclaré compétent. L'appel émanera du défendeur et la cause suivra les mêmes péripéties ; de là, des lenteurs, des frais, une hostilité plus grande entre les plaideurs, qui, voyant se multiplier les difficultés, avec les assignations, sur une question qui ne leur paraissait que secondaire, perdront tout ménagement et n'auront plus désir de transiger. Les efforts du législateur et la bonne volonté du magistrat n'aboutiront qu'à faire déférer le litige à la Cour suprême.

On a aussi reproché au système de l'énumération de favoriser les conflits de lois, ou au moins d'empêcher de les résoudre.

Il ne faut guère se faire d'illusions, croyons-nous, sur le bienfait d'une législation uniforme, même en matière commerciale, où elle est pourtant plus désirable que dans toute autre branche du droit. La suppression des conflits de lois semble à l'heure actuelle une utopie de doctrinaire : dans l'état des institutions diverses, qui fonctionnent dans les différents pays, grâce à un rouage de pouvoirs législatif et judiciaire, n'ayant ni la même origine, ni la même autorité, l'unification des lois, mais surtout la concordance dans la manière de les appliquer, paraissent irréalisables ; c'est un rêve que nous ne vivrons pas. Comme le faisait remarquer M. Léonel-Oudin, au Congrès du Commerce et de l'Industrie, en 1878 (1) : « Le commerce semble partout le même ;..... mais alors qu'on aurait fait un Code de commerce unique, si bien faite, si claire, si précise que paraisse une loi, malheureusement

_____

(1) V. Comptes rendus des travaux du Congrès du commerce et de l'industrie, tenu à Paris, en 1878, p. 69 et s. Rapport de M. Léonel-Oudin. Dans le même sens, Thaller, *De la place du commerce dans l'histoire*, n° 33, *Ann. de dr. commerc.*, 1892.

elle sera toujours sujette à interprétation et on arrivera à ce résultat que cette loi se trouverait dans l'application divisée, interprétée différemment dans tel pays et dans tel autre. »

SECTION III. — Possibilité d'une définition au point de vue rationnel.

§ 1. — Les divers aspects de la commercialité.

Le discours préliminaire du Code de commerce contient l'observation suivante : « Les transactions commerciales diffèrent si essentiellement des transactions civiles par leur nature et surtout par leurs résultats qu'il est universellement reconnu que la législation doit-être fondée sur des principes différents. »

Cette déclaration, écrite au début du Code de commerce, consacre la grande distinction du droit civil et du droit commercial, distinction aujourd'hui basée sur la nature des faits, sur « la nature des transactions ».

Partant de ce principe, les préparateurs du projet ont dû expliquer ce qu'ils entendaient par fait de commerce. Les actes civils forment la généralité des transactions entre les hommes.

Les actes de négoce ne se présument pas, ils sont l'exception, et si le demandeur dans un procès ne peut pas prouver la commercialité du fait dont il poursuit l'exécution, le tribunal de commerce devra se déclarer incompétent, car sa juridiction est également exceptionnelle.

Le Code de commerce a donc essayé de faire entendre ce qu'il considérait comme acte de commerce ; mais au lieu de donner une définition synthétique, d'indiquer un ensemble de caractères dont la coexistence révélerait la commercialité, il n'a donné qu'une énumération, dont nous connaissons les termes, dont nous avons exposé les défauts. La nature même de cette énumération, la manière dont on doit l'interpréter ont donné lieu à des discussions sur lesquelles il serait oiseux de revenir. On admet généralement que cette énumération n'est ni limitative, ni énonciative (1), comme divers auteurs l'ont proposé, mais *purement démonstrative* ; c'est-à-dire qu'il ne faut pas se borner à suivre littéralement le texte de la loi, mais qu'on doit s'inspirer largement de son esprit, sans tomber pour cela dans les assimilations les plus périlleuses et les plus vagues : on aboutirait alors à l'interprétation par voie d'analogie, qui n'a rien de juridique (2).

L'énumération, comme moyen de définir, est certainement imparfaite ; cela explique les différents essais de synthèse tentés par les auteurs en vue de caractériser clairement la notion d'acte de commerce. Mais, même y avait-il moyen de faire mieux, et peut-on arriver à une définition rationnelle de l'acte de commerce, que les auteurs du Code ont en vain cherchée ? C'est à cette question qu'il faut d'abord répondre.

Remarquons que l'article 632 ne part pas d'un principe unique pour arriver à la longue énumération qu'il donne ;

---

(1) Pour l'énumération limitative : Delamarre et Le Poitvin, *Traité de dr. comm.*, I, p. 85 ; Labbé, note sous Paris, 14 février 1868 (S. 68.2. 329).

Pour l'énumération énonciative : Dutruc, *Dict. du contentieux commerc.*, v° *Acte de comm.*, n° 6 ; Nouguier, *Des Trib. de comm.*, p.348 ; Comm. Poitiers, 2 juillet 1869, rapporté sous Cass., S. 50.1.503 ; Bonfils, *Rev. crit.*, 1892, p. 433.

(2) Sur la différence entre l'interprétation extensive et l'interprétation analogique, V. Namur, *Cours d'encyclopédie du droit*, p. 117.

il a envisagé la commercialité sous trois aspects différents (1).

A. Dans les paragraphes 1 à 5 (achats pour revendre,
entreprises, opérations sur le mouvement des capitaux),
la commercialité de l'acte dérive de la nature du fait accompli, de l'objet sur lequel il porte ; c'est l'application
de la notion nouvelle que le caractère de l'acte doit être
recherché dans sa nature intime, et non dans la qualité
de son auteur : c'est la *commercialité objective*.

B. Dans le paragraphe 6, l'acte est commercial à raison
des personnes qui l'ont accompli ; est-ce un particulier
qui l'a fait, l'acte est civil ; si, au contraire, l'auteur est
commerçant, la commercialité s'étend à l'acte ; ici elle
est *subjective*.

C. Dans le paragraphe 7, la loi s'attache à un critérium
tout superficiel, à la forme de l'engagement, à la manière
dont il se présente au public : c'est la *commercialité de
forme*. L'application de ce critérium se rencontre à propos de la lettre de change, et la loi du 1ᵉʳ août 1893 l'a
étendue aux sociétés par actions à objet civil.

Il n'est pas nécessaire et il est impossible de ramener à
un concept unique ces trois données divergentes fournies
par notre article ; la question de savoir si l'on peut définir l'acte de commerce ne se pose que pour les *actes objectifs*.

Pour la commercialité subjective et la commercialité
de forme, l'intention du législateur est certaine, et les
motifs de sa décision sont généralement approuvés ; c'est
pour des raisons d'utilité pratique que ces actes sont sou-

_____

(1) M. Boistel compare la division des actes de commerce à celle des
immeubles dans le Code civil: *Actes de commerce par nature ; par
destination; par détermination de la loi.* Cette idée est ingénieuse.

mis au régime commercial ; la théorie de l'acte de négoce proprement dit ne comprend pas ces deux aspects de la commercialité ; leur sens traditionnel, leur mise en pratique séculaire, leur origine lointaine permettent d'en saisir la portée et la signification actuelles. Il ne sera pas difficile en fait de savoir si l'acte a été accompli par un commerçant dans l'intérêt de son commerce, ou si l'engagement revêt en réalité la forme d'une lettre de change ; la question de la commercialité à ces deux points de vue sera aisée à résoudre, parce qu'elle repose sur un fait matériel facile à reconnaître et à caractériser.

Il n'en est pas de même de la commercialité objective ; elle se manifeste par un ensemble d'actes, par une multitude de faits indiqués par le Code, n'ayant entre eux aucun lien apparent ; elle réunit sous la même appellation légale les industries les plus diverses, les opérations les plus variées, sans qu'on puisse dire à première vue quels éléments communs peuvent rendre ces faits membres d'une même famille. La théorie de l'acte objectif n'est pas faite ; la notion nouvelle, issue de l'esprit du législateur moderne, a jailli dans nos lois sous les apparences d'une gerbe aux mille couleurs dont on ne distingue pas la source ; la difficulté est de réduire ces aspects en un même prisme qui les contienne tous.

Puisque, comme a dit d'Alembert, *définir* consiste à « développer les idées simples contenues dans une notion », la définition, s'il en est une possible, n'est vraiment utile que là ; dans cette liste de faits commerciaux énoncés pêle-mêle sans qu'aucune idée dirigeante semble avoir présidé à leur arrangement, il faudra trouver les caractères communs qui peuvent avoir guidé le législateur ; il faudra analyser chacun de ces actes, chercher quels élé-

ments le composent ; examiner si tous ces éléments n'ont
pas la même nature, des analogies plus ou moins ·lointai-
nes, et, formant une synthèse des idées premières ainsi
découvertes, arriver à dire : Ceci est un acte de commerce, parce qu'on y retrouve les divers facteurs que l'on
découvre dans chacun des termes de la loi.

C'est devant ce travail que quelques-uns ont reculé. La
méthode de la loi est en effet déconcertante ; tel acte est
réputé commercial ; tel autre ne l'est pas ; l'achat pour
revendre ou pour louer figure dans l'énumération ; la revente postérieure n'y est pas mentionnée ; la location pour
sous-louer n'a pas été prévue : pourquoi ?

§ 2. — Systèmes soutenant l'impossibilité d'une définition de l'acte objectif.

Les auteurs qui ont renoncé à chercher cette définition
donnent de leur décision les motifs les plus variés ; on peut
pourtant les ramener à deux ordres d'idées différents.

D'après les uns, tout principe juridique a été absent de
l'esprit du législateur au moment de la confection du Code
de commerce ; soit que dans sa pensée la coordination
rationnelle des éléments de la commercialité ait été impossible, soit qu'il n'y ait même pas songé et n'ait pas
voulu l'essayer. D'autres commentateurs ne nient pas que
l'article 632 ne contienne l'esquisse vague et imprécise
d'une idée quelconque, mais, à raison de la multiplicité
des aspects sous lesquels se présente cette idée, il est impossible de condenser sous une formule brève et nette les
caractéristiques de l'acte de négoce.

A. Les auteurs qui admettent la première opinion justifient pleinement les rédacteurs du Code d'avoir agi ainsi : le professeur Vivante (*Trattato di diritto commerciale*, nº 27) déclare « qu'il est impossible de faire rentrer dans une notion unique les actes si dissemblables auxquels le législateur imprime le caractère commercial, et la doctrine, soumise au droit positif, doit franchement renoncer à une définition qui serait nécessairement inconciliable avec le droit en vigueur ». On a obéi avant tout à des traditions historiques, à des motifs d'utilité pratique ou d'opportunité législative, en classant parmi les actes de commerce certaines institutions, parce qu'elles remplissaient mieux leur fonction sociale, placées sous l'égide de la loi commerciale (1). C'est également sur ce motif d'utilité pratique qu'insistent M. Labbé (note sous Paris, 15 février 1868, S. 68. 2. 329), et MM. Lyon-Caen et Renault, *Traité de droit commercial*, I, nº 103) ; c'est uniquement pour cela que tel ou tel acte est commercial, parce qu'il est destiné à rendre des services fréquents au commerce ; ainsi le billet à ordre, moins utile que la lettre de change, n'est pas commercial par lui-même.

B. D'autres auteurs, sans contester que les rédacteurs du Code aient sérieusement tenté de définir le fait de commerce dont ils introduisaient la notion dans nos lois, renoncent à la chercher parmi la quantité des faits énoncés par l'article 632. C'est l'opinion de M. Dalloz (*Rép. de jurisp.*, vº *Acte de commerce*, nº 10 à 16) qui soutient « l'impossibilité d'offrir une définition rigoureuse et complète des actes de commerce ; car toutes ou presque toutes les législations l'ont essayé sans pouvoir y parvenir ».

---

(1) Ces motifs donnés par M. Vivante s'expliquent par l'état de la législation italienne qui contient sur les actes de commerce une énumération beaucoup moins condensée que la nôtre.

C'est également la théorie exposée par M. Reynaert, membre de la Chambre des Députés de Belgique, au moment de la discussion de la loi de 1872 (1). La commercialité se présente sous des aspects tellement variés qu'on ne peut guère espérer définir d'une manière rigoureusement exacte ce qu'il faut entendre par acte de commerce, et que « rien ne serait plus illusoire que l'espoir d'arriver jamais à condenser dans une formule brève et absolue les notes caractéristiques de ces actes ! » (2).

Nouguier (*Des trib. de comm.*, p. 347 et s.) se détermine aussi contre la possibilité d'une définition, en argumentant du caractère arbitraire des limites que l'on veut établir entre la loi commerciale et la loi civile ; la spécification des actes de commerce n'existe pas réellement, elle n'a d'autre raison que la volonté du législateur qui l'a créée : « les opérations commerciales, dit-il, offrent tant de nuances, elles se compliquent de tant de difficultés, elles touchent si souvent et par tant de liens aux transactions de la vie civile qu'il est bien difficile de leur assigner une limite exacte et de les appuyer sur des principes absolus. » Le résultat de ce défaut de démarcation entre l'ordre civil et l'ordre commercial, la conséquence de cette énumération arbitraire sont qu'il est impossible de coordonner des idées précises sur ce sujet ; aussi le Code de commerce a-t-il sagement agi en ne l'essayant pas, « en faisant une nomenclature aussi complète que possible des actes qui doivent être réputés commerciaux » (3).

(1) Nyssens et de Baets, *Comment. du C. de comm. belge*, I, p. 48.

(2) Dans le même sens, Dalloz jeune, *Dict. de jurisp.* (Paris, 1835), *eod. verb.* : « Il faudrait pour qu'une définition fût exacte qu'elle s'appliquât à toutes les spécialités, ce qui est hors du possible ; on ne peut que saisir quelques caractères généraux. »

(3) Voir aussi Sébire et Carteret, *Encyclopédie du Droit*, v° *Commerçant* ; Delamarre et Le Poitvin, *Traité de dr. comm.*, I, p. 85 ; Smith, *Mercantil law*, introduction, p. LXIII.

C. Peut-être est-il téméraire et dangereux de discuter l'opinion de commentateurs si considérés ; pourtant malgré l'autorité des juristes qui ont appuyé les doctrines ci-dessus rapportées, nous ne croyons pas qu'il faille renoncer à chercher, sinon une définition abstraite et complète de l'acte de commerce, du moins un ensemble de caractères essentiels, communs à tout fait de ce genre. D'ailleurs, la méthode énumérative a de tels inconvénients, au dire même de ses partisans, qu'il convient d'obtenir un meilleur résultat.

Si le législateur n'a pas pu ou n'a pas voulu préciser les termes des notions idéales auxquelles il a obéi, il n'en appartient pas moins au jurisconsulte de tâcher de les découvrir et de les faire connaître aux praticiens et à la jurisprudence.

Comme l'a dit M. Thaller (*loc. cit.*, p. 181), « une énumération n'a rien de scientifique, elle est le trait propre des législations qui ne sont pas encore parvenues à leur propre essor » ; mais il ne faut pas, en présence des imperfections de ce genre si préjudiciables à la science du droit, renoncer à chercher une base logique pour un système qui n'en présente pas au premier abord ; ces idées d'impuissance ne peuvent germer que dans un cerveau sceptique. Le devoir de la science n'est pas de s'arrêter à ces difficultés, mais de continuer ses efforts avec persévérance pour arriver à pénétrer les raisons des choses.

Nos adversaires semblent pourtant mieux établis lorsqu'ils viennent prétendre qu'aucune idée dirigeante n'a présidé aux travaux préparatoires du Code de commerce.

§3. — Les travaux préparatoires du Code de commerce.

Ces travaux, soit au Conseil d'Etat, soit au Tribunal, ne

nous sont connus que par les procès-verbaux de la rédaction au Conseil d'État et les ouvrages de Locré, qui ne donnent la plupart du temps qu'un résumé du discours, sans en fournir le texte ; et quelques-uns de ces procès-verbaux sont singulièrement abrégés.

À la vérité les orateurs des assemblées législatives de l'Empire n'ont pas cherché une définition abstraite du fait de commerce ; nos Codes ne sont faits qu'au point de vue pratique, non au point de vue doctrinal ; le rejet de l'article 3 au titre de la compétence, sur la proposition de Bigot-Préameneu, indique que cette quasi-définition n'a été donnée qu'occasionnellement, parce qu'il fallait bien déterminer les bases de la compétence nouvelle (1) ; les orateurs ont aussi longuement discuté sur la commercialité du billet à ordre.

Cependant on peut distinguer dans les travaux préparatoires une idée dirigeante qui semble avoir inspiré l'énumération de l'article 632.

Dans la première séance du Conseil d'État, Regnaud (de St-Jean-d'Angély) émettait l'idée que « pour bien déterminer les obligations des commerçants et les règles auxquelles ils sont assujettis, il est nécessaire de décider d'abord ce que c'est que le commerce, quels sont les actes de commerce dont l'exercice habituel constitue l'état de commerçant ».

Dès le commencement de la discussion, nous trouvons chez les orateurs la manifestation de cette idée : comme le fait de commerce forme désormais la base de tout le droit nouveau, il faut définir ce qu'on entend par ce fait.

(1) Jaubert déclare que la matière de la compétence se simplifierait beaucoup, « si au lieu de placer en tête du Code la *définition abstraite* des faits de commerce, on eût commencé par régler la compétence des juges commerciaux ». P.-v. de la 56e séance.

Le projet présenté au Conseil d'État contenait la disposition suivante : « Article 3 : Sont réputés faits de commerce tous actes relatifs au trafic et négoce de denrées et marchandises ; — toutes entreprises de manufactures, de commission, de transport par terre et par eau, de constructions, expéditions et voyages par mer ; — toutes opérations de change et de banque, toutes signatures données sur les lettres de change, billets à ordre ou à domicile. »

La Cour de Paris et la Cour de cassation ne se montraient pas favorables à cette définition ; la Cour de Paris (1) la critiqua comme vague et dangereuse, et insuffisante pour définir ce qu'on qualifiait de transactions commerciales ; la Cour de cassation (2), au courant des écarts d'interprétation des Tribunaux, craignait que les mots « actes *relatifs* au trafic et négoce » ne fussent appelés à recevoir une extension imprévue, et que le mot *relatif* ne permit de commercialiser les ventes de récoltes faites par les propriétaires et les achats faits par un consommateur.

La section de l'intérieur du Conseil d'État reconnut que ces craintes n'étaient pas sans fondement et modifia l'article 3 en ce sens : « Sont réputés faits de commerce *tous actes de trafic et de négoce* », etc.

De son côté, la section de législation proposait une rédaction qui est devenue celle du paragraphe 1er de l'article 632 : « Tout achat de denrées et marchandises pour les revendre, soit en nature, soit après les avoir travaillées », etc.

C'est sur ces deux définitions parallèles que la discussion s'engagea ; les motifs qui ont fait allonger quelque

(1) Obs. des trib., I, p. 419.
(2) Obs. des trib., I, p. 1.

peu l'énumération du projet ne nous sont pas indiqués, et après huit séances dont six au moins furent consacrées à la question des billets à ordre, l'article 632 était voté dans la teneur que nous lui connaissons aujourd'hui.

Voilà tout ce que disent les travaux préparatoires sur cette question fameuse de la définition des actes de commerce ; et l'on a répété partout que ni les conseillers d'État, ni les préparateurs du Projet n'avaient obéi à une idée dirigeante en donnant cette énumération qu'ils présentaient comme une définition.

Qu'il nous soit permis de contester cette assertion ; nous croyons fermement que dans l'esprit des auteurs de la loi, la notion de l'acte de commerce se ramène à celle d' « *acte de trafic ou de négoce de denrées ou marchandises* » ; elle se trouve dans le projet du Code, dans le projet de la section de l'intérieur ; c'est sur ce point que roule toute la discussion ; les autres termes de l'énumération ne paraissent être qu'un développement de cette idée, de cette conception vague de l'acte de commerce ; la section de législation en modifie la teneur, et la précise en la ramenant à la notion d'achat pour revendre.

L'acte de trafic sur marchandises apparaît ainsi comme l'acte type, le modèle de la commercialité ; parmi les différents aspects sous lesquels elle se présente aux termes des paragraphes 1 à 5 de notre article, on retrouve toujours au fond cette idée de trafic.

On pourrait nous objecter que trafic, négoce et commerce étant trois mots synonymes dans la langue courante, la définition donnée n'est qu'une tautologie ; dire que l'acte de commerce est un acte relatif au commerce ne signifie rien.

L'intention du législateur a été de donner à ce mot trafic

un sens autre que son sens courant ; l'étymologie même
du mot (*trans-facere* ou *trans-vicem*) indique que le trafic
ne peut s'appliquer à toutes sortes d'échanges ; comme le
disaient la Cour d'Orléans et le Conseil de Commerce de
Tours (1), les propriétaires et cultivateurs qui vendent
leurs denrées ne font pas trafic ; le mot trafic indique une
circulation économique, un mouvement de valeurs ou de
produits, un transport d'objets mobiliers d'un lieu dans
un autre ; pris dans un sens péjoratif, il désigne des spéculations ayant pour objet des choses qui ne sont pas dans
le commerce (trafiquer de son honneur) ; il se peut que les
rédacteurs du Code aient aussi envisagé cette expression
acte de trafic, dans le sens d'opération faite dans un but
de profit.

Ces explications sont peut-être cherchées bien loin,
mais elles nous paraissent l'interprétation exacte de la
pensée du législateur : l'acte de commerce est un acte de
trafic sur marchandises ; l'acte de trafic suppose une idée
de lucre (2), une idée d'entremise ; il implique l'existence
d'un individu entre les mains duquel des objets passent
sans demeurer ; il désigne le mouvement des affaires ;
voilà en quoi il est synonyme de commerce.

Telle est précisée l'idée qui, suivant nous, a dirigé les
auteurs du Code ; mais, dans leur esprit, cette notion a paru
trop vague, comme l'a dit Defermon, « parce qu'elle ne
donnait pas une idée assez nette de ce qu'il faut entendre
par acte de trafic (3) » ; et sur diverses réclamations, les

---

(1) Locré, *op. cit.*, t. VIII, p. 255 et 257.
(2) Delpierre s'exprimait ainsi au Corps législatif (Locré, *op. cit.*,
t. IV, p. 235) : « Quelle que soit la profession qu'on exerce, on se classe
parmi les commerçants, dès qu'on achète, qu'on vend et qu'on spécule
comme eux... L'esprit de spéculation, qui ne résidait guère que dans
une classe, s'est pour ainsi dire emparé de la nation. »
(3) Proc.-verb. du Cons. d'Etat, 2ᵉ séance, I, p. 22 et s., n° 2.

rédacteurs ont objectivé leur conception ; ils ont traduit leur idée première en la mettant, pour ainsi dire, en action, en en présentant les conséquences sous les différents aspects que l'acte de trafic peut revêtir dans la réalité des choses ; ce qui le prouve enfin, c'est la modification subie par le premier paragraphe de l'article, qui, au lieu de contenir le principe abstrait énoncé sous l'appellation d'acte de trafic, le traduit par une de ses applications les plus fréquentes, l'achat pour revendre avec ou sans mise en œuvre, fait commercial par excellence qui contient presque à lui tout seul une définition de la commercialité (1).

C'est cette notion d'acte fait dans une vue de trafic qu'envisageait la commission chargée en 1859 de la révision du Code belge, lorsqu'elle proposait de l'acte de commerce la définition suivante : « Tout acte fait dans un but de spéculation et de trafic » (Nyssens et de Baets, *op.* et *loc. cit.*, n° 22).

Si telle est l'idée dominante, la conception doctrinale qui a guidé les auteurs de notre Code de commerce, la théorie de l'acte commercial et les conséquences qui en dérivent seront plus faciles à déterminer ; cette théorie une fois faite, en conformité de l'énumération de la loi, nous aurons un guide certain dans la multitude innombrable, toujours mobile et toujours changeante, des faits qui revêtent la nature commerciale ; la jurisprudence est toujours hésitante, peut-être arrivera-t-elle un jour à se fixer ; c'est à la doctrine à la devancer dans cette voie et d'indiquer une conception nette de la commercialité.

(1) V. en ce sens le rapport de M. Van Humbeck sur le titre I du livre I de la loi belge de 1872 ; Nyssens et de Baets, *op. cit.*, I, n° 55 des documents ; c'est absolument le procédé suivi par la loi hollandaise.

§ 4. — Possibilité d'une définition ; — ses avantages.

Quand même il résulterait des travaux préparatoires que le législateur de 1807 n'a pas eu une idée précise de l'acte de commerce, quand même il serait prouvé que l'énumération est le seul moyen légal d'indiquer ce qu'on entend par fait de trafic, nous ne croyons pas qu'il faille pour cela renoncer à chercher une définition abstraite ; la méthode énumérative que tant d'auteurs ont préconisée est trop insuffisante, de l'aveu même de ses partisans, et il est nécessaire de trouver mieux. Non seulement l'énumération n'est pas juridique, mais elle n'est pas pratique.

Le professeur Vidari (*Corso di diritto commerciale,* n° 93) indique les défauts du procédé d'énumération : « Impuissante à englober tous les faits nouveaux et multiples que le progrès commercial fait surgir continuellement, la loi se trouve contrainte à chaque revision d'allonger cette énumération, avec la certitude absolue de ne pouvoir la faire assez complète pour contenir toutes les manifestations de l'industrie commerciale à un moment donné. »

La même idée est développée à la Chambre des députés de Belgique, à l'occasion des travaux préparatoires de la loi de 1872 (1).

Après avoir constaté les dangers d'une définition abstraite, qui, si elle n'est pas catégorique, aboutira forcément à donner naissance à une infinité de procès, la Commission préparatoire et le rapporteur de la loi sont obligés d'avouer qu'une nomenclature est et sera toujours incomplète. « Nous aurons l'occasion, dit M. Van Humbeck, de constater que l'énumération du Code ancien est devenue

---

(1) Nyssens et de Baëts, *op. cit.*, I, Docum. n°ˢ 22, 55 et s. ; 93 et s.

insuffisante. Dans un avenir plus ou moins éloigné, il en sera de même de celle que nous entreprenons aujourd'hui. L'extrême mobilité des actes de commerce fera surgir des faits nouveaux, en dehors de ceux que nous avons signalés » (1).

Est-ce une utopie d'espérer obtenir cette définition précise qui permette d'englober dans ses termes et les institutions du commerce dans le présent et le passé, et ses manifestations possibles dans l'avenir ? Nous ne le croyons pas.

Sans doute, il ne faut pas attendre de la loi commerciale la stabilité et la durée des lois civiles ; celles-ci ne peuvent subir de modifications que par suite de changements profonds dans les idées, les aspirations et la politique d'un peuple ; le commerce, au contraire, est essentiellement progressif et la loi qui le gouverne doit être perfectible (2). Mais, ce n'est pas une raison pour renoncer à établir cette loi commerciale sur une base solide qui s'appuiera sur l'expérience du passé et les tendances du présent.

La nécessité de faire tous les vingt ou tous les cinquante ans une loi, sous prétexte qu'elle est devenue incomplète et insuffisante, prouve l'insuffisance même de la méthode énumérative ; celle-ci laissera toujours place au doute ; elle sera toujours imparfaite, tant qu'elle ne sera pas modifiée et elle ne cessera de l'être que pour le redevenir encore. Ainsi le veut la loi incessamment mobile du commerce et de nos besoins auxquels il doit satisfaire.

---

(1) Dans le même sens, discours de M. Reynaert, n° 94.
(2) V. sur la comparaison des lois civiles et des lois commerciales l'ouvrage de M. Thaller, *Des faillites en droit comparé* (Paris, 1887). I, n. 1.

Le commerce existe depuis assez longtemps pour qu'on puisse apercevoir les caractères qu'il a revêtus pendant des siècles et prévoir qu'il les gardera dans l'avenir ; si son domaine augmente, sa nature ne change pas. Voilà pourquoi une définition de la commercialité est désirable et possible ; la seule crainte que l'on puisse avoir c'est qu'elle soit trop juridique pour être comprise clairement par tous : qu'importe, les praticiens et la jurisprudence sauront l'interpréter, en distinguer la portée, en prévoir les applications, et le commerce se développera sous la protection d'une loi qui aura déterminé ses éléments immuables et permettra d'en tirer leurs conséquences naturelles.

DEUXIÈME PARTIE

QU'EST-CE QU'UN ACTE DE COMMERCE ?
DIVERS SYSTÈMES PROPOSÉS.

L'article 632 ne donne pas une définition exacte et précise de l'acte de commerce ; il indique simplement un certain nombre des faits les plus importants et les plus fréquents au moment de la rédaction du Code ; depuis ce temps un grand nombre de faits nouveaux sont apparus dans le mouvement des affaires, les uns présentant de grandes analogies avec les faits mentionnés, les autres en paraissant profondément différents, tous ayant plus ou moins l'aspect extérieur de la commercialité.

Il s'agissait dès lors de savoir si l'on devait comprendre les faits nouveaux parmi les actes de trafic ou si au contraire on devait les exclure ; il ne suffit pas de dire que l'énumération donnée est limitative ou énonciative ; il faut encore en connaître le sens et savoir si ce sens permet d'assimiler le fait en question à l'un quelconque des actes énumérés. En un mot, il faut suivre une méthode pour remédier à ce défaut de méthode.

Là est la grosse difficulté ; de nombreux auteurs s'y sont essayé, et ont indiqué les caractères qui suivant eux devaient se retrouver dans tous les actes de commerce, dans ceux-là seuls. Les tribunaux, surtout la Cour de cassation, obligés de se rattacher à une règle pour motiver leurs décisions, sont arrivés à des conclusions souvent contradictoires, parmi lesquelles il est pourtant permis de glaner quelques idées communes.

Quelles sont les idées de la jurisprudence, quels sont les systèmes des auteurs ? Tel est l'objet de cette partie de notre étude.

CHAPITRE PREMIER

Avant d'examiner ces idées et ces systèmes, il faut étudier sommairement les termes de l'article 632. Nous pourrons ensuite en discuter la portée (1).

On peut ranger sous quatre chefs les termes de cette énumération : sont actes de commerce par nature, indépendamment de la qualité de celui qui les a faits :

1° Les achats pour revendre ou pour louer ;

2° Les entreprises industrielles ou commerciales, ou de transports ;

3° Les opérations de courtage ;

4° Les opérations sur la circulation des capitaux et des titres.

Tous ces actes répondent à la notion de trafic, envisagée par le projet du Code de commerce, et dès le premier examen, il est facile de voir que celui qui s'y livre entend n'être qu'intermédiaire entre l'offre et la demande : soit entre deux parties (courtage) ; soit dans la circulation des marchandises (achats pour revendre, entreprises, transports) ; soit dans le mouvement de l'argent et des titres qui le représentent (achats pour revendre, opérations de banque et de change).

---

(1) Nous n'étudions, bien entendu, que la commercialité objective ; nous avons dit que les règles de la commercialité subjective et de la commercialité de forme étaient inspirées d'idées toutes différentes.

1° *Achats pour revendre ou pour louer.*— L'acheteur peut vendre ou louer la chose telle qu'il l'a achetée, ou après y avoir ajouté certains accessoires ; mais son idée préconçue est de la rejeter dans la circulation où il l'a prise : *c'est le commerce en gros ou en demi-gros,* si la chose doit passer encore par les mains d'un détaillant avant d'arriver au consommateur ; — s'il pratique la vente directe au public, c'est le *commerce de détail,* soit que l'achat ait lieu en gros (*grands magasins*), soit qu'il ait eu lieu au détail ou par faibles quantités (*petit commerçant*).

Si la chose est travaillée ou mise en œuvre et subit une modification par le traitement des divers agents physiques, ou l'application de la main-d'œuvre, nous nous trouvons en face de l'*artisan* ou du *petit fabricant,* travaillant pour leur compte avec un apprenti ou un associé. C'est la *grande industrie* lorsque l'ouvrage est fait au moyen d'une entreprise.

2° *Les entreprises.*—Les entreprises sont une œuvre complexe ; c'est le commerce relatif à certains produits, exercé grâce à l'adjonction de matériel et de personnel, par l'alliance du capital et du travail, fonctionnant d'une façon permanente, en vue de fournir un résultat que peuvent seuls donner le capital et la main-d'œuvre combinés.

Les entreprises se multiplient tous les jours à mesure que les progrès de la science permettent de découvrir de nouveaux procédés, et de donner satisfaction à de nouveaux besoins, à de nouveaux désirs ; — la loi cite :

A. *Les entreprises industrielles* : — manufactures et fournitures qui ont pour but de modifier la matière première pour la livrer au commerce ou au consommateur ;

B. *Les entreprises commerciales :* — commission, entremise dans le mouvement des marchandises, revêtant les caractères d'un mandat ; établissements de ventes à l'encan, de spectacles publics ;

C. *Les entreprises de transports par terre ou par eau* ; — elles sont le véhicule des choses nécessaires à la vie ;

D. Enfin, dans une classe à part les *entreprises d'agences d'affaires*, exercées par ceux qui accomplissent pour le compte des particuliers des mandats relatifs à certains genres d'affaires.

3° *Les opérations de courtage.* — Ici l'acte ne suppose pas une détention de marchandises ou de valeurs ; le courtier ne fait que rapprocher les parties qui veulent conclure un marché, et disparaît quand elles se sont entendues : sa fonction est de procurer la rencontre de l'offre et de la demande relativement à une même chose.

4° *Opérations sur le mouvement des capitaux et des valeurs qui les représentent.* — L'argent est susceptible de circulation et de mouvements comme les denrées et tous les produits de l'industrie ou de l'intelligence humaines ; il est dans la situation perpétuelle de l'offre et de la demande, offert par le capitaliste et l'homme d'épargne, demandé par l'industriel, le commerçant, le propriétaire, le cultivateur, le rentier ; le banquier s'interpose dans ce mouvement des capitaux ; les *opérations de banque* consistent principalement dans le commerce de l'argent monnayé et des lingots.

Si l'argent circule sous la forme de papier commerçable, représentant des créances à terme plus ou moins éloigné, il devient l'objet d'un nouveau trafic appelé *opérations de change* et exercé le plus souvent par les banquiers.

S'il est représenté par des titres indiquant une créance contre l'État, ou une part d'associé dans une entreprise industrielle, commerciale ou autre, il passe de main en main au moyen d'échanges nombreux dans les Bourses, marchés à terme, reports, spéculations sur les effets publics et les valeurs industrielles, tous actes passés par l'intermédiaire des agents de change ou des coulissiers ; toutes ces valeurs représentatives des capitaux avancés font la matière d'un véritable commerce lorsqu'elles ne sont pas achetées dans la simple vue d'un placement.

CHAPITRE II

LES IDÉES DE LA JURISPRUDENCE.

§ 1. *Caractère onéreux.* — § 2. *Esprit de spéculation.* — A. Intérêt personnel purement pécuniaire. — B. Nature incertaine du profit. — § 3. *Mobilité juridique et économique des objets du commerce.* — § 4. *Actes intermédiaires entre la production et la consommation.*

Les différences de régime qui distinguent l'ordre civil de l'ordre commercial nous ont montré l'utilité pratique d'un critérium qui permit de reconnaître aussi sûrement que possible l'acte de commerce.

Cette question s'est posée aux tribunaux dès la promulgation du Code de commerce en 1808, et il faut avouer que leur jurisprudence, très variée et très touffue, ne paraît pas avoir été dirigée par une méthode rationnelle.

D'abord un grand nombre d'arrêts et de jugements ne sont pas vraiment motivés, ils se contentent de dire : « Attendu qu'il y a ou qu'il n'y a pas acte de commerce », sans donner les raisons juridiques de leurs décisions. Parmi ceux qui les indiquent, la solution donnée semble avoir été inspirée la plupart du temps par des considérations de fait plutôt que par des motifs de droit.

Cependant l'examen attentif des multiples décisions de la matière permet d'apercevoir quelques caractères distinctifs qu'elles paraissent avoir reconnus aux actes de négoce.

Un détail digne de remarque c'est que les tribunaux, dans les premières années de la mise en vigueur du Code, ne semblent pas avoir tenu compte de la notion nouvelle du *fait commercial*, introduite dans notre droit ; et toutes les questions qui se présentent encore maintenant à propos de la compétence, de l'admission des preuves, de la déclaration de faillite ont été tranchées par les arrêts, en raison de ce que « le défendeur était ou n'était pas commerçant, et non pas parce qu'il avait accompli ou non un acte de commerce (1) ».

Les opinions routinières des magistrats chargés d'interpréter la loi battaient en brèche les principes nouveaux que celle-ci proclamait. Deux arrêts de cassation de 1819 et 1820 (14 décembre 1819, D. 20.1.22) et 14 janvier 1820 (D. 20.1.156) sont les premières décisions où soient employées les expressions d'actes de commerce. Jusque-là la notion nouvelle paraît être restée incomprise des juges chargés de l'appliquer.

Depuis, la jurisprudence s'est amplement développée, et parmi les nombreux arrêts qu'elle a rendus, on peut arriver à distinguer quelques traits essentiels qui, suivant elle, caractérisent la commercialité. Est-ce une définition ? il serait exagéré de le soutenir, car un tribunal, qui statue sur une question donnée en vue d'une espèce déterminée, ne doit jamais poser un principe absolu qui pourrait faire de sa décision « une disposition générale et réglementaire », interdite par l'article 5 du Code civil.

---

(1) V. Cass., 9 janvier 1810, D. 10.1.41 : « Attendu que le sieur B..., en sa qualité d'entrepreneur de fournitures dont il loue l'usage en vue d'un bénéfice personnel, *se trouve rangé dans la classe des commerçants.* » *Id.* : Bruxelles, 5 mai 1813, D. 14.2.76 ; Cass., 6 déc. 1815, D. 16.1.103.

Mais on peut déclarer que la jurisprudence reconnaît aujourd'hui les actes de commerce à certains caractères spéciaux qui sont les suivants :

a) Ils sont à titre onéreux ;

b) Ils sont inspirés par l'esprit de spéculation ;

c) Ils portent sur des choses d'une transmission facile et rapide, ce qui exclut les immeubles ;

d) Enfin, ce ne sont ni des actes de production, ni de consommation.

Ces quatre conditions paraissent exigées simultanément (1).

§ 1. — Caractère onéreux.

Rien n'est plus contradictoire à l'idée de bienfaisance que l'idée de commerce. S'il est vrai que l'intérêt pécuniaire inspire la plupart des actions humaines, il est le mobile de tous les actes accomplis par un commerçant.

Celui qui pratique le commerce ne le fait pas en vue de rendre service, en vue de se dépouiller, mais bien de s'enrichir et de tirer profit de ce qu'il fait. Bien entendu, la question ne s'est jamais posée, de savoir si une donation ou l'achat d'une chose destinée à être donnée constituait un acte de commerce, mais elle s'est présentée à l'égard de certains contrats appelés communément *contrats de bienfaisance*. De ce nombre sont le prêt à usage, le prêt de consommation gratuit, le cautionnement.

C'est surtout au sujet du cautionnement que les arrêts sont nombreux : le cautionnement peut être fourni par un commerçant, ou par un non-commerçant, mais comme garantie d'une dette commerciale par nature : la qualité

---

(1) Nous entendons ne faire ici qu'un exposé exact et impartial de la jurisprudence ; nous verrons à l'apprécier et à la discuter dans la IVe partie.

de la personne ou la nature de l'obligation vont-elles se communiquer au cautionnement qui n'est qu'un accessoire, soit du commerce de l'obligé, soit de l'obligation même ?

La Cour de cassation juge d'une façon constante que le cautionnement ne constitue ni par nature, ni même accessoirement un acte de commerce (1) : « Attendu, dit l'arrêt de 1872, que les frères A... en intervenant comme cautions de B..., ne l'ont fait qu'à titre officieux, en dehors de leur commerce et de tout intérêt personnel. » — « Attendu, dit la Cour de Pau (28 mai 1859, S.60.2.93), que la caution ne fait qu'un acte de bienfaisance, par lequel elle n'attend ni n'obtient aucune compensation » (*Id.*, Rouen, 7 janv. 1859, S. 60.2.95).

Le caractère purement civil du cautionnement ne changerait pas, alors même qu'il serait donné solidairement (2); il reste toujours un contrat de bienfaisance, dans lequel la caution est désintéressée.

Aussi le caractère commercial accessoire de l'engagement apparaîtra lorsqu'il sera prouvé que la caution avait intérêt dans l'affaire qu'elle a garantie, et que la dette était commerciale pour le principal obligé ; à moins que l'on ne se trouve dans l'un des cas où la loi a fondé sur la forme de l'acte une présomption irréfragable de commercialité.

Pour la première hypothèse, un arrêt de Bourges (13 fév. 1872, S.73.2.88) a ainsi statué : « Attendu que l'obligation qui aurait été prise par B... aurait eu pour cause non

---

(1) Cass., 25 janvier 1832, S.62.1.212 ; 16 mai 1855, S.65.1.279 ; 13 août 1872, S. 72.1.56. Même si la garantie émane de la femme du commerçant débiteur principal (V. Bordeaux, 12 mai 1873, S. 73.2.230).

(2) Cass., 16 mai 1865, précité ; 27 août 1867, S. 67.1.375.

une intervention de bienfaisance, mais le profit de la société intéressée à la liquidation des affaires de R..., débiteur principal (1). » Du moment que la caution peut retirer ou espérer un avantage de son accession au contrat principal, le caractère gratuit cesse d'exister, et le cautionnement devient ainsi un contrat à titre onéreux sous lequel apparaît la commercialité attachée à la dette; mais, remarquons-le bien, ce n'est pas à raison du rôle qu'elle a joué dans l'affaire ou du but poursuivi que l'acte de la caution devient commercial ; en matière de cautionnement la règle est la suivante : l'accessoire a la même nature que le principal ; le principal est un acte de commerce, mais le caractère essentiellement gratuit du cautionnement s'oppose à ce qu'il prenne la nature du principal : si, par hasard, ce côté gratuit du contrat disparaît, il va devenir, comme le principal, acte de commerce ; mais il devient tel, par répercussion, par dépendance, bien plus qu'il ne cesse d'être civil ; il n'est jamais acte de commerce par lui-même, indépendamment de sa forme ; et si nous supposons une caution intéressée à une affaire purement civile, le cautionnement n'en restera pas moins civil.

Cependant le cautionnement devient acte de commerce par lui-même, lorsqu'il est donné dans la forme de l'*aval*, sur une lettre de change. « Le donneur d'aval, dit l'article 142 (C. comm.), est tenu solidairement et par les mêmes voies que le tireur et les endosseurs. »

(1) La même solution a été donnée par la Cour de Bruxelles (23 juin 1888, *Pasicr. belge*, 88.2.240) : il s'agissait d'un cautionnement fourni par un commanditaire, en vue de permettre à la société un concordat préventif de la faillite ; l'intérêt qu'avait ici la caution à empêcher la déclaration de faillite écarte l'idée d'un acte de bienfaisance. V. aussi Comm. Lyon, 18 sept. 1896, *Mon. judic. Lyon*, 2-3 octobre 1896.

A raison des services qu'elle rend au négoce et de l'usage qu'en font les marchands, la loi présume que la lettre de change est tirée dans l'intérêt du commerce, et n'admet pas la preuve contraire contre cette présomption ; la commercialité de ce titre se transmet à tous ceux qui y participent, au tireur, aux divers endosseurs, et même au donneur d'aval, qui pourtant n'y figure que comme caution.

C'est ce qu'a décidé l'arrêt de la Chambre civile (Cass., 21 avril 1869, S. 69.1.350) : « Attendu que l'aval, donné pour le paiement d'une lettre de change ou d'un billet à ordre souscrit par un commerçant, devient l'une des parties intégrantes de cet effet avec lequel il circule et constitue comme lui et avec lui une écriture essentiellement commerciale. »

§ 2. — Esprit de spéculation.

L'élément essentiel découvert par la jurisprudence dans l'acte de commerce est l'*esprit de spéculation* : elle entend vraisemblablement par là que les actes de ce genre doivent être inspirés par une idée de lucre qui ne se rencontre pas en général dans les actes civils et que nous verrons à caractériser.

Il ne faut pas d'ailleurs confondre l'élément onéreux de l'acte avec son côté spéculatif : un acte peut être à titre onéreux sans avoir été inspiré par l'idée de spéculation (tels les achats de denrées faits par un établissement de bienfaisance et les ventes au prix coûtant de ces objets aux indigents) ; — et inversement l'esprit de spéculation peut accompagner un acte à titre gratuit (l'acte ne sera pas commercial par lui-même, il ne pourra le devenir qu'en vertu de la théorie de l'accessoire) : c'est l'hypothèse d'un commerçant, qui, pour conserver sa clientèle ou l'augmenter, accorde à certains acheteurs des primes qui constituent de véritables donations, et dont il ne retire aucun profit direct.

Mais que faut-il entendre par ces mots *esprit de spéculation*.

On appelle *spéculation* certaines opérations de finance, de banque, de commerce ou d'industrie ayant pour base la prévision d'une hausse ou d'une baisse probable dans les prix d'un objet. Les marchés de spéculation sont des contrats aléatoires ayant pour but l'espoir d'un gain ultérieur à réaliser par suite des fluctuations de valeur de ces objets ; ils se pratiquent généralement sur les matières premières, les denrées de consommation dans les marchés, sur les valeurs mobilières dans les bourses, en un mot dans les lieux où se trouvent réunies et où peuvent affluer de grandes quantités d'objets de même espèce, ce qui attire la foule des acheteurs et des vendeurs, et provoque les oscillations de l'offre et de la demande. L'esprit de spéculation, c'est donc le mobile qui fait agir ses opérateurs à la hausse ou à la baisse, c'est l'intention de profiter de cette variation des cours.

On a souvent critiqué la spéculation, on l'a confondue avec l'agiotage, qui, lui, devient répréhensible, parce qu'il est l'exagération de la spéculation, ou l'usage de marchés semblables dans un but que réprouve la morale (circulation de fausses nouvelles, accaparements, etc.) ; ce n'est pas ici le lieu d'examiner ces controverses, ni de comparer les rôles joués par le commerçant et le spéculateur ; les opérations de celui-ci ont pour résultat de soutenir les cours, d'égaler l'offre à la demande et la demande à l'offre, les actes du commerçant tendant à rapprocher l'offre et la demande ; si leurs opérations ne sont pas identiques, elles ont des résultats économiques à peu près semblables. Les variations de bénéfices, qui résultent du jeu permanent de la loi de l'offre et de la demande, font que leurs actes à chacun sont essentiellement aléatoires et que leurs bénéfices comme leurs pertes dépendent des circonstances du marché.

Cependant, chez le spéculateur, le profit réalisé a une origine beaucoup moins personnelle, il est la conséquence souvent fortuite d'un mécanisme de faits qu'il peut prévoir, mais non modifier (à moins alors de tomber dans l'agiotage) ; chez le commerçant le gain obtenu ou désiré se compose de la rémunération d'un travail patient et souvent pénible, récompense de longues années de labeur assidu, de connaissances spéciales longtemps apprises, et de l'intérêt du capital versé dans l'entreprise.

Si l'esprit de spéculation, a-t-on dit, désigne le but intéressé que vise le commerçant comme le joueur, l'expression devrait être employée aussi à l'égard des profits que toute personne cherche à réaliser dans les contrats qu'elle conclut.

La spéculation, a-t-on dit, n'est pas particulière au commerce, elle consiste dans la recherche d'un lucre ; elle est à la base même des actions humaines, car elles ont toutes l'intérêt pour mobile ; comme dit M. Claudio Jannet (1), « le consommateur dans ses achats, le producteur dans ses ventes cherchent chacun à faire une bonne affaire tout comme le commerçant ».

Cette critique est fondée, c'est l'intérêt pécuniaire qui dirige la plupart de nos actes ; le mot spéculation ne signifie pas ce qu'on lui fait dire, et il est mal employé pour

(1) Cl. Jannet, *Le capital, la spéculation et la finance au XIXe siècle.*

désigner le caractère spécial des opérations de commerce :
il est trop étroit ; les expressions recherche de profit, idée
de lucre, que l'on emploie à sa place sont trop larges ; et
à défaut de mieux on se sert du mot qui répond le plus
exactement à l'idée que l'on veut exprimer, et cette idée
est la suivante :

S'il est vrai que la recherche d'un profit quelconque
inspire toutes nos actions, les opérations accomplies par
un simple particulier pour les besoins journaliers de son
existence ne présentent pas comme les opérations de trafic
le caractère aléatoire, incertain qui rapproche celles-ci
des marchés de spéculation. Dans le profit du commerçant,
il n'y a pas que la rémunération de son industrie ou de
son travail, et l'intérêt de son capital ; il y a souvent plus
et quelquefois moins que cela : il y a cette éventualité de
gain ou de perte, cet *eventus damni aut lucri*, composé de
tant de facteurs si variés : — les conditions de l'offre et de
la demande, la loi de la concurrence qui influent sur les
valeurs d'un même produit et en établissent le cours à un
moment donné ; — les connaissances particulières, la capacité commerciale de l'entrepreneur, qui lui permettent
de livrer sur le marché des produits à meilleur compte
que ne peuvent le faire ses concurrents, ou d'une qualité
qui en fait la vogue (1) : voilà les différents éléments du
bénéfice commercial.

C'est par son caractère incertain, essentiellement variable dans ses causes et dans ses résultats, que le profit du
négociant se rapproche de celui du spéculateur ; c'est par
là même qu'il diffère de celui du simple particulier : celui
qui achète pour les besoins de sa consommation, pour faire

---

(1) Paul Leroy-Beaulieu, *Du profit de l'entrepreneur*, *Bull. de l'Acad.
des sc. mor. et polit.*, tome 140, p. 190.

un placement, qui loue un immeuble pour se loger, celui-là connaît approximativement l'avantage qu'il retirera du contrat qu'il passe ; il sait la valeur de ce qu'il achète ; il sait qu'elle est en rapport avec ce qu'il peut payer ; le contrat est un contrat ferme dont il peut prévoir les conséquences et mesurer le profit, à moins d'un accident dont la survenance n'est pas dans nos calculs.

Le commerçant n'achète pas pour sa consommation, mais pour revendre et avec bénéfice ; mais ce bénéfice peut atteindre un chiffre inattendu, il peut se réduire à néant sous l'influence des causes les plus diverses : méventes provenant du séjour trop long des marchandises dans le magasin, de la baisse dans leurs cours ; insolvabilité des acheteurs, survenance d'un concurrent qui vend à plus bas prix, hausse des salaires, chômage, etc., etc...

La jurisprudence, parmi les idées qu'elle a exprimées au sujet de la commercialité, n'a pas omis ce caractère intéressé des actes de commerce, ni le côté incertain du profit ; elle a associé ces deux éléments sous le nom de spéculation et les a mis en valeur au point d'en faire presque la base de tout un système (1).

Esprit de spéculation, pensée de lucre, idée de profit, recherche de bénéfices, spéculation commerciale, tels sont les différents termes employés par les jugements et arrêts pour manifester cette idée que l'élément essentiel du commerce est la recherche du profit, le désir du gain.

Il serait trop long d'énumérer les différentes espèces dans lesquelles la jurisprudence a vu des actes de commerce parce qu'elle a reconnu cet élément : ce serait une

_____

(1) « Attendu, dit un arrêt d'Aix (5 août 1878, S. 78.2.321), que *la spéculation* est *l'essence des actes de commerce*, et doit servir à les distinguer des actes purement civils. »

liste aussi longue qu'inutile ; il est plus intéressant d'é-
tudier les hypothèses où la commercialité a été exclue par
suite de l'absence de l'élément spéculatif.

Dans la grande majorité des cas où les arrêts ont statué
en ce sens, le défendeur était une association ou un de
ces nombreux établissements d'utilité publique qui se sont
multipliés dans ce dernier quart de siècle.

L'association a toujours été l'un des principaux leviers
de l'activité humaine, grâce auquel elle a pu obtenir des
résultats que l'homme isolé, si riche et si puissant qu'il
soit, n'aurait jamais pu atteindre. « L'association, a-t-on
dit, c'est la fécondité, l'individualisme c'est la stérili-
té » (1) : associations religieuses, associations d'artisans,
associations de capitaux, telles sont les formes les plus
anciennes de l'union des efforts de chacun en vue de réaliser un but identique (2).

Le nombre sans cesse croissant des besoins de l'homme
vivant en société, l'âpreté plus rude de la lutte pour l'existence, la nécessité de combattre dans les meilleures conditions possibles les exigences de la vie et d'en prévoir les
risques, ont fait naître depuis peu d'années des associations nombreuses, sans but lucratif, n'ayant pour objet
que de répondre aux besoins de leurs membres et de défendre leurs intérêts ; parmi les sociétés de ce genre sont
les sociétés coopératives de production et de consommation, les syndicats professionnels et agricoles, les diverses
sociétés d'encouragement (comices agricoles, etc.), les
mutualités et certains établissements publics tels que les
monts-de-piété, les caisses d'épargne.   .

(1) R. P. Félix, *L'Économie sociale devant le Christianisme* (confé-
rences de N.-D. de Paris, 1895, 2ᵉ conf.).

(2) V. Emile Worms, *Sociétés humaines et privées*, Paris, 1875.

C'est sur la commercialité de ces associations, de ces établissements que les tribunaux ont eu maintes fois à se prononcer et ils ont posé la règle suivante :

Tant que l'institution se maintient dans les limites de l'œuvre philanthropique qui lui est dévolue par ses statuts, en cherchant seulement à fournir à ses adhérents les objets ou les services convenus sans réaliser de bénéfices dans l'accomplissement de sa mission, elle reste étrangère à la loi du commerce, car l'esprit de lucre inhérent à toute entreprise commerciale fait ici défaut et les opérations accomplies restent purement civiles.

Mais si l'association, au lieu de se borner à fournir certains avantages à ses membres et à leur éviter certains risques, se gère en commerçante, vendant à tout venant les services et les objets que sa situation lui permet de se procurer à meilleur compte que ne peut le faire un négociant, alors elle fait véritablement acte de commerce, car elle a en vue la réalisation d'un gain qui dépasse les frais qu'elle peut avoir à couvrir.

C'est ainsi que les monts-de-piété ont été exclus du commerce, par jugement du Tribunal de commerce de la Seine (12 avril 1870, D. 71.3.24), sur ce motif qu'ils font les prêts à titre de bienfaisance.

Les décisions judiciaires sont plus nombreuses à l'égard des sociétés coopératives, des syndicats, des sociétés d'encouragement et des sociétés de secours ou d'assurances sous la forme de mutualités.

a) Sociétés coopératives. — La société coopérative est une forme d'association entre plusieurs personnes, dont le but est de supprimer les intermédiaires et de faire profiter ses membres des bénéfices qui vont généralement à ces derniers ; on en connaît actuellement trois formes (1) : sociétés de production, sociétés de crédit, sociétés de consommation ; ces dernières, assez nombreuses en France, achètent au prix du gros les denrées de consommation qu'elles revendent aux associés presque au prix coûtant.

La question s'est présentée de bonne heure de savoir si ces associations étaient justiciables des tribunaux de commerce et pouvaient être mises en faillite : la jurisprudence s'est décidée contre la commercialité et avec beaucoup de raison. Ces unions de producteurs ou de consommateurs n'obéissent pas à cet intérêt pécuniaire qui caractérise toute entreprise commerciale ; elles ont seulement pour but de procurer aux unionistes les avantages et de les faire participer aux profits qui vont ordinairement aux intermédiaires de la circulation (patrons d'industrie, commerçants en détail). C'est ce côté utilitaire de l'opération que les jugements mettent en relief.

« Attendu, dit un jugement du Tribunal de commerce de Nevers (7 sept. 1868, D. 69.3.54), que les sociétés coopératives... *n'ont point un but de lucre,* mais seulement une économie, qu'elles *achètent pour consommer et non pour revendre.* »

La Cour de Bourges, dans la même affaire (19 janv. 1869, D. 69.2.133), s'appuie sur des raisons analogues : « Attendu qu'il faut, pour qu'un acte soit réputé commercial, qu'il offre un caractère particulier et essentiel, celui d'avoir été régi par une idée de lucre et de spéculation ; qu'on ne saurait attribuer ce caractère aux opérations d'associations qui n'ont pour but que de satisfaire aux divers besoins des membres qui la composent à des condi-

(1) *Dict. d'économie politique,* v° *Coopération.*

tions de prix et de qualité plus favorables que celles que
pourrait obtenir chacun des sociétaires livré à ses ressources isolées..., qu'une société coopérative de consommation
n'achète pas pour revendre, mais pour consommer (1). »

Si ces deux décisions donnent des solutions conformes
au principe que nous avons posé, il semble bien pourtant
qu'elles invoquent deux arguments contradictoires ; après
avoir pris comme motif que la coopération n'a point un
but de lucre, le jugement et l'arrêt argumentent de ce que
la société achète pour consommer et non pour revendre ;
le premier motif s'explique par le défaut de spéculation,
le second, par le défaut d'entremise. Il faudrait pourtant
s'entendre : ou la société a agi comme revendeur, ou
comme consommateur ; si c'est comme consommateur, il
n'est pas nécessaire de dire que l'esprit de spéculation lui
fait défaut, car les achats pour consommer ne sont pas des
actes de trafic (arg. art. 638, 1°) ; si elle a agi comme revendeur, a-t-elle fait commerce ? Non, dit la Cour, parce
que le caractère particulier de ces sortes d'actes est l'idée
de lucre. Un seul des arguments suffisait ; il était inutile
de venir compliquer ce dernier d'un autre qui est douteux.

b) Syndicats industriels ou agricoles. — La confusion
que nous venons de critiquer n'a pas été faite par la Cour
de Toulouse, dans son arrêt du 26 mars 1889 (D. 90.2.144) :
« Attendu que pour réaliser son objet et recouvrer divers
frais, le Syndicat agricole du Tarn se trouve dans la nécessité de faire subir aux matières achetées une faible majoration, qui représente simplement les déboursés ; —
attendu dans ces conditions qu'il ne se livre par suite à
aucun acte de commerce ; — qu'il n'est mû par aucune

---

(1) Dans le même sens : Cons. d'État, 14 février 1873, D. 73.3.12 ; —
14 mars 1891, D. 92.3.96.

idée de spéculation et joue le rôle *de pur intermédiaire*, ne tirant aucun profit de son intervention (1). »

Il s'agissait dans l'espèce d'un syndicat agricole ayant à peu près le même but que certaines coopérations, c'est-à-dire la suppression, grâce à l'association, des intermédiaires à l'achat et à la vente, et la création de moyens de crédit agricole.

c) *Sociétés d'encouragement.* — Depuis le commencement du siècle, l'industrie, le commerce, les beaux-arts, l'agriculture, etc. ont vu se développer un grand nombre d'institutions dont le but très louable est d'accorder des subventions aux diverses branches qu'elles protègent pour en développer l'essor : la Société d'encouragement à l'industrie, la Société des apprentis, la Société des Artistes français, la Société hippique de France, les comices agricoles, la Société des Steeple Chase de France sont les plus connues parmi ces œuvres, qui ont pour but de récompenser les vieux serviteurs de l'industrie ou du commerce, d'aider les apprentis, de pousser au développement de l'art, et de décerner des prix à l'élevage des chevaux ou des bestiaux nécessaires à la culture. Un grand nombre de ces associations, notamment les comices agricoles et les sociétés de courses, sont obligées d'avoir recours à des exhibitions publiques (concours, expositions) pour se procurer les fonds de subvention et permettre aux éleveurs de faire connaître leurs produits.

Ces exhibitions, qui peuvent rentrer dans la dénomination de spectacles publics, doivent-elles être considérées comme des opérations commerciales ?

La jurisprudence, toujours pour le même motif, admet généralement la négative :

(1) *Sic*, Bordeaux, 16 avril 1883, D. 90.2.70; — Comm. Marseille, 19 juillet 1889, *Journ. Marseille*, 89.1.296.

Pour les sociétés de courses de chevaux, Conseil d'État, 13 juin 1873 (D. 73.3.93); pour les comices agricoles, Paris, 13 juillet 1875 (D.76.2.189): « Attendu, dit cet arrêt, que toute pensée de lucre ou de spéculation est étrangère à ces opérations. »

d) Mutualités. — La mutualité est la forme la plus ancienne de l'association ; avant de chercher à vaincre, unis dans un même effort, les hommes ont cherché à défendre leur faiblesse contre les mêmes ennemis. L'assistance mutuelle a été le premier moyen d'arriver à ce résultat : grâce à elle, les hommes ont pu, non pas éviter, mais prévoir les divers événements fâcheux ou dommageables de tous les jours, et en atténuer les conséquences ; assistance contre la maladie, la vieillesse, contre le chômage, les variations de fortune, assurances contre les divers accidents aux personnes et aux biens, assurance sur la vie, tels sont les aspects successivement apparus de la mutualité.

Le caractère désintéressé des opérations de ce genre devait les faire échapper à la loi commerciale ; quelle que soit la nature des opérations qu'elles font, quand même elles auraient une grande similitude avec les entreprises commerciales, leur but essentiellement philanthropique dictait cette conclusion.

Quant aux assurances terrestres, on a longtemps douté de leur commercialité ; pour les sociétés de secours mutuels, qui ne sont autre chose que des mutualités ayant pour objet l'assurance de certains risques, leur caractère purement civil ne pouvait être discuté : l'éternelle distinction du *certare de lucro captando aut de damno vitando* trouve dans ces matières une application éclatante : « Attendu, dit la Cour de Paris, que la Société *la Sécurité* n'a pour objet que de préserver, au moyen d'une prime formant le fonds social, les commerçants des pertes résultant des faillites ; que cette association ne peut produire aucun bénéfice. » La jurisprudence est constante dans ce sens (1).

A côté de ces multiples associations sans but lucratif, les arrêts ont encore refusé le caractère commercial à des entreprises ayant un objet purement désintéressé, notamment à une entreprise d'essais scientifiques (Paris, 6 mars 1868, *J. Pal.*, 68, 1069) et aux entreprises de pompes funèbres lorsqu'elles sont exploitées par les consistoires ou fabriques « conformément à leurs attributions légales, en dehors de tout esprit de spéculation » (Paris, 3 mai 1881, D. 81.2.193).

Mais toutes ces associations coopératives ou de prévoyance, ces entreprises peuvent devenir commerçantes lorsqu'elles cherchent à réaliser des profits au moyen des diverses prestations qu'elles fournissent. Sans avoir égard aux clauses de leurs statuts, au but qu'elles avaient *ab initio* l'intention de réaliser, du jour où ces associations s'offrent au public, comme tout négociant pourrait le faire, cherchant ainsi à augmenter leurs ressources autrement que par les cotisations des membres, la jurisprudence les soumet à la juridiction commerciale (2).

Rien ne montre mieux que ces décisions l'importance énorme que les tribunaux attachent à *l'esprit de lucre et de spéculation*, lorsqu'il s'agit de déterminer la commercialité ; c'est pour eux la pierre angulaire de la grande

---

(1) Cass., 8 fév. 1860, S. 60.1.207 ; Paris, 2 mai 1850, D. 50.2.187 ; Douai, 15 nov. 1851, S. 52.2.58 ; Besançon, 4 fév. 1854, D. 54.2.238 ; Paris, 23 mars 1857, S. 58.2.197.

(2) Pour les coopérations : Comm. Nevers, 7 septembre 1858, *in fine*, D. 60.3.54 ; pour les syndicats agricoles : Angers, 29 octobre 1894, D. 95.2.88 ; pour les entreprises de pompes funèbres : Cass., 9 janvier 1810, D. 10.1.41.

distinction de l'ordre civil et de l'ordre commercial, au point que de nombreux arrêts ont admis la commercialité des spéculations sur immeubles, malgré les termes « denrées et marchandises » de l'article 632. Il n'est donc pas étonnant que, dans la foule des arrêts rendus sur ces questions, on puisse arriver à reconnaître les éléments qui, au dire de ces arrêts, constituent la spéculation commerciale ; et l'on peut voir que tout acte ayant pour fin un profit à réaliser ne sera pas acte de commerce, s'il n'a été motivé par l'intérêt privé de l'auteur, et si le profit recherché n'a pas ce caractère douteux et aléatoire qui tend à le rapprocher de la spéculation proprement dite.

A. — Intérêt personnel chez l'agent.

B. — Nature incertaine du profit ; tels sont les deux facteurs qui composent l'esprit de spéculation commerciale.

A. *Intérêt pécuniaire purement personnel.* — Le commerce est égoïste : celui qui s'y livre poursuit un gain qui lui appartiendra à lui seul. Si cet intérêt pécuniaire ayant pour résultat l'enrichissement de l'intéressé ne se rencontre pas, il n'y aura pas commerce.

La jurisprudence n'a posé cette règle nulle part, mais elle se dégage des arrêts dont nous allons exposer la doctrine.

L'État, les départements, les communes, les établissements publics en général, accomplissent dans l'intérêt de leurs finances ou dans l'intérêt public certains actes qui, faits par des particuliers, seraient commerciaux. Souvent, au lieu d'exercer eux-mêmes ces actes, ils préfèrent déléguer l'exploitation des entreprises en question à des particuliers ; ceux-ci assument les risques et versent au concédant une partie de leurs bénéfices dont le mode de

calcul varie suivant le genre de marché conclu. Régie des
tabacs, poudres et salpêtres, fabrication des allumettes,
transports postaux, exploitation de bacs, abattoirs, halles
et marchés, — récemment, concession du service des colis
postaux dans Paris, telles sont les différentes entreprises
que les établissements publics monopolisent à leur profit. Cependant l'État ou les communes ont rarement été
mis en cause à ce sujet ; cela provient de ce que des particuliers concessionnaires sont substitués en fait et en
droit à la personne morale État ou Ville. Ce sont eux par
conséquent qui sont actionnés en justice, et d'une façon
presque constante, la jurisprudence a refusé de les considérer comme négociants.

Ceux-ci doivent être considérés, non pas comme des
commerçants agissant à leurs risques et périls, pour leur
compte et à leur profit, mais comme des agents de l'autorité administrative (1), mandataires salariés de celle-ci (2),
chargés de la perception et de la gestion des deniers publics (3). Mais s'ils ne sont pas commerçants pour leur
compte, ne peuvent-ils pas le devenir comme mandataires
de l'autorité qui les a délégués, et qui, elle, ferait commerce ? — Non, car ils sont substitués juridiquement, « subrogés pour un temps déterminé » (4) aux droits du concédant ; celui-ci ne ferait pas commerce, s'il agissait en
son nom ; son préposé ne le fait pas davantage ; les droits
du subrogé sont de la même nature juridique que ceux du
subrogeant.

(1) Angers, 28 janv. 1824, S. 24.1.167, sous Cass.
(2) Nîmes, 13 avril 1812 (D. *Rép.*, v° *Acte de comm.*, n° 181, n. 2) ;
Caen, 28 juin 1830, S. 31.2.176.
(3) Angers, 23 févr. 1877, D. 77.2.172 ; Toulouse, 5 mars 1825, D. 25.
2. 155.
(4) Toulouse, 5 mars 1825, précité ; Cass., 6 janv. 1874, S. 77.1.27.

Reste à savoir pourquoi celui-ci ne doit pas être réputé commerçant : c'est, parce que, comme le dit un arrêt de Paris du 3 mai 1881 (D. 81.2.193), l'entreprise n'est commerciale que lorsqu'elle est faite « dans l'intérêt particulier de l'entrepreneur » ; les établissements publics, s'ils se livrent à ces actes, les font « en vue d'un service public, conformément à leurs attributions légales ». L'État, le département, la commune sont chargés de pourvoir aux intérêts et de satisfaire aux besoins de la communauté qu'ils administrent ; il rentre dans leurs attributions d'assurer certains services auxquels les particuliers ne pourraient veiller ; l'intérêt public et l'intérêt fiscal sont leurs guides. Et là apparaît, dans les considérants de la jurisprudence, cette analogie que M. Émile Worms a essayé de démontrer entre les sociétés humaines et les associations privées, tant dans leur administration que dans leur constitution et leur objet (1). La jurisprudence semble vouloir mettre hors du commerce les unes et les autres. Si ces associations d'où résulte la notion de Commune et d'État ne sont pas librement consenties comme les associations volontaires (qualifiées d'idéocratiques et de ploutocratiques) (2), toutes les institutions par lesquelles se manifeste cette loi de la nécessaire réunion des efforts en vue des intérêts positifs, intellectuels et moraux à défendre, toutes ces institutions sont une conséquence de la nature même de l'homme, être sociable, comme dit Aristote, — la manifestation de ses tendances vers des réalités que l'individu seul ne peut pas atteindre.

Sur le terrain élevé où elle s'est inconsciemment placée, la jurisprudence a esquissé la théorie de la nature juridi-

(1) *Sociétés humaines et privées.*
(2) **Grande encyclopédie**, vº *Association.*

que de l'association en général ; elle a exclu de la commercialité tout le mouvement associationniste qui, malgré ses
antécédents déjà anciens, semble bien n'être encore que
dans l'enfance de son évolution ; elle a posé un principe
dont on peut ainsi résumer les termes : toute association
qui n'est pas une association de capitaux en vue d'un intérêt
pécuniaire direct et personnel doit échapper et échappera
à la loi commerciale. Comme conséquence de cette doctrine, il est aisé de voir que si quelque jour les rêves des
socialistes et des collectivistes trouvaient leur réalisation
dans notre société, le commerce cesserait d'exister ; l'accaparement par l'État de tous les moyens de production,
de tous les canaux de la circulation dans un but égalitaire
conforme aux intérêts de la collectivité, aurait tué le négoce.

Le commerce est l'œuvre de l'individu ou de la société
de capitaux ; « il est dirigé par l'individualisme (1) » ;
toute communauté représentative des intérêts individuels
coalisés ne peut, par le but même de sa constitution, tomber sous la loi du commerce ; peu importe qu'elle agisse
réellement dans un but d'intérêt public, ou dans un simple intérêt fiscal, — comme l'État, la plupart du temps,
— ou dans un but de sage économie ou de prévoyance ;
là où l'intérêt pécuniaire et égoïste de chacun ne sera pas
en jeu, là ne sera pas le commerce (2).

_____

(1) Thaller, _De la place du commerce dans l'histoire, Ann. de dr.
commerc._, 1892, p. 260.

(2) Cependant un arrêt fameux de la Ch. des req. (Cass., 8 juillet 1889,
D.89.1.383 ; S.90.1.473) a déclaré que l'État exploitant des chemins de fer
avait fait acte de commerce. Cette décision, sur laquelle nous aurons à
revenir, s'explique lorsqu'on examine les conditions dans lesquelles s'est
formé le réseau d'État, et les circonstances qui ont précédé la loi du
18 mai, et le décret-loi des 25-27 mai 1878.

B. *Nature incertaine du profit commercial.* — Pour qu'il y ait dans un acte l'intention de lucre qui en fera un acte commercial, l'intérêt personnel de son auteur ne suffit pas ; il faut encore que le profit à réaliser soit incertain pour lui. C'est par ce caractère aléatoire que la spéculation dite commerciale ressemblera à celle de l'agioteur. Tandis que le gain du spéculateur dépend de la hausse ou de la baisse des cours, le bénéfice commercial dépend des conditions de l'offre et de la demande, des mille circonstances du marché qui permettront à un moment donné à l'intermédiaire de faire les prix qu'il voudra ou l'obligeront un autre jour à les amener à un taux à peine rémunérateur. C'est cette incertitude même, dépendant des variations dans le mécanisme des lois économiques, qui constitue le second élément de la spéculation commerciale.

Et il faut, au gré des arrêts, que cet aléa résulte des conditions de l'offre et de la demande ; il ne suffit pas qu'il s'obtienne par la quantité plus ou moins grande des objets vendus, des services accomplis, si sur chacun d'eux la rémunération est fixe et certaine à l'avance ; il faut en un mot que la quotité du profit provienne, non pas de la quantité des actes d'entremise exercés, mais de la quantité des demandes qui se produisent, « de la libre et naturelle concurrence du trafic » (Cass., 10 mai 1845, D.45.1. 289).

Cette théorie de la nature incertaine du profit commercial se trouve exposée dans plusieurs arrêts à l'occasion de la question de savoir si les débitants de tabac doivent ou non être rangés parmi les commerçants.

Leur rôle d'intermédiaire ne suffit pas pour en faire des marchands ; le gain qu'ils réalisent est purement civil par

nature, disent les Cours d'appel ; c'est la rémunération de
leur travail, de leur fonction de commis ou de préposé,
et non une spéculation sur le trafic qu'ils font (1). « Attendu, dit un arrêt de Lyon (29 août 1861, S.62.2.507), que
ces préposés reçoivent les tabacs qu'ils doivent débiter
des mains de la Régie à des prix tarifés d'avance, et les
vendent également à des prix qu'ils ne peuvent pas dépasser, et que leurs bénéfices ne consistent que dans des remises ; — qu'ainsi on ne peut assimiler ces préposés à des
commerçants auxquels appartiennent l'initiative et la liberté de leurs actions. »

Un arrêt de Caen (2) donne les mêmes motifs : « il n'y
a de la part des débitants aucune spéculation proprement
dite ; leurs bénéfices ne peuvent varier que *suivant la
quantité plus ou moins grande des tabacs qu'ils débitent* ;
en un mot, on ne trouve nullement les caractères qui
constituent une spéculation commerciale. »

La Cour de Dijon (21 mars 1873, S. 73.2.215) constate
que « leurs bénéfices ne sont pas le résultat de la spéculation, mais consistent dans de simples remises (3) ».

Il ne faudrait pourtant pas exagérer les conséquences
d'une tarification imposée par l'autorité administrative
comme charge de la concession d'un monopole. Avant la
création des chemins de fer, la jurisprudence considérait
les maîtres de poste comme justiciables des tribunaux de
commerce, malgré leur privilège qui pouvait les faire pas-

---

(1) La même solution serait donnée à l'égard des marchands de journaux
qui dans la plupart des villes vendent au prix marqué les feuilles qui leur
sont vendues avec une légère réduction ; on devrait les considérer
comme des commis placiers ou représentants du journal.

(2) 10 juin 1862, S. 62.2.508.

(3) Dans le même sens : Paris, 21 nov. 1853, D. 55.2.172 ; Cons. d'État,
6 janv. 1853, S. 53.2.528 ; Lyon, 8 mai 1879, S. 80.2.79.

ser pour des employés de l'État (1). La commercialité de
nos grandes compagnies de chemins de fer n'a jamais été
mise en doute, bien que leurs tarifs soient soumis à l'homologation du ministre (2) ; si d'ailleurs on devait aller si
loin, il faudrait refuser de reconnaître les boulangers
comme négociants, sous le prétexte qu'ils sont assujettis
à la taxe du pain (art. 30, loi des 19-22 juillet 1791).

Dans ces hypothèses, malgré l'existence du tarif établi
pour empêcher l'exploitation du public par l'entrepreneur
muni d'un monopole, celui-ci n'en conserve pas moins sa
liberté d'action ; son profit n'est pas un salaire fixe, comme
pour le débitant de tabac ; le tarif est un taux de vente
qu'il ne peut pas dépasser ; il n'en reste pas moins soumis
à tous les risques de l'exploitation, et il peut d'ailleurs
augmenter ses bénéfices en diminuant dans la mesure nécessaire son prix de revient par l'abaissement des frais
généraux, du salaire de la main-d'œuvre, du prix d'achat
des matières premières et de ses moyens de production.
Cette situation n'est pas comparable à celle des préposés
de la régie.

§ 3. — Mobilité juridique et économique des objets du commerce.

La jurisprudence a longtemps hésité avant de décider
si les spéculations sur immeubles devaient ou non être
rangées parmi les actes de commerce. On comprend en
effet que les achats et reventes de biens immobiliers puissent donner lieu à des opérations du même genre que
celles qui ont lieu sur les objets mobiliers ; toute la ques-

(1) Orléans, 21 fév. 1837, *J. Pal.*, 37.2.529 ; Paris, 22 fév. 1841, D. 41.
2.144 ; 17 avril 1847, *J. Pal.*, 47.2.131 ; — *Contrà* : Caen, 28 juin 1829,
S. 31.2.176.
(2) Cass., 26 mai 1857, D. 57.1.246 ; 27 nov. 1871, D. 72.1.92.

tion revenait à savoir si les mots « denrées et marchandises » pouvaient subir une extension assez vaste pour englober les immeubles. L'assimilation des biens fonds, d'une transmission longue et compliquée, à des marchandises d'une grande mobilité juridique et économique, était hardie et peut-être même périlleuse ; de nombreux arrêts sont intervenus sur la question, et, malgré des considérants basés sur des raisons de droit, c'est en réalité pour des motifs de fait que les immeubles ont été dans bien des cas qualifiés de marchandises.

Des spéculateurs opérant à la façon du commerce se sont mis à trafiquer des fonds de terre ; guettant la déconfiture du petit cultivateur ou du rentier, escomptant leur ruine, ils achètent pour un prix infime des lopins de terre ou d'immenses maisons, qu'une vente sur saisie, longue et déshonorante, menace. Des agents à leurs ordres, sortes de commis-voyageurs en immeubles, s'enquièrent des besoins du paysan, des dettes auxquelles il doit faire face ; — les voisins, attirés au cabaret où les langues se délient, sont interrogés adroitement sur la situation du débiteur obéré, sur la rapacité de ses créanciers, sur le prix qu'eux-mêmes consentiraient à donner de l'immeuble, devenu une richesse inutile aux mains de son propriétaire. Grâce à ce reportage discret, l'opérateur est renseigné ; il sait ce qu'il doit payer ; il sait ce qu'il peut espérer vendre.

Les *marchands de biens* ont mis le sceau du commerce sur les opérations immobilières.

Sous la Convention, des spéculations locales sur les biens s'étaient produites, mais elles n'avaient pas duré. Dès le règne de Louis-Philippe, quand la France fut guérie des blessures que lui avaient faites les guerres de Napoléon, Paris et les principales de nos villes entreprirent des travaux d'embellissement, et commencèrent la construction de ces grandes voies larges et aérées, qui sont un des bienfaits du XIXe siècle au point de vue de l'hygiène publique. Ces travaux continuèrent sous le second Empire; des immeubles souvent fort anciens, presque en ruines, auxquels une expropriation espérée donnait une plus-value considérable, devenaient l'objet de spéculations, auxquelles les gens de la Cour daignaient ne pas rester étrangers (1). Des sociétés à forme commerciale, en nom collectif ou en commandite, voire même anonymes (comme la Compagnie générale immobilière, fondée en 1854) se constituèrent pour se livrer à ce genre de trafic (2). Le Crédit Foncier de France, institué en 1852 et 1857 pour venir au secours de la propriété rurale, prêta la main aux spéculations sur les immeubles des grandes villes, si bien qu'on a pu dire avec raison qu'il avait construit Paris. Ces opérations immobilières n'ont pas cessé; elles se sont étendues aux Stations balnéaires de l'Océan et de la Côte d'Azur, partout où l'afflux du public était susceptible de faire monter le loyer des propriétés bâties. Le Crédit Foncier a favorisé la transformation des villes et des plages et la spéculation sur les terrains. A partir de 1879, il est venu en aide aux sociétés immobilières qui se formaient:

(1) Pierre de Lano, *Napoléon III et sa Cour.* — Les spéculations sur les terrains du boulevard Sébastopol, et tant d'autres, sont restées fameuses.

(2) Garsonnet, *Revue critique*, 1879, t. III, p. 325. — Les constructions de Paris et de Marseille donnèrent lieu à des spéculations énormes; — à Marseille, notamment, les capitaux anglais s'offrirent pour mettre en valeur les terrains de la ville neuve, entre la Cannebière et la Joliette; c'est ainsi que fut fondée à Londres, en 1875, *The Imperial Land Company of Marseille*, liquidée en 1885. — V. aussi l'*Histoire de la Société des Ports de Marseille, de la Société des Ports de Brest*; Capefigue, *Histoire des grandes opérations financières*, t. IV (Paris, 1855).

la Société des immeubles de France (qui, en 1891, possédait 110 maisons à Paris), la Compagnie foncière de France (qui en avait 163), la Rente foncière, la Foncière Lyonnaise, émanation du Crédit Lyonnais ; — et grâce aux capitaux de ces grandes entreprises, des terrains immenses ont été mis en valeur, la hausse attendue s'est produite : puis comme conséquence de la surproduction, le krach est survenu, les sociétés et les particuliers sont restés avec leurs grands immeubles et leurs hôtels inoccupés, sans pouvoir donner de dividendes aux actionnaires, sans pouvoir rembourser leurs emprunts, ce qui n'a pas amélioré la situation du Foncier ; et « les communes demeurent chargées d'emprunts et d'impôts, avec des casinos et des boulevards gigantesques qu'elles ne peuvent entretenir (1) ».

Entre toutes ces opérations et les spéculations sur les grains, les sucres, les cuivres, ou l'agiotage sur les valeurs mobilières, il n'y a que la différence de nature des objets sur lesquels elles portent ; leur abus conduit aux mêmes désastres ; on comprend que les Tribunaux, mus par des considérations de fait, aient vu dans ce trafic un genre de commerce qui, quoique non prévu par le Code de 1807, semblait n'avoir pas été exclu expressément par ses termes.

Innombrables sont les décisions de jurisprudence intervenues à ce sujet depuis 1830, dans un sens ou dans l'autre ; en faveur de la commercialité, les unes s'appuient uniquement sur l'intention de spéculation, — mobile de ces contrats (2) ; les autres prétendent que l'interprétation

_____

(1) Claudio Jannet, *Le Capital, la Spéculation et la Finance au XIXe siècle*, chap. IV.

(2) Paris, 24 mai 1849, D. 50.2.11; 11 fév. 1837, *J. Pal.*, 41.2.412; Comm. Versailles, 7 avril 1847, sous Paris, 5 août 1847, *J. Pal.*, 47.2.110.

analogique des mots denrées et marchandises doit conduire à ce résultat (1).

Nous n'examinerons pas pour l'instant si les opérations sur immeubles doivent être classées parmi les actes de trafic. Depuis un arrêt fameux de 1850, la Cour de cassation a décidé d'exclure du commerce les actes de ce genre, et les différentes Cours d'appel ne résistent plus guère ; c'est la jurisprudence constante du Tribunal de commerce de la Seine.

La Cour de cassation, dans son arrêt du 4 juin 1850 (S. 50.1.293, D. 50.1.163), a fait justice du système de l'interprétation analogique, et elle a juridiquement démontré que le fait seul de spéculation était insuffisant pour caractériser l'acte de commerce. La Cour de Bourges s'était déjà prononcée en ce sens en 1843 (10 mai 1843, S. 44.2. 37).

Sur le rapport du Conseiller Mesnard, dont on retrouve les expressions dans les motifs de l'arrêt, la Cour de cassation, le 4 juin 1850, rejetant le pourvoi formé contre un arrêt de Poitiers, remarque que « l'un des éléments constitutifs des actes de commerce est précisément la nature même de la chose qui fait l'objet de l'agissement (2) ». Il est impossible d'étendre par analogie les termes « denrées et marchandises » aux immeubles ; « ces sortes de biens résistent par leur nature aux conditions sous lesquelles une chose peut être réputée marchandise ; ils ne comportent, ni dans leur transmission ni dans leur évaluation à un

(1) Cass., 9 août 1859, D. 59.1.321 ; 16 mai 1845, D. 45.1.259 ; Paris, 10 juillet 1873, S. 73.2.258 ; Aix, 23 juillet 1881, S. 83.2.35 ; Comm. Poitiers, 2 juillet 1849, sous Cass., D. 50.1.163.

(2) L'idée absolument contraire est exposée dans un article de la *Belgique judiciaire*, 1869, p. 1217 et s. : « Ce n'est pas la nature de l'objet qui sera un signe certain (de la commercialité). »

prix déterminé, ni dans leurs produits ou modes de jouissance et de consommation, *la rapidité, la simplicité et les facilités que requiert le négoce* et qui font qu'une chose passe sans entraves et presque sans formalités de main en main avec une valeur rigoureusement appréciable et un prix courant qui la suit toujours et la remplace au besoin ».

La Cour de cassation est restée fidèle à sa doctrine et en a maintenu le principe quoique statuant en sens inverse en 1886 (Cass., 29 avril 1885, S. 86.1.118) ; la plupart des Cours d'appel se décident maintenant dans le même sens, consacrant définitivement l'opinion de la Cour suprême, copiant même textuellement ses considérants(1) ; la Cour de Paris a fait application de cette jurisprudence dans l'affaire de la Compagnie de Panama (8 mars 1889, D. 90.2.233).

On peut donc dire désormais que la jurisprudence, conforme en cela, comme nous le verrons, à l'intention des rédacteurs du Code, exclut du commerce les opérations sur immeubles. Le négoce ne peut porter que sur des produits d'une circulation rapide, susceptibles de subir des dépréciations ou des plus-values au gré des goûts du jour, de l'engouement, des besoins du public, de l'habileté des intermédiaires qui les livrent à la consommation, — sur des objets d'une transmission facile ; — à cette mobilité économique, résultant de la multiplicité des échanges, doit correspondre une mobilité juridique, qui permette à ces objets de passer « sans entraves et presque sans formalités » d'un patrimoine dans un autre.

(1) Paris, 28 novembre 1851, D. 54.2.191 ; 24 mai 1864, D. 64.2.216 ; 29 août 1868, S. 68.2.329 ; 15 février 1868, S. 68.2.329 et note Labbé ; Bourges, 8 juillet 1885, S. 89.2.21 ; Poitiers, 30 janvier 1889, S. 89.2.80.

Cette notion ne comprend pas seulement les objets mobiliers corporels qualifiés denrées et marchandises *stricto sensu*, c'est-à-dire les objets nécessaires à l'alimentation des hommes ou des animaux, au vêtement, au logement, à la construction, etc. ; elle s'étend à tous les objets mobiliers incorporels, capables de procurer une utilité ou d'avoir une valeur déterminée par le jeu de l'offre et de la demande et l'on doit entendre par denrées et marchandises, comme répondant à ce critérium : le numéraire (1), les titres représentatifs de la marchandise (2) (effets commerçables, warrants, chèques, connaissements, polices d'assurance), — les effets publics, les valeurs industrielles (3), toutes les productions littéraires, artistiques, industrielles (4), fruits du travail de l'homme, œuvres de son intelligence, de sa sensibilité, de son originalité, de son talent.

Les immeubles ont une fixité de situation et de valeur qui en fait des biens patrimoniaux, des richesses de tout repos et les empêche de participer au mouvement fébrile des affaires ; s'il en est autrement en fait c'est une violation de leur nature qui ne se produit que par hasard ; leur transmission, compliquée du bagage des hypothèques, des privilèges avec leur droit de suite, accompagnée des formalités longues et gênantes de la purge, s'oppose à la rapidité des échanges commerciaux (5) : voilà les motifs des décisions jurisprudentielles. Les conséquences prati-

(1) Bourges, 19 janvier 1876, S. 68.2.218.
(2) Cass., 5 août 1866, S. 1866.753.
(3) Comm. Seine, 5 janvier 1842, 24 janvier 1855, D. *Rép.*, v° *Acte de commerce*, p. 595, n. 1 ; Comm. Lyon, 7 janvier 1881, D. 81.2.25 ; Cass., 24 janvier 1856, D. 56.1.110.
(4) Paris, 25 avril 1844, S. 45.2.611 ; Paris, 2 juillet 1880, S. 81.2.89.
(5) V. Rapport du Conseiller Mesnard, D. 50.1.169.

ques du système opposé semblent d'ailleurs avoir décidé quelques tribunaux dans le sens de l'opinion actuelle ; si, en effet, on devait admettre que l'achat d'un immeuble pour revendre est commercial, il en serait de même de l'achat pour louer : tous les propriétaires fonciers qui mettent en valeur leurs terrains en les donnant à bail feraient commerce ! Ce n'est guère admissible et cette solution n'est pas désirable.

§ 4. — Actes intermédiaires entre la production et la consommation.

L'article 638, § 1, contient la disposition suivante : « Ne seront point de la compétence des tribunaux de commerce les actions intentées *contre un propriétaire, cultivateur ou vigneron, pour ventes de denrées provenant de son crû* ; les actions intentées *contre un commerçant pour paiement de denrées et marchandises achetées pour son usage particulier.* »

Cet article est la conséquence pratique d'un principe, dont les auteurs et la jurisprudence reconnaissent le bien fondé : les ventes faites par un producteur, les achats faits par un consommateur, même commerçant, pour son usage personnel, ne sont pas des actes de commerce ; conclusion : le tribunal de commerce ne doit pas en connaître.

Les faits de production et de consommation ne sont pas commerciaux ; c'est entre ces deux pôles du mouvement économique des richesses que s'accomplit le commerce ; pris dans ses manifestations extérieures, dans son sens économique, le commerce est la *circulation des produits* entre leur lieu de production et leur lieu de consommation ; envisagé à raison des personnes qui le pratiquent, il consiste dans des *actes d'entremise* ; tout commerçant est *un intermédiaire.*

Cette notion de circulation et d'entremise n'a pas échappé à la jurisprudence qui en a appliqué les conséquences ; mais elle n'a posé nulle part le principe qui apparaît dans l'article 638, 1° ; et cela s'explique : les tribunaux n'ont pas à envisager des situations et des faits qui n'ont aucun rapport avec le droit ; ils n'ont qu'à examiner dans chaque espèce qui leur est soumise la question suivante : y a-t-il production? y a-t-il consommation? (1). La réponse les amène à conclure pour ou contre la commercialité de l'acte accompli.

A. *Faits de consommation.* — L'achat pour consommer ne se distingue de l'achat pour revendre que par l'intention de son auteur ; dans le premier cas, l'acheteur entend conserver la chose dans son patrimoine et exercer sur elle tous les droits que comporte la propriété ; le mot consommer doit être pris dans son sens économique : il signifie que l'objet est sorti de la circulation, a atteint le lieu où il doit procurer son utilité ; dans l'achat pour revendre la chose est destinée à ne faire que passer entre les mains de celui qui l'a acquise.

Tout se borne à une question de fait ; l'examen des circonstances de la cause, de la profession de l'acheteur permettra de décider presque avec certitude si l'achat conclu est ou non un acte de consommation.

B. *Faits de production.* — Pour le fait de production, la

(1) Cependant le mot d'*intermédiaire* n'est pas inconnu dans la pratique des tribunaux ; ils qualifient de ce nom certains agents du commerce qui, tout en jouant un rôle dans le mouvement des affaires, ne se livrent pas à une manipulation de produits, à une détention de marchandises : c'est le courtier, c'est le représentant de commerce, c'est l'agent d'affaires.

difficulté est plus grande ; car le terme de production est susceptible d'une extension assez vaste.

L'article 638 n'exclut du commerce que « les ventes faites par un cultivateur, propriétaire ou vigneron de denrées provenant de leur crû » ; les arrêts ont généralisé la donnée de cet article et l'ont appliquée à tous ceux qui offrent au public une valeur quelconque, dont ils sont les créateurs, qui leur appartient en propre, et n'est pas encore sortie de leur patrimoine : produits du sol, œuvres de l'intelligence, travail manuel, tout ce qu'une personne tire de son fonds (au propre et au figuré), et met dans la circulation de façon à en procurer l'utilité ou les services à des tiers appartient à la production et ne participe pas au commerce. C'est la définition juridique de la production : elle implique la création et la mise en circulation d'une valeur jusque-là restée dans le patrimoine ; telle n'est pas la notion économique : celle-ci l'envisage comme l'ensemble des actes par lesquels l'homme crée l'utilité des choses ou augmente celle qu'elles avaient déjà ; dans ce sens le commerce lui-même appartient à la production, contrairement à la théorie des physiocrates. C'est dans la première acception que la jurisprudence prend le mot de production.

L'article 638, § 1, ne vise expressément que les opérations de l'agriculture ; c'est en effet l'exemple le plus frappant d'actes relatifs à des produits naturels : le cultivateur ou vigneron se borne à vendre les denrées issues de son sol ; outre qu'il n'y a pas là trafic, le fond de l'entreprise est l'exploitation d'une propriété immobilière : deux raisons pour qu'il n'y ait pas commerce. En réalité, du moins aujourd'hui, et dans la majorité des cas, les denrées que donne la terre ne sont pas un produit absolument naturel,

A. — 7

la main de l'homme y intervient, et l'industrie agricole se
rapproche de jour en jour d'une industrie manufacturière :
le fermier, le propriétaire a acheté des graines, des engrais
chimiques, des fumiers, des bestiaux, des machines, il a
engagé des ouvriers dont le travail combiné aide les forces physiques ; mais il n'y a pas achat des matières premières en vue de les revendre plus ou moins modifiées,
il n'y a pas manufacture, vente d'objets fabriqués. Ce que
vendent le cultivateur, le vigneron est non seulement un
produit nouveau, mais un produit naturel : jusque-là, il
n'y a pas trafic.

La jurisprudence a respecté la donnée ainsi fournie par
l'article 638, § 1, mais elle en a développé le principe conformément à l'esprit de la loi. Elle l'a appliqué non seulement aux produits de l'intelligence et des facultés humaines, vastes champs de culture, où germent les idées,
d'où naît le travail ; et ainsi elle a exclu du commerce :
l'agriculture (1) et toutes les professions qui s'y rattachent
(champignonniste, maraîcher, pépiniériste, vigneron, propriétaire de forêts) (2), mais aussi les exploitations de mines (loi du 21 avril 1810, art. 32) (3), de carrières (4), de sa-
lines (5), d'eaux thermales et minérales (6), les prises et

---

(1) Besançon, 23 avril 1845, D. 47.2.15 ; Paris, 25 juillet 1874, S. 76.
2.11.
(2) Cass., 13 mars 1878, S. 78.1.312 ; Orléans, 27 avril 1861, S. 61.2.
467 ; Paris, 24 mai 1864, D. 64.2.216 ; 25 mai 1857, J. trib. comm., t. 17,
p. 276.
(3) Cass., 15 avril 1834, S. 34.1.650 ; 30 janvier 1855, S. 65.1.123 ;
Douai, 15 février 1858, S. 58.2.326.
(4) Aix, 12 mars 1841, S. 41.2.481 ; Orléans, 13 mars 1844, S. 45.2.5 ;
Paris, 22 février 1848, D. 54.5.11.
(5) Aix, 7 juin 1858, D. 59.5.12 ; Conseil d'État, 9 mars 1853, D. 53.
3.34.
(6) Cass., 27 mars 1895, S. 65.1.311 ; 18 décembre 1888, D. 89.1.317.

concessions d'eaux destinées à l'alimentation des communes (1).

A côté de ces professions qui consistent dans la mise en valeur d'une propriété foncière, et la vente des produits qu'elle donne, sont venues se ranger au gré des arrêts, toutes les professions libérales et artistiques, et les industries manuelles, où celui qui les exerce ne cherche à tirer profit que de ses propres facultés, de ses connaissances, du travail de ses mains ou de ses aptitudes physiques. C'est ainsi que les jugements et arrêts ont refusé le caractère commercial à tous les actes accomplis : par les instituteurs, les écrivains, auteurs et hommes de lettres (2) · par les artistes, peintres, sculpteurs, architectes (3) (pour les photographes, c'est avant tout une question de fait) ; par les acteurs et artistes dramatiques (4) ; par les médecins, chirurgiens, vétérinaires (5) ; par les avocats, les ingénieurs, les capitaines de navires (6) (sauf controverse), les pilotes ; la même solution a été appliquée aux ouvriers d'un commerçant ou d'un industriel (7), aux serviteurs et commis d'un particulier ou d'un commerçant (8) ; enfin

(1) Cass., 26 février 1872, S. 72.1.175 ; 21 juillet 1873, S. 73.1.156 ; 6 janvier 1874, S. 77.1.27 ; 17 mars 1874, S. 75.1.106.

(2) Rennes, 13 janvier 1851, D. 52.2.29 ; Paris, 25 mai 1855, D. 56.2. 274 ; 2 juillet 1880, S. 81.2.89.

(3) Grenoble, 28 mars 1859, D. 59.2.71 ; Paris, 5 décembre 1871, J. trib. comm., t. 21, p. 97.

(4) Cass., 8 décembre 1875, S. 76.1.25 ; Trib. Seine, 16 octobre 1867, D. 71.3.78.

(5) Cass., 9 juillet 1850, D. 50.1.221 ; Rennes, 20 janvier 1859, S. 59. 2.256.

(6) Comm. Bordeaux, 19 juillet 1858, D. 60.3.31. Contrà : Bordeaux, 11 juillet 1866, S. 66.2.344.

(7) Bruxelles, 15 mars 1851, D. 51.5.89 ; Trib. Loches, 16 juillet 1841, D. 41.3.554 ; Bourges, 17 juillet 1837, S. 38.2.120.

(8) Cass., 22 février 1859, S. 59.1.321 ; Douai, 23 mars 1848, D. 50.2. 203 ; Paris, 21 janvier 1851, S. 55.1.848 (et la note).

aux artisans, c'est-à-dire, d'après la jurisprudence, à tous ceux qui mettent en œuvre les matières qui leur sont confiées pour les façonner ou les réparer, pourvu qu'ils ne joignent pas à leur industrie l'achat et la revente de matières qu'ils fournissent, ou pourvu du moins que les fournitures ne soient qu'un accessoire de leur profession, de leur travail (jurisprudence constante en ce sens, pour le cordonnier, le tailleur à façon, la couturière, le maçon, le tailleur de pierres, le serrurier, le menuisier, le maréchal-ferrant, le blanchisseur (1), etc...).

Mais, encore une fois, toutes ces décisions n'ont qu'un intérêt pratique ; elles ne présentent aucun intérêt juridique, car elles ne contiennent l'exposé d'aucun principe doctrinal. C'est presque une jurisprudence de juges de paix, établie *ex æquo et bono*.

C. *Faits de production mélangés d'entremise.* — Si toutes les professions que nous avons indiquées restent en dehors du domaine de la commercialité, parce qu'il est impossible de les ramener à aucun des actes qualifiés commerciaux par l'article 632, cette situation cesse lorsqu'à l'exercice de la profession sus-énoncée vient se joindre, d'une manière qui ne peut pas être considérée comme accessoire, l'exercice de l'un ou de quelques-uns des actes énumérés par cet article.

Les exploitations agricoles, minières ou autres tendent à épanouir leur activité au delà de la sphère restreinte de la mise en valeur du sol et de la vente pure et simple de ses produits. Les améliorations dans la situation économique et sociale des salariés, les perfectionnements ap-

(1, Cass., 15 décembre 1829, D. 31.1.329 ; 12 décembre 1835, D. 37.1. 193 ; Paris, 14 juillet 1843, J. *Pal.*, 43.2.341 ; Douai, 30 juillet 1850, J. *Pal.*, 51.1.413 ; Rouen, 5 avril 1839, S. 39.2. 300.

portés à l'outillage industriel et agricole incitent ces diverses entreprises à se confiner de moins en moins dans l'exploitation exclusive de leurs fonds. L'augmentation des salaires de l'ouvrier agricole et du mineur, la nécessité d'accroître dans des proportions considérables les chiffres d'affaires pour maintenir ses bénéfices et lutter contre l'augmentation des prix de revient par une répartition mieux comprise des frais généraux plus lourds, la tendance de plus en plus marquée du producteur à supprimer l'intermédiaire qui l'exploite et le gêne, telles sont les différentes causes qui poussent les industries agricoles et extractives à adjoindre à leur exploitation principale des exploitations secondaires présentant tous les caractères du commerce ou de la manufacture.

Il ne s'agit pas ici de l'emploi de procédés commerciaux, qui ne font que donner à ces entreprises l'apparence du négoce, tout en les laissant essentiellement civiles au fond : les sociétés minières se sont constituées en commandite et en sociétés anonymes ; les cultivateurs un peu importants et ces sociétés ont recours dans leurs affaires à la signature de lettres de change et d'effets commerçables ; ils engagent des commis-voyageurs, se mettent en rapport avec le public par des représentants ; ils profitent des larges moyens de publicité que leur offre la presse et cherchent par la vente directe à supprimer le marchand en gros ou en demi-gros qui draine de son côté une grande partie du profit. Ces faits ne sont pas du commerce (1).

Comme nous le verrons plus tard, la nature commerciale, en effet, ne dépend pas, sauf dans deux cas exceptionnels, de la forme des actes. Il est peut-être regrettable

(1) Ainsi jugé : Paris, 24 mai 1864, D. 64.2.216 ; Douai, 15 février 1858, S. 58.2.336.

qu'il en soit ainsi ; les créanciers, qui auront traité sur la foi des apparences, et accordé sans doute un long crédit, se verront refuser la faillite ; l'ensemble d'un passif résultant de lettres de change protestées ne saurait même, au dire de la jurisprudence et de la majorité des auteurs, rendre le signataire négociant.

Mais très fréquemment, maintenant, le propriétaire d'une exploitation rurale, d'une forêt, d'une mine, d'une source thermale, établit à côté de son exploitation foncière une véritable entreprise industrielle : c'est le cultivateur qui, pour concurrencer le distillateur, la sucrerie, le minotier, monte dans sa ferme ou sur ses terres une distillerie d'alcool, une fabrique de sucre de betteraves, un moulin ; c'est le viticulteur qui transforme ses raisins en vins, ses vins en eaux-de-vie ; le pépiniériste établit une forcerie de fleurs ou de fruits ; c'est le propriétaire d'une forêt, qui mettra ses bois en vente dans un chantier, situé dans une grande ville, ou qui, grâce à l'achat de machines ou l'emploi d'une turbine, installera une scierie où il débitera des planches vendues directement aux charpentiers, des traverses pour rails équarries et goudronnées, qu'il fournira aux compagnies de chemins de fer ; c'est la société d'une mine de houille qui utilise les poussiers, résidus d'extraction, et les mélangeant au goudron et à d'autres matières grasses, en fera des agglomérés, vulgairement connus sous le nom de briquettes ; c'est le propriétaire d'une mine de métaux, qui traite ses minerais de fer peroxydés dans des hauts-fourneaux, puis dans des fours à puddler ou des convertisseurs Bessemer, pour en extraire la fonte, le fer ou l'acier ; le propriétaire d'une ardoisière ne se contente pas de vendre les schistes extraits de ses carrières ; il en fabrique des ardoises ; enfin le concession-

naire d'une source thermale, après avoir fait construire
un établissement où il distribue ses eaux, construit à côté
de cet immeuble un hôtel ou un casino où il réunit le confort et les attractions qui feront peut-être venir dans son
établissement plus de clients que ne pourrait le faire la
seule vertu curative de ses eaux.

Toutes ces exploitations secondaires participent indubitablement du commerce ; elles constituent l'entreprise de
manufactures, ou de fournitures, ou de spectacles publics
prévues par l'article 632 ; doivent-elles rendre commerciale l'exploitation à laquelle elles sont adjointes ?

Après de longues hésitations, tenant compte surtout de
ce que la spéculation sur la fabrication des produits ou
l'engagement de la main-d'œuvre était tantôt principale,
tantôt accessoire à la mise en valeur du fonds, les Cours
d'appel et de cassation semblent aujourd'hui admettre le
critérium suivant ; exposé par un arrêt récent de la Chambre civile (Cass., 21 avril 1891, S. 91.1.201 et la note ;
V. aussi Bonfils, *Rev. crit.*, 1892, p. 436 ; Paul Pic, *Ann.
de dr. comm.*, 1892, p. 216) : tant que le propriétaire du
sol ou du sous-sol se borne à manufacturer les objets extraits de son fonds, sans avoir recours à des achats faits
d'autres producteurs, il ne fait pas acte de commerce ;
l'entreprise industrielle, si importante soit-elle, n'est
qu'un moyen particulier de mettre en valeur le fonds
pour en vendre à de meilleures conditions les produits ;
l'exploitation foncière, la vente des produits du crû est la
base même des opérations faites ; aux termes de l'article 638, c'est un acte purement civil. Même solution si le
propriétaire achète, mais à titre purement accidentel, des
produits récoltés sur d'autres terres que les siennes ; il
n'y a là qu'un appoint de la culture ou de l'extraction.

Mais, si le propriétaire se livre habituellement à des achats et reventes et à l'exercice d'actes qualifiés commerciaux par l'article 632, ces opérations constituent des actes de commerce (car alors l'entreprise commerciale devient principale), à moins qu'il ne soit établi que « la quantité de matières achetées et traitées dans l'usine était dans des proportions assez restreintes, en égard à l'ensemble de la fabrication, pour qu'elle n'en constituât réellement que l'accessoire » : ce qui est une question tranchée souverainement par la Cour d'appel sans contrôle possible de la Cour de cassation.

Tout se borne ici à une question de principal et d'accessoire : *major pars trahit ad seminorem.* Tant que les actes commerciaux exercés à côté de l'exploitation foncière ne pourront pas être considérés comme l'objet principal et direct de la spéculation, ils conserveront le caractère purement civil de cette exploitation, dont ils ne font que faciliter la marche (1).

La même théorie a été suivie par la jurisprudence à l'égard des actes commerciaux accomplis à côté de l'exercice d'une profession libérale ou d'une industrie mécanique.

Tandis que les achats de marbre, de terre, de toiles, de

(1) Pour les industries manufacturières adjointes à une industrie agricole ou extractive, V. : Cass., 12 mai 1875, S.76.1.376 ; 1er juill. 1878, S. 78.1.414 ; 23 oct. 1885, S. 86.1.103 ; 21 avril 1891, S.91.1.291 ; Nancy, 23 novembre 1840, D.41.2.81 ; Angers, 23 déc. 1855, D.66.2.113 ; Lyon, 13 fév. 1878, D.79.2.99 ; Amiens, 26 fév. 1881, S. 82.2.188 ; Toulouse, 27 fév. 1893, D.93.2.272. Pour l'exploitation de casinos et d'hôtels adjointe à une exploitation d'eaux thermales V. : Cass., 21 mars 1892, D.92.1.228 ; Dijon, 19 mars 1868, S.68.2.383 ; Paris, 4 fév. 1875, S.75.2.289) ; Grenoble, 13 juin 1893, D. 95.2.524. Le nombre croissant des arrêts relatifs à ces matières montre assez l'importance prise depuis quelques années par ces exploitations secondaires.

couleurs faits par un sculpteur ou un peintre (1), les achats
de denrées faits par un maître de pension pour nourrir ses
élèves (2) ; tandis que les achats faits par les artisans pour
se procurer les matières nécessaires aux travaux qu'ils
font (3) échappent à la loi du commerce, parce qu'ils sont
liés intimement à l'exercice d'une profession civile, ces
actes deviennent commerciaux lorsqu'ils font l'objet principal du profit recherché par leur auteur.

Ainsi, un écrivain devient commerçant lorsqu'il se met
à la tête d'un journal et spécule ainsi sur les productions
de ses collaborateurs (4) ; un médecin, lorsqu'il vend habituellement des produits pharmaceutiques (5), un avocat
lorsqu'il se fait agent d'affaires (6), un notaire, lorsqu'il
se livre à des opérations de banque (7), un artisan, lorsqu'il cherche à gagner sur la revente des matières qu'il a
achetées, sans se contenter du produit de son travail (8).

Dans la décision de ces questions, plus que partout
ailleurs, la jurisprudence a statué d'après les faits, sans
même essayer de rattacher ses décisions à un principe directeur quelconque, qu'elle aurait aperçu dans la loi, ou
posé d'intuition. Néanmoins toutes les solutions sur ces
matières, très utiles au point de vue pratique, sont assez
faciles à coordonner ; elles ne sont que la conséquence de
la règle posée par l'article 638, combinée avec l'énuméra-

(1) Metz, 7 août 1852, D. 63.5.7.
(2) Paris, 19 mars 1831, S. 31.2.306 ; 16 janv. 1835, S. 35.2.199.
(3) Colmar, 22 nov. 1811 ; Bruxelles, 28 nov. 1815.
(4) Douai, 27 août 1852, S. 53.2.39.
(5) Caen, 28 déc. 1840, D. 41.2.96 ; Grenoble, 28 mars 1859, S. 59.2.257.
(6) Montpellier, 11 mai 1841, S. 41.2.351.
(7) Dijon, 2 mars 1883, J. des Faill., 1883, p.135 ; Bourges, 29 juin 1892,
D. 92.2.607.
(8) Jurisprudence constante: Paris, 14 juillet 1843, J. Pal., 43.2.341 ;
Douai, 30 juil. 1850, J. Pal., 51.2.453, etc., etc.

tion des actes de commerce fournie par l'article 632. Si la méthode n'est pas très juridique, elle est au moins très légale : on ne peut demander plus aux tribunaux. Ils appliquent la loi ; on ne peut exiger qu'ils la perfectionnent.

Telles sont, groupées autant que possible, les idées émises par la jurisprudence à l'occasion de cette matière difficile et complexe des actes de commerce, et éparses au hasard dans la multitude des décisions intervenues à ce sujet.

Nulle part, avons-nous dit, aucun arrêt n'a posé des règles nettes et précises, permettant d'aboutir à une théorie d'ensemble, analogue à celle que nous avons essayé de présenter. Les tribunaux et les cours n'ont pas à construire de théories, à faire de doctrine ; mais leurs décisions sont déterminées par des idées exposées d'une manière plus ou moins claire dans les considérants. Ce sont ces idées que nous avons voulu dégager.

CHAPITRE III

SYSTÈME DES AUTEURS.

SECTION I. *Système de la spéculation.* — SECTION II. *Système de l'intermédiaire spéculant.* — SECTION III. *Système de la circulation des produits.*

Depuis la promulgation du Code de commerce, tous les commentateurs, tous les auteurs qui ont traité du droit commercial ont eu à se demander si la synthèse de l'article 632 ne pouvait pas être faite. A part quelques auteurs qui ont reculé devant la difficulté, presque tous, peut-on dire, l'ont essayée. De là, une multitude d'idées exposées dans les livres, et ayant toutes pour objet d'éclaircir un peu cette matière par la fixation de caractères généraux.

Pour découvrir les idées de la jurisprudence, nous avons dû procéder du particulier au général, analyser ses décisions pour en connaître les tendances ; — la doctrine procède inversement ; elle pose un principe, obtenu, il est vrai, par la méthode inductive en comparant entre eux les termes de l'article 632, et elle déduit les conséquences qui découlent naturellement de ce principe. Tous les systèmes proposés par les auteurs, quoique plus ou moins dissemblables dans leur teneur, dans la manière dont ils sont présentés, peuvent se ramener à plusieurs types, qui contiennent chacun l'exposé d'idées à peu près identiques. Nous les diviserons en trois groupes :

1° Théories juridiques (système de la spéculation) ;

2° Théories économiques (système de la circulation des produits) ;

3° Théories mixtes (système de la spéculation et de l'entremise.

Nous exposerons ces divers systèmes, dans l'ordre chronologique de leur apparition ; les premiers commentateurs n'ont aperçu comme critérium de la commercialité que l'esprit de lucre, ce besoin de lutte pour le profit, qui est le motif dominant de l'acte de commerce ; c'est uniquement à ce point de vue qu'ils se sont placés pour essayer de synthétiser sous une même rubrique les termes de notre article ; ils n'ont vu que le côté juridique de la difficulté, sans voir le côté économique du rôle joué par le commerçant, sans voir qu'entre ses mains le produit ne faisait que circuler, que passer, sans y rester, sans voir, en un mot, son rôle d'agent de la circulation consistant dans sa qualité d'intermédiaire ; — ce n'est que plus tard qu'a été aperçu ce rôle prépondérant joué par le commerçant, et que Beslay, en 1865, a distingué cette entremise qui, avec la spéculation, est devenue la base des théories généralement suivies ; enfin Goldschmidt, en 1874, l'a prise comme le pilier le plus solide de sa théorie de la circulation, et M. Thaller, se plaçant sur le terrain purement économique, a fait de la spéculation un élément parfaitement inutile pour construire un système de la commercialité.

SECTION I. — Système de la spéculation.

Les premiers commentateurs du Code de commerce ont cherché les différences qui pouvaient en droit séparer l'acte de commerce, — notion nouvelle, — de l'acte civil ordinaire.

Ils ont examiné la question uniquement au point de vue du droit et ont cru trouver dans l'intention de l'auteur et dans l'objet de l'acte le fondement de la distinction récente. Voilà pourquoi la plupart des anciens ouvrages contiennent cette donnée : les actes de commerce sont des actes de spéculation portant sur des choses mobilières.

L'application des anciennes méthodes du droit romain, relatives au rôle de l'*animus* dans les actes juridiques, fit découvrir dans les actes de commerce l'existence d'un *animus lucrondi* d'une nature particulière ; c'est sur cette observation qu'est fondé tout le système de la spéculation.

A la vérité, quelques auteurs ont limité leur essai de synthèse de l'article 632 à la notion d'achat-vente : c'est là, suivant eux, le modèle type de l'acte de commerce, celui auquel peuvent se réduire tous les autres (1) ; c'est là, dit Merlin, ce qui constitue le « fait de marchandise », correspondant à la notion nouvelle (2).

D'autres ont aperçu que, si la spéculation était l'un des caractères essentiels du fait commercial, il n'était pas le seul, mais qu'il était au moins le principal. « L'intention de réaliser un bénéfice en est l'élément dominant : c'est la première et la dernière pensée du négociant » (3).

---

(1) Delaporte, *Comment. du C. de comm.*, Paris, 1812 ; Merlin, *Questions de droit*, v° Commerce, Paris, 1827 ; Horson, *Questions du C. de comm.*, Paris, 1829.

(2) C'est l'idée exposée le 17 février 1791 à l'Assemblée nationale, à propos de la loi sur les patentes (*Journal de Paris*, 1791, p. 183). Rederer dit que « faire le commerce, c'est acheter et vendre, mais il faut encore que ces deux actes se fassent avec une certaine suite et durée et en vue l'un de l'autre ».

(3) *Pandectes belges*, v° Acte de comm., n°° 1 et s. — Cf. aussi : Orillard, *De la compét. des trib. de comm.*, n° 243 ; Colfavru, *Le droit comparé de la France et de l'Angleterre*, p. 2 ; Bioche, *Dict. de procédure, cod. verb.*, n° 1 ; Massé, *Droit commercial*.

Cependant la grande majorité des auteurs, qui ont fondé leur système sur l'intention de l'agent, ont envisagé le caractère spéculatif comme le véritable critérium de la commercialité, la pierre de touche permettant de reconnaître qu'on se trouve dans le domaine d'application du Code marchand. Cette idée a été développée avec une clarté remarquable dans un article de la *Belgique judiciaire* (1869, p. 1217). C'est le système de Pardessus, Bravard-Veyrières, Dalloz, Bédarride, Rivière, et d'autres commentateurs de moindre autorité (1).

« Ce n'est pas la nature de l'acte, dit la *Belgique judiciaire*, qui permettra de reconnaître s'il est commercial ou civil, ce n'est pas la nature de l'objet qui sera un signe certain, le critérium certain de l'acte de commerce est la spéculation. » Mais que doit-on entendre par spéculation ? Ces écrivains ont entrevu l'objection qui se dressait devant eux : la recherche du lucre n'est pas un élément particulier du négoce, elle est le motif de la plupart des actes civils ; par quel côté la spéculation commerciale diffère-t-elle de la spéculation purement civile ?

« Il y a spéculation, dit Ripert, toutes les fois qu'en vue de profiter d'une différence on achète pour revendre, on revend après avoir acheté ; peu importe que le succès ait ou non répondu aux espérances du spéculateur, car le commerce se compose principalement de ces alternatives de gain et de perte que ne sauraient éviter même les plus habiles et les plus avisés. La loi s'attache bien moins à ce

(1) Pardessus, *Cours de dr. commerc.*, I, n° 5 ; Bravard-Veyrières, revu par Demangeat, *Traité de dr. commerc.*, I, n° 47 ; Dalloz, *C. de comm.* annoté sous l'art. 632 ; Bédarride, *Des commerçants et des livres de comm.*, n°° 23 et s. ; Rivière, *Répétitions écrites*, p. 888 ; Ruben de Couder, *Dict. de dr. commerc.*, v° cit., n° 1 ; Ripert, *De la vente commerc.*, p. 53.

qu'ont fait les parties qu'à ce qu'elles ont voulu faire ».
Ce qui distingue le particulier du marchand, dit Bravard-
Veyrières (*Traité*, t. VI), « c'est que celui-ci spécule sur
l'envie ou le besoin des tiers ; il considère, non pas un
avantage qu'il retirerait de la chose elle-même d'après sa
nature, mais un avantage à retirer de tels ou tels contrats
qu'il pourra faire à l'occasion de cette chose devenue
sienne ». Bédarride exprime la même idée lorsqu'il déclare
que l'acte doit être réalisé « pour se procurer des bénéfices éventuels, et que l'acte de commerce exécuté dans
l'administration de ses propres affaires (?) ne pourrait pas,
quelque répété qu'il fût, constituer commerçant ». Dalloz
ajoute que « la satisfaction de simples convenances ou de
nécessités personnelles ne suffit pas ».

Les commentateurs, dont nous venons de rapporter les
opinions, semblent bien avoir soupçonné qu'à côté de
l'idée de lucre indispensable au commerce devait intervenir un autre élément : la nécessité d'entretenir des relations avec les tiers, de leur procurer certains services, en
vue de tirer profit des services ainsi rendus ; c'est cette
notion vaguement esquissée par ces auteurs qui se développera pour devenir la théorie de l'entremise.

Spéculation sur marchandises. — Quelques auteurs ne
considèrent pas la pensée de lucre comme suffisante pour
donner à un acte le caractère commercial ; la nature de
l'objet sur lequel il porte doit entrer en ligne de compte
et l'on devra mettre à l'écart les actes de spéculation, s'ils
n'ont pour objet des choses mobilières.

C'est l'opinion des *Pandectes françaises* (Vº Acte de
commerce), et de M. Rambaud (*Droit commerc. par demandes et réponses*), pour lesquels l'acte de commerce se
ramène à deux termes : « la spéculation pour but, les

marchandises pour objet ». Le législateur de 1807 a voulu laisser les immeubles dans le patrimoine des familles et n'appliquer la législation simple et brève du Code qu'à des objets susceptibles de transmissions faciles et répétées.

C'est aussi l'idée exposée par le conseiller Mesnard, dans le litige tranché par la Cour de cassation le 4 juin 1850 (D.50.1.164) : « dans l'esprit de l'article 632, pour qu'une chose soit réputée marchandise, il ne suffit pas qu'elle soit susceptible d'achat et de vente, il faut de plus que la transmission de main en main soit prompte et facile, et que par sa nature elle se prête à l'aide d'un prix courant habituellement déterminé au trafic et aux rapides mouvements de la spéculation. Dans cette acception les choses mobilières seules se présentent comme satisfaisant aux conditions que sous-entend le mot *marchandise*.

Cette thèse a d'ailleurs été admise par l'arrêt de cassation précité et a fait jurisprudence.

Théorie de l'offre au public. — Enfin une théorie, difficile à classer, a été exposée par M. Michaux Bellaire ; d'après lui. « l'acte de commerce ne peut résulter que d'une négociation directe avec les tiers ; il faut des relations ouvertes et manifestes avec le public, des opérations dont le caractère extérieur ne prête à aucune incertitude ; le marchand qui reçoit le public dans une boutique, le banquier, l'industriel, tous font acte de commerce. C'est que tous en effet s'affirment vis-à-vis du public, tous agissent ouvertement, tous traitent directement avec les tiers ».

Nous n'examinerons pas pour le moment, au point de vue critique, tous les systèmes que nous venons d'exposer ; mais celui-ci peut être discuté de suite ; son imperfection doit nous le faire rejeter.

M. Michaux-Bellaire (1) n'a vu qu'un côté de la commercialité, son aspect et ses manifestations extérieures ; il s'est arrêté aux apparences ; aussi son système est-il beaucoup trop vaste ; pris à la lettre, il conduirait à englober parmi les marchands tous ceux qui offrent au public leurs produits ou leurs services : le cultivateur ou le vigneron ouvrant boutique pour vendre leurs denrées, le maraîcher se rendant au chef-lieu du canton pour vendre ses légumes feraient commerce, de même que le domestique ou l'ouvrier ayant recours pour se placer à l'intermédiaire d'un bureau de placement ou aux annonces par la voie de la presse; on se demande même si le propriétaire ne ferait pas commerce parce qu'il aurait placé sur la porte de sa maison un écriteau indiquant qu'il y a un appartement à louer.

Cette théorie qui fait de l'offre au public le seul et unique critérium du commerce n'est pas assez limitée ; elle contient une part de vérité, mais elle doit être tempérée dans son application par l'adjonction d'autres éléments.

SECTION II. — **Système de la spéculation et de l'entremise.**

Dans des ouvrages plus récents, les théories de la commercialité se sont inspirées de considérations économiques : à la notion de spéculation s'est jointe la notion d'entremise. La science du droit ne s'est pas bornée à l'étude des relations des hommes, elle a appliqué les découvertes

(1) *Revue du droit commercial*, 1864, p. 129.

de cette science toute récente, l'économie politique, science essentiellement utilitaire, dont l'objet est « l'étude des lois qui gouvernent le mouvement des richesses et la satisfaction de nos besoins » (1). Et la définition du commerce en droit s'est enrichie et éclaircie de sa définition économique.

« Aux yeux de l'économiste, dit M. Boistel (*Précis de droit commercial*, n° 29), le rôle du commerce est de faire circuler les biens, de rapprocher les produits du consommateur : au point de vue juridique, les agissements du commerçant sont caractérisés par ce fait que les biens ou valeurs ne font que passer entre ses mains ; il n'entend pas acquérir sur eux des droits définitifs, mais des droits transitoires ; son objet est de spéculer sur le passage de ces biens entre ses mains. »

Tel est dans sa genèse le système de l'*intermédiaire spéculant*, esquissé en 1846 par Molinier (2), exposé longuement par Beslay (*Des actes de commerce*, 1865) et repris depuis par M. Boistel et quelques auteurs qui l'ont mis en pleine lumière (3).

Dans la théorie de Beslay (*Des actes de commerce*, p. 26 et s. ; *Comment. du T. de comm.*, n° 5 et 6), l'acte commercial se reconnaît à deux signes distinctifs :

L'entremise, la spéculation, unies entre elles par un lien de raison à finalité.

A. *Entremise.* — « Certaines personnes ont pour fonction de s'entremettre entre ceux qui ont, qui veulent se défaire de ce qu'ils ont, d'une part, et ceux qui n'ont pas,

---

(1) Courcelle-Seneuil, *Objet de l'Economie politique*, J. des Economistes, 1865, t. 45.

(2) Molinier, *Traité du droit commercial*, n° 8.

(3) Alauzet, *Comm. du T. de comm.*, I et VI ; Acremant, *De la compét. des Trib. de comm.*, p.69 ; Dutruc, *Dict. du contentieux, verbo citato* ; *Répertoire général du droit français, verbo citato*.

qui veulent se procurer ce qu'ils n'ont pas, d'autre part. Cette entremise est le commerce même, les faits qui la constituent sont des actes de commerce. » Le commerce apparaît ainsi comme l'intermédiaire au moyen duquel s'établit le rapport entre l'offre et la demande. Les cas d'entremise sont aussi variés que possible, entremise entre production et consommation ; — entre production et industrie manufacturière, entre industrie manufacturière et consommation, etc. ; — elle peut être *réelle* (s'appliquer à des choses matérielles, à des biens meubles corporels) ou *industrielle* (s'exercer à l'égard de choses d'un caractère incorporel, comme le talent d'un artiste, le louage de services d'un ouvrier) (1), mais elle doit toujours être accomplie à titre purement personnel au nom de l'intermédiaire, dans l'intérêt de ses propres affaires (2) : ainsi, les commis-voyageurs ne sont pas commerçants.

B. *Spéculation*. — La spéculation, c'est la recherche d'un bénéfice ; elle se compose de deux éléments : une intention, ayant pour objet un avantage pécuniaire.

a) L'intention, fait subjectif, facteur moral de toute action volontaire, réside uniquement dans le désir d'une réalisation, non dans la réalisation de ce désir ; le résultat atteint importe peu ; le but à atteindre est tout ; c'est ainsi d'ailleurs que le droit pénal envisage l'intention (théorie de la tentative en matière de crime).

b) Cette intention doit s'appliquer à l'obtention d'un bénéfice pécuniaire, qui, dans l'esprit de l'auteur de l'acte, est le résultat espéré de l'opération, résultat direct ou indirect peu importe. Mais s'il s'agissait simplement d'un

(1) *Répert. général du droit français*, n° 113.
(2) Dutruc, *Dict. du contentieux.*

avantage moral à retirer de l'acte, il n'y aurait pas commerce.

C. *Relation entre l'entremise et la spéculation.* — La réunion dans un même acte d'un fait d'entremise et d'un fait de spéculation ne suffit pas pour commercialiser cet acte; exemple: un vigneron achète des tonneaux pour enfûter son vin, le peintre de la toile et des couleurs pour faire son tableau; ils revendent, l'un le tonneau avec le vin, l'autre la toile avec le tableau : entremise; — ils ont tous deux en vue l'obtention d'un gain : spéculation. Font-ils commerce en achetant les tonneaux et les toiles, en revendant leurs produits? Non, dit Beslay, une entremise accolée à une spéculation ne rend point l'acte commercial, « il faut, pour qu'il y ait commerce, que la spéculation porte sur l'entremise, que l'objet de l'entremise soit le bénéfice de la spéculation ». Dans les exemples cités, cette relation ne se produit pas.

Ainsi le fait subjectif de l'intention, nécessaire à la validité de tout fait juridique, le fait économique de la situation d'intermédiaire entre l'offre et la demande ne suffisent pas, même coexistant dans une opération pour la rendre commerciale; il est nécessaire qu'ils soient l'un la raison, l'autre la fin. C'est ce que M. Boistel exprime en ces termes qui sont le résumé synthétique de tout le système : « Un acte est commercial pour la personne qui le fait lorsqu'elle entend n'être qu'un intermédiaire spéculant sur la transmission de la valeur qui fait l'objet du contrat. »

Si certains partisans de cette théorie font abstraction de la nature de l'objet (meuble ou immeuble), d'autres exigent que l'entremise intéressée s'exerce sur des choses mobilières.

SECTION III. — Système de la circulation des biens.

Les diverses théories que nous allons exposer désormais donnent du commerce en droit la définition fournie par la science économique. « Le commerce, a dit Goldschmidt, est l'activité acquisitive appliquée à l'entremise dans la circulation des biens » ; point n'est besoin de sortir de cette notion économique du commerce ; on peut la transporter telle quelle dans le domaine du droit, car la notion essentielle d'une même chose ne doit pas varier suivant que le juriste ou l'économiste la prennent pour objet de leur étude.

Un auteur antérieur au Code de commerce, Boucher, dans un ouvrage qui paraît avoir inspiré quelquefois les orateurs du Conseil d'État (1), prétend que la qualité de commerçant résulte de son rôle d'intermédiaire entre le producteur et le consommateur ; il définit le commerce « l'ensemble des échanges qui se font dans l'étendue de la circulation », et se borne à dire que le commerçant est un simple intermédiaire, sans parler de l'intention qui peut diriger ses actes.

En 1856, M. Émile Ollivier, à son tour (2), discute la théorie jusque-là suivie par les commentateurs de nos lois commerciales, d'après laquelle le caractère spécial du commerce serait d'être exercé uniquement en vue d'un bénéfice à réaliser. A la vérité, dit-il, toute affaire civile ou commerciale contient une spéculation, et si l'intention de lucre était le signe de la commercialité, nous serions

---

(1) Boucher, *Principes du droit civil et du droit commercial*, Paris, 1804.

(2) *Revue pratique de droit français*, 1856, I, p. 241.

tous commerçants. Aussi, suivant lui, « faire le commerce,
c'est échanger, acheter et vendre ou louer, un objet qu'on
n'a pas créé, non pas dans le but d'en user, mais uniquement pour le mettre à la disposition des consommateurs
et le distribuer entre eux. »

Dans ces systèmes l'intention des agents joue un rôle
infime ; cette intention, qui se manifeste par la recherche
d'un profit pécuniaire, doit exister, existe dans tout acte
de commerce ; mais cet élément intentionnel, qui se rencontre aussi bien dans tout acte civil que dans les actes de
négoce, n'est pas et ne peut pas être le signe distinctif de
ceux-ci, puisqu'il existe dans tous les faits juridiques
qui ne sont pas inspirés par la pure bienfaisance : comme
dit M. Ollivier, c'est là sans doute un élément naturel de
nos actes, mais non un élément essentiel.

Cette intention ne doit donc pas être étudiée comme
un caractère spécial, encore moins comme le fondement
même de la commercialité : ce qui distingue réellement le
domaine du commerce des faits de la vie journalière, c'est
le rôle joué par cette branche particulière de l'activité
dans la circulation économique des richesses.

Cette thèse a été développée par Goldschmidt en Allemagne, par M. Manara en Italie(1), et soutenue par M. Thaller, dans son Cours de droit commercial à la Faculté de
Paris, ainsi que dans un article récent des *Annales de
droit commercial* (2).

Pour Goldschmidt (*op. cit.*, n° 10), « le commerce est
l'activité d'acquérir appliquée à l'entremise dans la cir-

(1) Goldschmidt, *Handbuch des Handelsrechts,* Erlangen, 1874 ; Manara,
Gli atti di commercio, Turin, 1887.
(2) *Courte étude sur les actes de commerce, Annales de droit commercial,* 1895, p. 177.

culation des biens » ; son utilité provient de la nécessité de renouveler perpétuellement ce dont les hommes ont besoin, de ramener dans les canaux de la circulation les biens qui font l'objet de leur consommation journalière ; cette nécessité constante du rétablissement des stocks de produits provoque du producteur au consommateur un mouvement incessant d'échanges, de transports, de distributions, qui est le mouvement même des affaires, qui constitue le commerce.

L'acte de commerce est « tout acte accompli par un individu servant d'intermédiaire à la circulation des biens » et de même que la circulation économique est payée, l'intermédiaire est rémunéré : cette intention d'acquérir n'est pas particulière au commerce : pourtant Goldschmidt (p. 412) constate que « l'acte de commerce est le type de la spéculation et que la qualification de spéculateur attribuée à un individu entraîne le reproche moral de tendre à entrer dans la sphère du commerce ».

M. Manara (*op. cit.*, n°° 11, 16 et suiv.) définit ainsi le commerce : « L'industrie commerciale est le rameau de la production qui augmente l'utilité économique ou la puissance d'acquisition des choses, en vue de créer ou de faciliter la rencontre de l'offre et de la demande ; les actes, grâce auxquels cette fonction s'accomplit et prend une forme concrète, sont les actes de commerce. » Le commerce apparaît ainsi comme le courtier de la vie pratique ; de cette notion découle celle de l'acte objectif : c'est « tout acte juridique d'entremise entre le producteur et le consommateur, accompli directement dans le but de produire ou de faciliter la circulation des richesses, et avec l'intention de lucre ». L'entremise, à la vérité, est le caractère commun de tout acte de la production économique, car le cultivateur, en achetant des semences et des machines, en vendant ses produits, se comporte comme un intermédiaire ; ce caractère spécifique de l'industrie commerciale est que cette entremise s'exerce en vue de procurer la rencontre de l'offre et de la demande dans le but de créer ou de faciliter la circulation des richesses. Cette entremise entraîne une plus-value des choses en circulation et cette plus-value constitue le gain du commerçant, qui agit en effet dans une intention de lucre ; ce profit est le signe représentatif, la mesure de l'augmentation de valeur que l'activité du marchand a donnée à la chose. Par une conséquence en quelque sorte mécanique, plus l'objet circulant se rapproche du consommateur, plus sa valeur augmente, car il est susceptible de produire une utilité plus grande ; tous ceux qui participent à ce résultat sont payés en recueillant cette plus-value.

Cette théorie très scientifique des deux auteurs allemand et italien n'ayant peut-être pas la clarté que l'on désirerait trouver dans un exposé de principes destinés à régir des faits, M. Thaller a essayé de la simplifier et de la rendre moins abstraite ; il est arrivé à la résumer en ces termes : « Les actes de commerce sont tous actes d'entremise s'exerçant sur les produits, sur l'argent et les titres fiduciaires pendant le temps de leur circulation » ; et il a éclairci cette notion dans une page qui forme l'exposé concret de la doctrine soutenue.

« Une commande de balles de soie est faite au Japon pour un industriel de Grenoble. On s'adresse au producteur de la matière première. Aucune commercialité encore de la part de ce premier vendeur si le produit en cocons sort d'une magnanerie qu'il exploite. Mais on s'est adressé à lui par l'entremise d'un commissionnaire de Yokohama.

Le produit commence dans sa marche par gagner le magasin de ce commissionnaire : commercialité d'entremise dans le contrat de commission. Il est chargé par les soins de cet agent sur un navire transatlantique : affrètement, commercialité. Il est transbordé à Marseille sur les wagons de la compagnie P.-L.-M. : transport terrestre, commercialité. Les soies transformées en tissus, le fabricant cherche un acheteur par un courtier : courtage, commercialité. L'acheteur se rencontre : achat pour revendre, toujours commercialité. Faute de pouvoir écouler la marchandise, l'acheteur l'entrepose en magasin général, et ce magasin va à son tour remplir un office commercial. Cette sorte de fluide commercial que possède le produit ne disparaîtra qu'à partir du moment où il tombera aux mains d'un possesseur, se proposant de le garder pour lui, de le consommer. Car, fût-ce au dernier terme de sa marche, quand il ne ferait dans une même ville, dans un même quartier, que passer du magasin de gros dans la boutique ouverte sur la rue où le client viendra l'acheter, c'est encore un rapprochement vers le consommateur qu'il réalise par là, le dernier pas qu'il décrit dans son voyage. »

Le commerce est la chaîne qui prend le produit dans son lieu d'origine pour le conduire au lieu où il sera consommé ; mais il s'arrête là et il cesse de s'appliquer aux entremises relatives à un produit en cours de consommation : en un mot, il est la *circulation des produits*.

C'est là son caractère essentiel, mais c'est encore son caractère unique : il n'est point nécessaire pour définir le commerce en droit de faire intervenir la notion de spéculation et, par là, M. Thaller va encore plus loin que ses devanciers. Il fait complètement abstraction de l'intention de l'auteur des actes, car, dit-il, le commerce ne tire pas son caractère de l'intention des hommes qui y participent et cette recherche de bénéfices n'est réellement que le désir d'un salaire, juste rémunération de son industrie et de son capital.

Il n'y a donc pas lieu d'envisager cette intention comme un élément particulier des actes de trafic ; le trafic, à proprement parler, est le transport des produits d'un lieu dans un autre, la circulation d'objets non encore consommés ; dès que l'objet sera parvenu au consommateur, le droit commercial cessera de s'appliquer, car il ne régit que des actes correspondant au mouvement économique des produits.

Les différentes variétés des systèmes que nous venons d'exposer démontrent la difficulté de découvrir un critérium de la commercialité. Les raisons invoquées par chacun prouvent combien le législateur s'est trompé lorsqu'il déclarait que le fait concret de commerce était simple et facile à déterminer. Voilà bientôt cent ans que l'on discute, et, ni les auteurs de la doctrine, ni, qui pis est, les décisions de la pratique n'ont pu arriver à se mettre d'accord.

Nous allons exposer les idées qui, suivant nous, forment la synthèse de l'article 632, développer les motifs de nos préférences et critiquer dans les autres systèmes les données qui ne nous semblent pas devoir être admises.

TROISIÈME PARTIE

ESSAI DE DÉFINITION DE L'ACTE DE COMMERCE.

CHAPITRE PREMIER

CARACTÈRES DE L'ACTE DE COMMERCE.

A notre avis, la définition de l'acte de commerce doit être dominée par les deux principes suivants :

1° L'acte de commerce par nature est un acte juridique destiné à régler certains rapports de droit entre les hommes ;

2° Il s'accomplit dans la sphère du commerce, qui constitue l'un des facteurs du mouvement économique des richesses.

De ces deux principes indéniables, puisqu'ils sont le résidu d'analyse de l'expression « *Acte de commerce* », nous déduisons la nécessité de combiner dans la définition à obtenir la notion juridique et la notion économique du commerce : ce qui nous amène à formuler les idées suivantes dont l'enchaînement nous conduira à la définition cherchée.

1. L'acte de commerce est un acte juridique à titre onéreux ;

2. Il a pour caractère particulier d'être accompli dans la sphère du commerce ;

3. Qu'est-ce donc que le commerce ?

A. Au point de vue juridique ;

B. Au point de vue économique.

4. Synthèse des deux notions. Définition.

SECTION I. — L'acte de commerce est un acte juridique à titre onéreux.

Nous avons vu dans la première partie de cette étude que l'acte de commerce appartenait à la grande famille des actes juridiques et il rentre dans l'espèce des actes juridiques à titre onéreux ; cela n'est pas contestable : l'étymologie même du mot *commerce* (*cum — merces*) implique un échange et cette notion est tout à fait conforme à la définition de l'acte à titre onéreux, puisque c'est l'acte par lequel chaque partie entend acquérir la contre valeur de ce qu'elle fournit.

Si donc l'acte de commerce est à titre onéreux, chacun de ceux qui y participent espère en tirer un profit, se procurer par là une utilité quelconque. La nature de ce profit pécuniaire ou autre, direct ou indirect et sa destination varieront suivant le but poursuivi par l'auteur ; l'un y cherchera la rémunération de services qu'il rend, l'autre l'accomplissement d'un désir, la satisfaction d'un plaisir ou d'un besoin. Jusqu'ici ces caractères ne changeront pas, que l'acte soit civil ou commercial ; comme tout acte juridique à titre onéreux, il contient les trois éléments suivants :

A. Il est accompli entre deux ou plusieurs personnes (sujet) ;

B. En vue de produire relativement à leurs patrimoines des effets de droit (objet) ;

C. Dont chacun espère tirer profit (motif).

Quel est donc l'élément supplémentaire, extrinsèque, qui, s'ajoutant aux trois précédents, viendra rendre cet acte commercial pour l'une des parties alors qu'il restera civil pour sa contre-partie ? — Cet élément est le suivant.

SECTION II. — L'acte de commerce est un acte juridique accompli dans la sphère du commerce.

Ce qui rend un acte juridique commercial pour l'un des auteurs et le laisse civil pour l'autre, c'est le rôle particulier qu'y joue le premier.

L'acte de commerce, c'est le *negotium gestum de commercio, de mercaturis* ; c'est l'acte intervenu dans les limites de la sphère du commerce : à côté de la notion dérivant du *negotium gestum* apparaît une notion nouvelle et caractéristique, celle du commerce. L'acte de commerce est donc le fait juridique accompli dans l'espoir d'en tirer profit par une personne qui exerce son activité en intervenant dans l'ensemble des phénomènes économiques qui constituent le commerce. De même qu'il

serait impossible de comprendre la notion de pénalité et
de droit pénal si l'on ne savait ce que la morale, la socio-
logie ou la loi appellent le bien et le mal, de même, il est
impossible en droit d'obtenir la définition de l'acte de commerce sans tenir compte de la notion économique du commerce.

SECTION III. — Qu'est-ce que le commerce ?

Les définitions du commerce sont aussi nombreuses que
les auteurs qui s'en sont occupés, soit au point de vue de
l'histoire, soit du droit, soit de l'économie politique.

§ 1. — Définitions proposées.

Dans son sens le plus restreint, le commerce consiste à
transporter les marchandises d'un lieu dans un autre ;
c'est à une fonction de roulage que se réduit son rôle (1).
Cette définition, critiquée par un grand nombre d'économistes, a été écartée comme donnant du commerce une
idée trop étroite : J.-B. Say le définit : « l'industrie qui
met un produit à la portée de celui qui doit le consommer ». Cette idée est plus exacte ; elle le considère comme
une branche de l'activité humaine s'exerçant en vue de
produire ou de faire circuler la richesse, de créer une valeur ; elle rend compte aussi du rôle qu'il joue dans le
mouvement des échanges. Pour M. Manara, l'industrie
commerciale est le rameau de la production qui augmente
l'utilité économique ou la puissance d'acquisition des

---

(1) Verri, *Meditationi sulla economica politica* ; Massé, *Le droit commercial dans ses rapports avec le droit des gens* ; Michel Chevalier,
Econ. pol., 23ᵉ leç.

choses pour créer ou faciliter la rencontre de l'offre et de la demande. Enfin, M. Juglar (1) aboutit à la définition suivante : « c'est la branche du travail humain, ayant pour rôle l'échange, le transport et la distribution des produits ».

En un mot, pour les économistes, le commerce est une étape du mouvement des richesses, l'ensemble des faits qui permettent à un produit naturel ou fabriqué d'arriver aux mains de celui qui doit le consommer ; comme a dit M. Thaller, c'est « la circulation des produits ».

Cependant Coquelin (2) en donne une définition plus large et déclare qu'il consiste dans « l'ensemble des transactions que les hommes entretiennent entre eux relativement à la satisfaction de leurs besoins ».

§ 2. — Différences entre la notion juridique et la notion économique du commerce.

Si telle est au dire de la science économique la définition du commerce, cette définition peut-elle et doit-elle être acceptée par la science du droit ? Nous ne le croyons pas, et voici pourquoi : pour l'économiste, le commerce est un ensemble de faits relatifs à la circulation des richesses, une étape de leur mouvement ; — pour le juriste, il est à la fois plus et moins : c'est un ensemble de transactions entre les hommes accomplies dans un certain but, c'est un réseau de l'activité humaine. C'est cette idée qu'exprimait très bien Savary, il y a deux siècles, dans son *Dictionnaire du commerce* (v° *Commerce*). — « Lorsque le commerce est considéré par rapport à un corps politique (État), son opération consiste dans la circulation intérieure des denrées du pays ou des colonies, l'exporta-

---

(1) *Nouveau Dictionn. d'économie politique* (Léon Say), v° *Commerce.*
(2) *Dict. de l'Econ. polit.* (1875), v° *Commerce.*

tion et l'importation ; — lorsqu'il est considéré comme l'occupation d'un citoyen dans un corps politique, son opération consiste dans l'achat, la vente et l'échange de marchandises dont d'autres hommes ont besoin, dans le dessein d'y faire un profit ».

A. *Au point de vue économique.* — Comme a dit M. Thaller (*loc. cit.*), le commerce est un ensemble d'opérations partant pour chaque marchandise d'un certain point, s'arrêtant à un autre ; il constitue la grande chaîne qui unit le producteur au consommateur, intermédiaire des échanges, véhicule des produits, agent de leur distribution entre les mains de leur destinataire final.

Qu'est-ce donc que la production ? Qu'est-ce que la consommation dont le commerce forme le lien ?

Pour l'économiste, comme pour le juriste, la consommation prise à son sens large est le but final de la production, la destruction d'une chose ou de l'utilité de cette chose pour la satisfaction d'un besoin.

Mais le mot production a un sens plus compréhensif en économie politique qu'en droit et diminue d'autant le domaine du commerce : en effet si la production, dans la langue du droit, consiste à mettre au jour une valeur créée (objet ou service), un produit des agents naturels qui n'ait encore été ni utilisé, ni aliéné au profit d'un tiers (art. 638, 1°), dans son acception économique elle s'entend de tout acte par lequel l'homme crée l'utilité des choses ou augmente celle qu'elles avaient déjà ; elle s'applique donc aux utilités créées, à elles seules, mais à elles toutes ; c'est pourquoi l'industrie manufacturière, au dire des économistes, rentre dans la production sans dépendre du commerce ; pour certains d'entre eux, l'industrie des transports n'en ferait pas partie non plus ; et le commerce, productif lui-même, se bornerait ainsi aux échanges par achats et ventes, aux entremises ayant seulement pour objet le rapprochement économique de l'offre et de la demande.

Cet aspect étroit du commerce est certainement inexact, car le commerce doit s'entendre de tous les faits qui mettent les produits à la portée du consommateur sans toutefois les transformer (industrie manufacturière); dès lors, la définition économique du commerce ne concorde plus avec la donnée juridique, puisque, d'après notre loi, les entreprises de manufactures participent au commerce, alors que les économistes les en excluent.

Mais là ne se borne pas, croyons-nous, la divergence de vues entre ces deux sciences ; c'est une erreur de prétendre que la notion élémentaire du commerce doive rester invariable pour toutes deux. Les mots production, circulation, consommation employés par les économistes pour délimiter le domaine du commerce indiquent bien chez eux l'intention de l'envisager comme une suite de phénomènes matériels auxquels l'homme s'intéresse et participe par la force des choses, mais qui se développent et évoluent en dehors de sa portée et de son atteinte (1) ; c'est un rouage de l'existence en société que l'homme surveille, mais qu'il ne dirige pas. Montrer le commerce comme une chaîne conduisant les produits d'un point de provenance à un point de destination, c'est bien le considérer comme une série ininterrompue de faits mécaniques par lesquels les richesses sont transportées d'un point à un autre de notre globe jusqu'au jour où elles auront

_____

(1) Dans ce sens, l'artisan qui ajoute son travail ou son industrie à un objet non encore consommé pour le façonner, intervient dans la chaîne du commerce ; — mais fait-il *acte de commerce* ? — Nous le contestons.

trouvé leurs débouchés : alors, là le commerce s'arrête, les produits ont atteint leur but, la consommation les a saisis dans son mouvement lent qui les bercera pendant longtemps peut-être, sans que ce circuit interne participe au trafic ; quelles que soient les différentes étapes de l'objet en cours de consommation, c'est le repos définitif, à moins qu'une nouvelle circulation ne les reprenne dans sa chaîne.

B. *Au point de vue juridique.* — La notion juridique du commerce est tout autre.

Ce qu'il faut voir dans le commerce au point de vue du droit, ce n'est pas seulement cet ensemble de phénomènes se déroulant mécaniquement sur une chaîne sans fin, ce n'est pas ce mouvement d'objets matériels ou immatériels auquel il correspond, c'est un ensemble de faits intervenus entre des hommes, des actes ayant pour objet l'acquisition provisoire, puis l'aliénation de certains droits dans un certain but. Pour notre article 632, ce n'est pas seulement une étape de la circulation des choses, le lien de la production et de la consommation, c'est un réseau de l'activité humaine, ce sont les transactions multiples grâce auxquelles celui qui crée la richesse est mis en relation avec celui qui en profite. Cette grande chaîne ne fonctionne pas mécaniquement, elle n'existerait pas si les hommes n'étaient là auprès des axes autour desquels elle se meut pour en commander et en régler le mouvement. C'est leur activité, leur initiative appliquée aux choses inertes, qui fait la production qui donne à ces choses leur utilité ; ce sont leurs besoins qui font la consommation et permettent l'utilisation de ces choses. Ce sont les lois de cette activité et de ces besoins qui commandent au développement du commerce.

Le juriste envisage dans le commerce non pas seulement la production, la circulation, la consommation, faits abstraits hors de notre portée, mais le producteur, l'intermédiaire, le consommateur, toutes personnes accomplissant certains actes concrets, en vue d'établir entre elles certains rapports de droit dont elles profiteront de diverses manières.

Les choses produites n'ont pas cessé de fournir leur utilité dès qu'elles sont parvenues aux mains de leur destinataire : elles sont susceptibles de répondre à de nouveaux besoins de la même personne, à moins que le fait d'en user n'aboutisse à leur destruction matérielle (comme le pain et la viande) ; c'est ainsi que l'utilité d'un même objet, d'un meuble, d'un vêtement en cours d'usage peut réapparaître grâce à de nouvelles opérations dont il formera la matière : si une entremise s'exerce en vue de satisfaire à ce besoin, il y aura commerce.

Concevoir ainsi le commerce comme répondant aux besoins des hommes en vue de procurer au consommateur l'utilité que le producteur a donnée à cette chose, c'est forcément le voir d'une façon plus large que comme le simple véhicule des produits, c'est tenir compte, ainsi que le veut le droit, de l'homme comme facteur de ces actes, du rôle actif joué par lui dans cette production et cette consommation, qui ont pour raison son activité et pour fin sa satisfaction.

Mais inversement, le commerce, au dire des économistes, peut s'entendre de certains faits qui échapperont à la loi positive ; qu'il y ait commerce, économiquement, sans qu'on ait à envisager l'intention de ceux qui s'y livrent, cela n'est pas douteux ; nous l'avons exposé plus haut ;

comme a dit Baudrillart (1), « le commerce existe sans qu'il y ait de commerçants proprement dits » ; non seulement la prévoyance, mais la bienfaisance elle-même ne sont pas incompatibles avec le commerce ; il faut bien distinguer l'acte qu'on accomplit du but auquel sont destinés les résultats probables de l'acte lui-même (2) ; l'économiste ne voit que le fait, le juriste, en outre, tient compte de l'intention : un acte désintéressé de charité ou de bienfaisance peut bien participer au commerce ; sera-t-il un acte de commerce ? c'est ce que nous nions; parce que la science du droit s'occupe non seulement des faits, mais aussi de leur objet, et du but dans lequel ils sont accomplis.

C. *Combinaison de la donnée économique et de la donnée juridique.* — La nécessité de concilier ces deux aspects du commerce a été vue par quelques auteurs : Coquelin le définit : « l'ensemble des transactions que les hommes entretiennent entre eux pour tout ce qui se rapporte à la satisfaction de leurs besoins ». Savary déclare : « C'est l'échange continuel des commoditez de la vie qui fait le commerce » (3), et M. Vivante appelle commerçants « ceux qui spéculent sur les besoins de leur propre clientèle » (4).

Le commerce, suivant nous, *réside dans une entremise entre l'offre et la demande,* c'est-à-dire entre le créateur de toute valeur utile (objet au service) (5), et celui qui désire se procurer cette valeur pour la satisfaction de ses besoins personnels. L'un est le producteur au sens juridique du mot, l'autre le consommateur au sens économique. Et

---

(1) Baudrillart, *Manuel d'Écon. polit.*, p. 222.
(2) Franchi, *Jurispr. italienne, Ann. de dr. comm.*, 1891, p. 485.
(3) *Le Parfait Négociant*, I, p. 1.
(4) *Ann. de Dr. commerc.*, 1893, p. 11.
(5) Le mot *valeur* désignant ici toute chose susceptible d'avoir un prix fixé par la concurrence.

ainsi cette notion d'entremise met en harmonie la donnée du droit avec la donnée de la science économique : au point de vue juridique, elle expose la nature transitoire des droits acquis par l'auteur de cette entremise, et la définition économique intervient par cette même idée d'une entremise, exercée non pas seulement dans la circulation des produits, biens corporels, mais dans l'utilisation de toutes les valeurs produites conformément au but final de la production, qui est la consommation, la satisfaction de nos besoins (1). Le commerce, ainsi conçu, nous apparaît comme ayant sa raison d'être dans l'appétence nécessaire qui pousse les êtres doués de raison à améliorer leur position ; « son but est l'accroissement du bien-être par l'échange soit de produits, soit de services contre des produits » (2). À notre avis, le caractère mobilier ou immobilier des valeurs échangées importe peu, la notion objective du besoin fait abstraction de la nature juridique de l'objet échangé. Il suffit qu'il s'agisse d'une chose utile à l'homme.

SECTION IV. — Caractère mobile et progressif du commerce.

Par le côté utilitaire et pratique que nous lui avons reconnu, le commerce est en voie de perpétuelle transformation, de perpétuel progrès ; au fur et à mesure que la civilisation se perfectionne, la plus grande facilité de la vie fait naître de nouveaux besoins ; les découvertes de la

---

(1) V. *Nouveau Dict. d'Econ. polit.*; v⁰ˢ Besoin, Commerce, Consommation, Industrie, Production, Travail.
(2) Destutt de Tracy, *Comment. de l'Esprit des Lois*, Paris, 1819.

science permettent de jeter sur le marché des produits nouveaux.

Le consommateur agit sans cesse sur le producteur en stimulant ses efforts afin de lui faire produire les richesses qu'il désire se procurer ; le producteur à son tour réagit sur le consommateur, en multipliant ses moyens d'action, en profitant des progrès de la science pour offrir de nouveaux objets qui attireront les demandes. Le commerce, ensemble des échanges qui facilitent la rencontre de l'offre et de la demande, se développe ainsi sans relâche sous l'action incessamment renouvelée de notre activité sur nos désirs, de nos besoins sur notre activité ; il est actuellement, tel qu'il a toujours été, tel qu'il sera toujours par la suite des siècles, l'intermédiaire indispensable entre le producteur de la richesse et celui qui veut l'utiliser. La production augmente, les exigences de la vie se multiplient ; à ces deux faits doit correspondre une activité commerciale plus grande sans laquelle la vie et le mouvement s'arrêteraient ; les moyens de transport se perfectionnent ; des entreprises imprévues ayant pour objet les exploitations les plus extraordinaires se fondent : voilà pourquoi la loi commerciale doit être excessivement souple pour pouvoir se plier à toutes les nécessités du progrès.

Mais cette notion, nous dira-t-on, est-elle conforme à la définition des actes énumérés par l'article 632 ? L'idée d'acte de trafic, exposée dans les travaux préparatoires concorde bien, nous l'avons montré, avec cette notion d'entremise et d'échanges ; tous les termes de notre énumération peuvent trouver place dans la définition que nous avons donnée du commerce. Cette définition est même trop large, dira-t-on. Mais, comme nous essaierons de le démontrer, le commerce étant essentiellement mobile, toute énumération des actes de ce genre sera forcément l'œuvre d'une époque, l'image d'un moment donné de l'évolution économique, c'est-à-dire qu'elle ne sera jamais exacte que d'une façon temporaire ; elle deviendra bientôt trop étroite ; l'énumération de l'article 632 était exacte il y a un siècle ; elle ne l'est plus. C'est bien l'idée que M. Reynaërt faisait valoir en 1869 à la Chambre belge et, comme on l'a reconnu maintes fois, « la commercialité brise le cadre dans lequel la loi l'enfermait » (1).

SECTION V. — Caractères essentiels de l'acte de commerce.

Nous avons donné la définition du commerce, tel qu'il doit suivant nous être envisagé par la science du droit en concordance avec les termes de la loi ; en y joignant la notion d'acte juridique indispensable pour caractériser les faits qui s'y rapportent, nous aurons la définition de l'acte de commerce.

L'acte de commerce est « tout acte d'entremise entre l'offre et la demande en vue de satisfaire aux besoins du public, et accompli en vue de tirer de cette entremise un profit pécuniaire personnel ».

Pour éclaircir cette formule synthétique, nous exposerons ainsi les éléments essentiels de l'acte de commerce.

L'acte de commerce est un acte juridique déterminé par les caractères suivants :

1° Il consiste dans une entremise exercée entre l'offre et la demande, en vue de satisfaire aux besoins et aux

---

(1) Thaller, *Ann. de dr. commerc.*, 1891, p. 139 ; — Cf. Devinck, *Pratique commerciale et recherches historiques.*

désirs du public, — entre le créateur de toute valeur utile, et celui qui cherche à utiliser cette valeur ;

2° Il est accompli en vue d'un profit pécuniaire personnel destiné à rémunérer cette entremise ;

3° Dans l'état actuel de notre droit français, l'entremise par achat et revente ou location d'immeubles est exclue du commerce (les termes de l'article 632 (1°) et les travaux préparatoires de la loi le démontrent surabondamment).

CHAPITRE II

CRITIQUE DES SYSTÈMES PROPOSÉS.

SECTION I. — Les antécédents du présent système.

Le système auquel nous venons d'aboutir par l'enchaînement des idées exposées plus haut ressemble dans ses termes à la fois au système de MM. Boistel et Beslay, et à celui de M. Manara.

Pour M. Boistel, l'acte de commerce est « l'acte d'un intermédiaire spéculant sur la transmission de la valeur qui fait l'objet du contrat » ; pour M. Manara, c'est « un acte d'entremise entre le producteur et le consommateur, accompli directement dans le but de produire ou de faciliter la circulation des richesses, avec l'intention de lucre ».

A part le terme d'*intermédiaire*, qui résume une idée empruntée à l'observation économique, la théorie Beslay-Boistel est strictement juridique ; elle envisage l'acte de commerce au seul point de vue des droits qu'il fait acquérir à ceux qui y participent sur les objets formant la matière de ces droits, et d'ailleurs elle ne détermine pas d'une façon bien nette ce qu'il faut entendre par « valeur qui fait l'objet du contrat ».

Il est nécessaire de ne pas maintenir la définition du commerce dans la terminologie doctrinale du droit et de pénétrer dans le domaine des faits, d'envisager le côté utilitaire et économique des contrats passés. L'offre et la demande sont bien les deux termes entre lesquels se meut la commercialité ; il faut cependant les considérer, non comme un ensemble de droits sujets à être aliénés ou acquis, mais comme un ensemble de choses susceptibles de satisfaire nos désirs utilitaires, et comme une somme de désirs tendant à obtenir ces choses.

C'est pour ces raisons que la théorie Beslay nous paraît insuffisante : le commerçant, il est vrai, pense n'acquérir sur les choses qui passent entre ses mains que des droits transitoires ; mais quelle est la raison de ce mouvement des échanges ? c'est l'utilité de ces choses, la puissance qu'elles ont de répondre à nos désirs ; il faut dans la définition de la commercialité tenir compte de ce but final de la production économique et de l'entremise commerciale, qui est la satisfaction de nos besoins. Nous sortons ainsi de la donnée purement scolastique où l'enfermait la définition juridique.

La théorie de M. Manara semble trop étroite ; à la teneur de ce système, l'entremise entre l'offre et la demande se réduirait à une circulation de richesses. Si c'est là une donnée exacte pour l'économiste qui n'observe que les phénomènes par lesquels les produits s'acheminent de leurs centres de provenance à leur destination finale, cette donnée, comme nous l'avons dit, et comme nous le montrerons plus tard, est trop restreinte pour la pratique des affaires. Tout n'est pas fini pour le droit commercial lorsqu'une chose est parvenue au consommateur si, pendant cette consommation, il est nécessaire qu'elle subisse de nouvelles étapes pour retrouver son utilité primitive, peut-être affaiblie néanmoins. Cette définition oublie ce principe de philosophie pratique, que le besoin est le moteur premier de l'activité humaine, et sans vouloir porter aux nues les systèmes utilitaires des moralistes comme Helvétius et Bentham, il est permis de faire remarquer que, si le commerce est une circulation de richesses, il est aussi et surtout une nécessité de la vie. Comme a dit Bastiat (1), « l'âme est une source intarissable de désirs, et le désir est la tendance vers le bien-être ».

Notons-le, en donnant ce critérium de la commercialité, nous ne sortons pas du champ d'observation de la science économique puisqu'au dire de ses adeptes, elle a pour objet non seulement les lois du mouvement de la richesse, mais aussi les lois qui gouvernent la satisfaction de nos besoins.

SECTION II. — Critique du système de la spéculation.

« La spéculation, a dit M. Claudio Jannet (*op. cit.*), consiste à prévoir les chances de gain pour les réaliser et les chances de perte pour les éviter ; c'est la prévision de la hausse et de la baisse des prix. » Elle est par là même de l'essence du commerce, puisque le bénéfice commercial dépend dans sa quotité et quelquefois dans son existence des variations de prix des objets sur lesquels il porte. Si la spéculation n'était et ne signifiait que cela, l'emploi de ce mot pour caractériser les affaires commerciales ne serait pas déplacé. Mais, comme nous l'avons vu en étudiant

(1) *Harmonies économiques.*

la jurisprudence, le mot spéculation n'indique pas seulement le fait de prévoir une hausse ou une baisse, il désigne l'intention de profiter de ces hausses ou de ces baisses, résultats du jeu de l'offre et de la demande; il exprime surtout une série d'opérations qui se pratiquent dans les bourses et qui ont pour but de soutenir les cours : achats au comptant pour revendre à terme, ventes à découvert, reports, dans l'intention de régler tous ces marchés par différences sans prendre livraison, — voilà ce qu'on appelle généralement de la spéculation : les achats de stocks de marchandises et d'approvisionnements en vue de produire une disette momentanée et de provoquer la hausse, les accaparements de toute la production d'une denrée pour faire la loi sur le marché sont de la spéculation exagérée et dangereuse, de l'agiotage.

Cela n'est pas le commerce, et une bonne terminologie doit renoncer à l'emploi de ce mot de spéculation, qui n'éveille dans l'esprit qu'une idée inexacte de celui auquel on l'applique. Si, comme nous l'avons montré (II⁰ partie, chap. II), le profit commercial présente quelque analogie avec les bénéfices de spéculation, cette analogie tient bien plus dans les résultats que dans l'intention de l'agent. Chez le spéculateur le profit espéré ne peut provenir que d'une hausse ou d'une baisse dans les cours ; c'est cette hausse ou cette baisse qu'il a en vue en passant le marché, et qu'il espère devoir se réaliser parce que ses conjectures habiles lui permettent de prévoir tels événements politiques ou économiques. La différence des cours est non seulement la source de son bénéfice, mais le but de son opération.

A l'inverse, pour le commerçant, cette différence des cours, ce jeu de l'offre et de la demande sera la source et la mesure de son profit, mais non le but de ses actes ; on ne peut pas dire qu'il spécule sur la hausse ou la baisse des prix ; la vérité c'est qu'il en profite : ce qu'il poursuit, moyennant certains risques, c'est un gain destiné à rémunérer l'entremise qu'il accomplit et à lui profiter personnellement. Ce gain diffère du profit purement civil par la nature du service qu'il paie, par sa destination qui est toujours l'intérêt pécuniaire personnel de l'agent ; quant à ce caractère incertain du profit, il résulte d'une foule de circonstances que nous examinerons ; il dépend des conditions économiques dans lesquelles il se produit, et, pour être exact, il faut dire que c'est un bénéfice à caractère de spéculation : il n'est pas nécessaire qu'il soit aléatoire, il suffit qu'il puisse toujours l'être.

Admettons pourtant momentanément que le gain du commerçant soit recherché dans un esprit de spéculation, et laissons de côté ces querelles de terminologie.

Tout le système des premiers commentateurs du Code de commerce repose sur cette idée que la spéculation est le caractère des actes de commerce. C'est une vérité devenue banale de dire que l'esprit de spéculation ne peut à lui seul distinguer l'acte de commerce des actes civils ; sans doute, il n'y aura pas acte de commerce en droit si l'auteur de cet acte n'a en vue la recherche d'un profit ; l'idée de lucre est un élément indispensable de l'acte de négoce, mais ce n'en est pas le seul ; cela est aussi vrai qu'il serait impossible en histoire naturelle de vouloir distinguer l'espèce ovine de l'espèce bovine, par exemple, en disant qu'elles appartiennent toutes deux à la famille des ruminants. De même l'intention de lucre est inhérente à tous les actes à titre onéreux. Ce qui, suivant nous, sépare nettement le profit commercial du profit civil c'est sa destination et la nature du service qu'il rémunère ; mais au fond, toute affaire commerciale ou civile déguise une spéculation au sens large du terme.

Le commerçant spécule ; mais est-il seul à chercher un profit dans ses agissements ? Évidemment non : le rentier, le propriétaire, le cultivateur, quiconque a recours aux différents contrats à titre onéreux que lui offre la pratique pour se procurer ce qui lui est nécessaire ou agréable, quiconque cherche à gagner sa vie et à prévoir l'avenir spécule, c'est-à-dire désire tirer profit de ses actions ; car l'intérêt est le mobile des actions humaines ; il fait agir le marchand qui achète des denrées pour les revendre, le propriétaire qui défriche un champ pour le mettre en culture, le bailleur de fonds qui place son épargne dans une société industrielle. Mais la spéculation, pas plus qu'aucun autre caractère, ne peut être considérée comme la marque distinctive permettant de reconnaître l'acte de commerce ; l'idée de lucre est inséparable de la notion d'acte de commerce ; elle n'en est pas la caractéristique.

SECTION III. — Critique du système de la circulation.

Dans ce système, le commerce commence au moment où le produit est sorti du patrimoine de celui qui l'a créé ; il s'arrête lorsqu'il arrive aux mains de celui qui doit en user : il se borne à cette circulation immense ; c'est là ce qui le distingue essentiellement des autres branches de l'activité ; il cesse d'exister lorsqu'il ne peut plus porter sur un objet circulant ; cette circulation peut d'ailleurs s'appliquer à un produit neuf, non encore employé, ou à un objet déjà consommé en partie qui retombe dans le mouvement des affaires (par exemple un vieux tableau, un vieux meuble). Donc, pour qu'une personne accomplisse un acte de commerce, il faut qu'elle s'interpose vis-à-vis d'un produit neuf destiné aux échanges ; si ces opérations ont pour but de prolonger simplement l'usage ou de raviver l'utilité d'un produit en cours de consommation, elles échappent à la loi des marchands ; une entreprise de blanchissage ou de dégraissage est purement civile ; et rationnellement il n'y a aucune raison pour commercialiser les actes faits par un entrepreneur de transport de personnes ; qu'on veuille bien lire attentivement l'article 632 (1° et 2°) ; on peut le comprendre sans englober dans la commercialité ces sortes d'entreprises.

Pour un système conçu *à priori*, œuvre de l'esprit s'appliquant à trouver dans la raison pure le fondement logique d'une théorie de la commercialité, il faut avouer qu'il concorde étrangement bien avec les données du problème à résoudre et que la coïncidence est heureuse entre le principe posé *in abstracto* et les résultats concrets de ce principe. A part cette fameuse agence d'affaires qu'aucun système n'arrive à englober, la thèse de M. Thaller comprend tous les termes de l'énumération, et aucun à la vérité n'est inconciliable avec les applications pratiques de la règle émise : qu'une pensée de pure doctrine s'harmonise ainsi avec les faits, c'est une éventualité assez rare pour qu'on la signale et l'examine sérieusement.

Mais cette donnée, si conforme au texte, est-elle vraiment respectueuse de l'esprit de la loi et des principes du droit combinés avec ceux de l'économie politique ? Si l'on admet que la circulation est le seul critérium de la commercialité, on en écarte les entreprises de transports de personnes (omnibus, tramways, bateaux) ; pourtant, il n'y a au point de vue des faits accomplis aucune différence entre cette entreprise et les entreprises de transports de marchandises ; celles-ci sont commerciales dès qu'elles s'exercent relativement à un produit non encore consommé ? Mais quels caractères reconnaître aux faits suivants ? Tous les jours dans Paris circulent de grandes voitures transportant du théâtre à une remise quelconque les décors de nos grandes scènes, l'Opéra, l'Opéra comique, la Comédie française ; des voitures de déménagement sillonnent nos rues, contenant dans leurs flancs tout le mobilier plus ou moins usé d'un ménage ; en quoi ces transports diffèrent-ils des transports de marchandises neuves? et en quoi le droit et l'économie politique ont-ils à s'occuper de savoir si les meubles transportés sont déjà parvenus au consommateur? Ces entreprises ont la même nature, portent sur des objets de même nature, agissent dans une intention identique ; pourquoi deux règles et deux mesures? Que penser enfin des entreprises de pompes funèbres ?

L'entreprise de teinturerie qui manipule des laines et des cotons diffère-t-elle de l'entreprise de dégraissage qui opère sur des vêtements ou des draperies en cours d'usage? pourquoi mettre d'un côté l'entreprise de blanchiment, et d'un autre l'entreprise de blanchissage ? toutes ces industries n'agissent-elles pas de la même manière, ne font-elles pas les mêmes actes, engagement de personnel, achats de produits chimiques, emploi de lessiveuses, d'appareils à tremper, d'essoreuses, etc., et faut-il aujourd'hui, entre les faits civils et les faits commerciaux, faire état de la distinction surannée qui causa des procès plusieurs fois séculaires entre les fripiers et les tailleurs, les savetiers et les cordonniers ?

Non, nous l'avons dit déjà ; la commercialité s'étend plus loin que la circulation des produits ; elle englobe toute entremise et dans le mouvement des biens et dans l'accomplissement de services utiles au public, et, tout en restant dans les termes de l'article 632, on peut donner au commerce un champ d'application et de développement plus vaste que celui qui résulterait d'une circulation nécessairement fermée. Les mots entreprises de transports peuvent s'entendre aussi bien des transports de personnes que des transports de marchandises, et l'expression entreprise de fournitures permet l'extension la plus large des actes de trafic au gré de nos besoins et des progrès de la civilisation, de l'hygiène, du luxe, du bien-être.

Le système de M. Thaller comporte une seconde objection que nous avons fait pressentir : c'est de négliger complètement l'intention qui préside aux actes accomplis.

Il ne s'agit plus ici de discuter si le commerçant fait de la spéculation ; il ne s'agit plus de savoir si l'esprit de lucre est le seul caractère distinctif de l'acte de commerce (nous avons examiné ces questions), mais il s'agit de contester la proposition d'après laquelle la nature civile ou commerciale d'un acte peut se reconnaître, abstraction faite de l'intention qui a dirigé son auteur.

Pour la pratique des tribunaux et la majorité des auteurs, lorsqu'il y a lieu de rechercher si un artisan (serrurier, menuisier ou maçon) fait ou non commerce, on examine s'il travaille seul ou s'il a des ouvriers sous ses ordres, si son métier comporte des reventes d'objets accessoires ; l'intention de tirer profit du travail de ses subordonnés ou de la revente établit l'entremise et la spéculation et on le considère comme commerçant ; au premier cas, au contraire, il ne fait que louer son travail, tirer profit de sa production, il n'est pas marchand. M. Thaller examine simplement si le travail effectué s'applique à un objet neuf ou à un objet ancien qu'il s'agit de réparer ou de réfectionner; « peu importe, dit-il, que cet artisan ait avec lui des compagnons ou des aides, que le travail soit fait sous sa direction ou par lui-même, que son métier entraîne la vente accessoire de menues fournitures, ce qui doit être retenu, c'est qu'il ne s'interpose pas dans un produit neuf ou destiné aux échanges, mais vient seulement prolonger l'usage d'un produit en cours de consommation (1) ».

Lorsque se présentent les questions suivantes : un achat pour donner est-il commercial, les opérations de sociétés coopératives et des monts-de-piété, les achats et ventes faits par des œuvres de bienfaisance, les actes faits par l'État pour transporter des dépêches et vendre les tabacs constituent-ils des actes de négoce ? les auteurs et la jurisprudence répondent couramment : Non, parce qu'il n'y a pas spéculation, intention de lucre. A la teneur du système adverse, la solution sera la même, mais tout autre le motif de décider.

Si je ne fais pas commerce lorsque j'achète un objet pour le donner à un ami, si les achats de denrées faits par les coopérations échappent à la même loi, c'est qu'au point de vue économique le produit a cessé sa marche lorsqu'il est arrivé dans mes mains ou dans le magasin de la coopération ; c'est, économiquement parlant, la même personnalité qui achète et qui reçoit, l'acheteur donateur et le donataire, la coopération et ses membres font partie d'un

---

(1) *A contrario*, le façonnier libre qui travaille sur un produit neuf que lui aura remis un industriel pour le façonner (doreur sur métaux, polisseur de verre, tourneur de bois) fera généralement commerce. Pourtant, il y aura des questions de fait à examiner.

même cercle dans lequel la circulation ne se produit plus ; le mouvement de l'objet pour aller de l'un à l'autre ne relève pas du commerce.

A notre avis, les actes de bienfaisance ou de prévoyance ou les opérations fiscales de l'État, des communes, restent purement civiles, parce que malgré l'entremise qu'elles contiennent, elles ne recherchent pas le profit pécuniaire égoïste qui anime le commerçant ; les coopérations, les syndicats ne font que revendre au prix nécessaire pour couvrir leurs frais d'administration ; les dames vendeuses qui dans les comptoirs des bazars de charité vendent avec des bénéfices de 200 et de 500 0/0 les bibelots qu'elles ont achetés à bas prix ne font pas commerce et pourtant il y a eu achat avec intention de revente, il y a eu revente, il y a entremise ; qu'il y ait ou non commerce au point de vue économique, peu importe, l'idée d'un acte désintéressé ou dont le profit ne doit pas appartenir à l'auteur est inconciliable avec la notion juridique d'acte de commerce.

Nous ne nous refusons pas à admettre que, pour la science économique, l'acheteur et le donataire, la coopération et ses membres puissent être considérés comme une même personne (et encore cela nous paraît douteux) ; on peut soutenir que le produit a atteint le point terminus de son voyage lorsque je l'ai acheté, lorsque la coopération l'a reçu dans ses magasins ; le bénéficiaire final n'a plus qu'à s'en rendre possesseur ; les actes qui interviennent alors échappent à l'observation économique ; c'est possible. Mais, au point de vue du droit, il y a dans les faits qui nous occupent deux transmissions de propriété : d'un côté achat, de l'autre aliénation à titre gratuit et vente. Le patrimoine du donateur ne se confond pas avec celui du donataire ; les biens et la personne de la société coopérative ne se confondent pas avec le patrimoine et la personne des associés ; cela résulte de l'article 53 de la loi du 24 juillet 1867 qui, accordant à ces sociétés le droit d'ester en justice par leurs administrateurs, leur reconnaît par là même la personnalité civile. Or si, juridiquement, la société d'un côté, les membres de l'autre constituent des personnes distinctes, on est bien forcé d'admettre que si le produit arrive en dernière analyse à l'associé, c'est qu'il y a entre elle et celui-ci un contrat qui a opéré la mutation de la propriété de la chose, contrat qui ne peut être qu'une vente, puisque d'un côté il y a chose vendue et de l'autre un prix (car la société ne fait pas au profit de ses membres un acte de bienfaisance).

L'entremise caractéristique du commerce et de la circulation s'est bien produite dans les exemples donnés ; l'intermédiaire n'a acquis sur les choses échangées que des droits transitoires, qui dans sa pensée devaient n'être que transitoires ; de l'avis de tous, il n'y a pas commerce ; c'est donc que le fait de l'entremise ou de la circulation ne suffit pas à expliquer le commerce ; il doit s'y adjoindre l'intention de trouver dans ces faits un profit pécuniaire personnel. Bravard a dit excellemment (1): « quand on recherche si un acte doit être ou non réputé commercial, c'est surtout à l'intention qu'il faut s'attacher ». Le mot *surtout* est de trop; mais cet axiome contient une grande part de vérité; ce n'est pas seulement dans les actes et dans les choses auxquelles ils s'appliquent que gît la commercialité, mais aussi dans le mobile indispensable pour leur conserver leur caractère ; l'entremise, c'est la forme, l'intention c'est le vêtement dont l'acte se pare

(1) *Manuel de droit commercial*, p. 11.

et qui permet de le reconnaître ; l'une est le substratum matériel, le noyau primordial de l'être juridique, l'autre est l'élément intellectuel qui vient lui donner la vie.

Le critérium de la commercialité en ce qui concerne les artisans et les façonniers ne nous satisfait pas davantage ; en plaçant parmi les actes de commerce les entreprises de manufactures, de fournitures, de transport, l'article 632 a eu soin par là de laisser entendre que le fait de la fabrication, de la fourniture, du transport, n'étaient pas par eux-mêmes commerciaux, à moins qu'il n'y eût achat pour revendre ou pour louer ; qu'est-ce à dire, sinon que l'artisan travaillant à façon sur un produit neuf n'est pas un marchand plus que le savetier, le réparateur de porcelaine ou l'étameur. Le caractère commercial est attaché ici à *l'entreprise*, c'est-à-dire à un ensemble d'actes desquels il résulte que l'agent a manifesté l'intention de s'ingérer entre la main-d'œuvre ou la matière première et le consommateur, en vue de procurer à celui-ci le résultat de la production.

Lorsqu'il n'y a pas entreprise, l'artisan ne fait que vendre son travail, comme le cultivateur vend son blé ou le sculpteur sa statue : c'est l'intention de s'entremettre entre le travail et le consommateur qui fait l'entreprise ; et c'est l'entreprise qui fait la commercialité.

CHAPITRE III

LES DIVERS ÉLÉMENTS DE L'ACTE DE COMMERCE.

SECTION I. *Entremise avec l'offre et la demande.* — 1° Caractère particulier de l'entremise commerciale. — 2° L'offre. — 3° La demande. — SECTION II. *Intention de lucre relative à cette entremise.* — 1° Recherche d'un profit. — 2° Rémunération de cette entremise. SECTION III. *Dans notre droit français actuel, exclusion des opérations immobilières.* — A. Inconnues en 1804. — B. L'esprit de la loi l'exige ainsi. — C. Son texte aussi.

Nous avons ainsi caractérisé l'acte de commerce objectif :

1° Il consiste dans une entremise entre l'offre et la demande en vue de satisfaire aux besoins du public ;

2° Il est accompli en vue d'un profit pécuniaire personnel destiné à rémunérer cette entremise ;

3° Dans notre droit français actuel, il ne peut avoir pour objet des immeubles.

Reprenons séparément les différents termes de cette proposition.

SECTION I. — Entremise entre l'offre et la demande en vue de satisfaire aux besoins du public.

D'une façon permanente à la surface de notre globe, la mise en œuvre par l'homme des agents naturels (forces physiques, force musculaire, capacité intellectuelle) donne lieu à la création de choses utiles à la généralité des autres hommes (matières premières, objets fabriqués, capitaux, travail musculaire, travail mental, productions intellectuelles).

Avec la même permanence, l'homme vivant seul ou en société éprouve des sensations d'ordre divers, qualifiées besoins, qui sont provoquées par les nécessités de l'existence, et pour la satisfaction desquelles il cherche à se procurer les divers objets susceptibles de lui fournir l'utilité qu'il attend : besoins physiques, besoins physiologiques, besoins intellectuels, moraux, résultant d'obligations légales ; ces différentes nécessités revêtent des formes multiples dont la nature varie et dont le nombre augmente au cours des siècles.

Si les premiers hommes ont pu satisfaire par eux-mêmes les exigences de leur vie plus instinctive qu'intelligente, lorsque la civilisation s'est développée, ils sont devenus incapables de suffire aux besoins nouveaux qu'un état social plus parfait a fait naître : chacun ne pouvait produire tout ce dont il avait besoin ; il dut aller demander à ses compagnons de lui procurer ce qui lui manquait contre ce qu'il avait en trop ; c'est de cet échange devenu indispensable, et de l'impossibilité de le réaliser directement qu'est né le commerce.

Ces valeurs constamment offertes par celui qui les a créées, et demandées par celui qui veut en user ne peuvent en effet, dans l'état actuel de nos relations, trouver leur utilisation directe ; les objets produits dans un lieu quelconque ne trouvent souvent leur placement qu'aux antipodes de leur lieu d'origine ; ils sont ignorés de celui qui pourrait s'en servir, ou bien ils ne sont pas à sa portée : le commerce a pour but de mettre ainsi en relations l'offre et la demande.

Tant que le consommateur peut s'adresser lui-même au producteur (acheter pour son usage le blé fourni par le cultivateur ou se procurer les services de l'ouvrier nécessaires pour tel ou tel ouvrage), il n'y aura pas commerce ; mais qu'un intermédiaire quelconque s'interpose entre le producteur et le consommateur en vue de procurer à celui-ci les richesses offertes par celui-là, le commerce apparaîtra, et il n'y aura acte de commerce qu'autant que l'intermédiaire aura pour but de tirer profit de cette entremise même, exercée soit par l'échange pur et simple, soit par la transformation de la valeur produite.

1° *Caractère particulier de l'entremise commerciale.* — Ce qui constitue le commerce au point de vue économique, c'est le fait de s'ingérer entre les deux termes du mouvement de la richesse, d'un côté l'offre, de l'autre la demande afin d'en faciliter la rencontre.

Comme l'ont démontré Beslay et le professeur Manara, les phénomènes d'entremise ne sont pas particuliers au commerce, et certains faits de production et de consommation rentrent à leur tour dans la fonction du commerce.

Les économistes modernes, allant à l'encontre des théories des physiocrates, ont démontré que le commerce lui-même est une branche de la production économique ; l'augmentation de valeur qu'il donne aux choses puisqu'il permet de les utiliser, alors que sans lui elles fussent restées inutiles, correspond bien à la notion de la production ; et il est à peine nécessaire de faire remarquer que le commerce, comme les particuliers, consomme la richesse dont il a besoin pour remplir sa mission.

D'autre part, l'entremise est aussi bien exercée par l'industrie minière et l'agriculture que par le commerce, puisqu'elles emploient des machines et des ouvriers pour arriver à la production qu'elles poursuivent ; mais cette entremise n'est qu'un accessoire, la production formant leur objet principal.

Ce qui caractérise vraiment le commerce, c'est que cette entremise s'exerce d'une façon principale, constitue l'objet même des actes accomplis, et qu'elle se produit entre l'offre et la demande en vue de satisfaire aux désirs des hommes.

Qu'est-ce donc que l'offre ? qu'est-ce que la demande ?

2° *L'offre.* — L'offre, c'est l'ensemble des choses susceptibles d'être échangées : produits, argent, travail, services, œuvres de l'esprit, qui seront l'objet des transactions acquisitives de la part de ceux qui veulent s'en procurer l'utilité. A la notion de l'offre correspond la notion de production ; or, produire, c'est créer une chose utile susceptible de satisfaire les besoins des hommes ; « l'utilité, a dit M. Cauwès (1), est une qualité immatérielle des choses ; par cela même qu'une utilité résulte d'un travail il y a production ».

D'après la théorie de la circulation des biens, on ne doit considérer comme produits que les objets matériels, les œuvres de l'intelligence, l'argent et les titres qui le représentent. Suivant nous, la production a un domaine plus vaste ; pourquoi d'abord ne pas considérer comme produits le travail, le talent, les aptitudes physiques ou intellectuelles, comme on le fait pour les œuvres littéraires ou artistiques susceptibles de se manifester sous une forme perceptible pour nos sens (livre, tableau, morceau de mu-

(1) *Cours d'écon. polit.*, 3ᵉ édit., I, n° 249.

sique)?la production comprend non seulement les matières premières, extraites du sein de la terre, les objets qui
croissent à sa surface, les multiples produits que l'homme
peut mettre en œuvre, — l'argent et les capitaux, fruits
de son travail et de son épargne; elle doit s'entendre aussi
de tout ce que l'homme par sa force physique, par son
intelligence peut créer d'utile.

La production a pour cause l'action de l'homme sur les
agents naturels : les agents naturels, ce sont d'abord les
forces physiques ; ce sont aussi les forces que la nature a
mises en chacun de nous, et dont il peut tirer le parti qui
lui convient le mieux ; le travail, au sens large du mot, est
la mise en œuvre par chacun des forces qu'il porte en lui.
A côté des produits matériels, le travail, l'industrie, les
services humains, les œuvres de l'esprit sont l'objet d'é-
changes incessants et de contrats nombreux : l'esclave
autrefois n'était-il pas considéré comme une chose à raison de l'utilité que son travail ou que son intelligence
pouvait produire, et cette utilité a-t-elle changé parce
qu'il peut en tirer librement parti, au lieu de subir les
droits du propriétaire sur sa chose? Il se fait dans le
monde entier un commerce aussi considérable de services
que de choses matérielles, et les produits les plus matériels ne sont acquis qu'en vue des services qu'ils peuvent
rendre, de sorte que ce sont toujours des services qu'on
achète et qu'on vend.

Cette interprétation large n'est d'ailleurs nullement
contredite par le texte de notre article 632 : si l'indication
d'achat pour revendre des denrées et marchandises permet de considérer comme commerciale l'entremise dans
la circulation des objets corporels, si l'entreprise de spectacles publics est commerciale parce qu'elle est une entre-

mise entre l'offre et la demande des productions de la
pensée, si les opérations des banquiers, intermédiaires
dans le mouvement des capitaux et des titres, ont le même
caractère, le classement de l'entreprise de manufactures
au nombre des actes de trafic montre bien, de la part du
législateur, l'intention d'envisager l'ingérence entre la
main-d'œuvre et le consommateur comme un fait commercial ; l'étymologie du mot manufacture implique l'idée
d'un embauchage de main-d'œuvre pour effectuer une
fabrication et ce mot entreprise y ajoute l'idée d'une organisation spéciale afin d'en tirer le meilleur parti possible.

L'offre est donc l'ensemble des choses utiles susceptibles de répondre à nos besoins.

3° *La demande.* — L'homme satisfait ses besoins par
l'assimilation ou la consommation des utilités. Tout objet
utile est donc par définition même susceptible de répondre
à un besoin. C'est la somme de ces besoins et de ces désirs qui constitue la demande. La demande est la tendance
permanente du public à obtenir les choses utiles, afin de
les consommer. La consommation est le but final de la
production ; elle est inséparable de l'idée de demande.

La consommation ne doit pas être entendue dans son
sens juridique qui signifie la destruction d'une chose par
l'usage qu'on en fait (*prêt de consommation*) ; pour l'économiste c'est simplement l'utilisation d'une chose pour la
satisfaction d'un besoin : c'est bien une destruction ; mais
par cette destruction toute économique, ce n'est pas la
matière de la chose qui disparaît, c'est son utilité ou une
partie de celle-ci.

La notion de consommation est intimement liée à la
notion de besoin, car si la production est la raison de la
consommation, nos besoins en sont la fin.

Les consommations et les demandes sont aussi variables
que les besoins à satisfaire, et le commerce qui doit répondre à la demande des consommateurs prendra sous
cette influence les aspects les plus divers : aux besoins purement matériels correspondra le commerce primitif des
objets de première nécessité, des denrées alimentaires, des
vêtements, des armes, des matériaux de construction ;
avec la multiplication des échanges apparaîtront la monnaie et les différentes opérations auxquelles elle donne
lieu ; aux besoins intellectuels, manifestation d'une époque plus civilisée, répondra le commerce des livres, des
productions de la pensée ; le besoin de déplacement fera
naître le commerce des transports, et toutes sortes de besoins nouveaux naissant des exigences suggérées par la
science susciteront des entreprises multiples qui s'offri-
ront pour les satisfaire.

Voilà pourquoi le commerce est essentiellement changeant ; tous les jours apparaissent des transactions et des
opérations imprévues : toutes, elles ont leur raison d'être
dans la permanente variété des demandes à satisfaire ;
toutes elles appartiennent au commerce, du moment qu'elles nous procurent des services ou des produits, de l'argent ou du travail.

SECTION II. — Intention de lucre relative à cette entremise.

Le commerce n'est pas désintéressé ; il est même particulièrement égoïste ; et nous avons dit que la commercialité
ne pourrait exister si l'auteur des actes n'y recherchait
un profit pécuniaire. Il nous faut le prouver maintenant.
Ce n'est pas de spéculation qu'il s'agit : le mot spé-

culation est un mot malheureux et mal employé. Nous avons dit que les coopérations, les mutualités, les établissements de bienfaisance, l'État, les communes, accomplissant certains actes d'entremise, ne font pourtant pas commerce ; c'est qu'apparemment l'entremise à elle seule ne suffit pas pour caractériser le commerce. Qu'y faut-il donc en outre ? il faut que cette entremise, dans l'intention de son auteur, ait pour résultat l'obtention d'un profit personnel destiné à rémunérer cette entremise.

Cette intention de lucre, qui n'est pas particulière au commerce, nous l'avons vu, ne sera pas toujours facile à apercevoir ; elle ne pourra résulter que des circonstances de la cause, de l'habitude d'actes semblables, motifs de décision, assez vagues, et, il faut l'avouer, peut-être dangereux ; et s'il est assez aisé de savoir si une personne a fait un acte d'entremise, il sera souvent difficile de prouver l'intention qui l'a fait agir.

J'achète à un vigneron une pièce de vin de Bordeaux ; j'en consomme une partie, et j'en vends quelques bouteilles à des parents et à des amis : tels sont les faits. L'achat de la pièce, puis la vente des bouteilles seront-ils des actes commerciaux ? Une double question peut se poser : tout d'abord, *avais-je en achetant l'intention de revendre ?* si non, pas de commercialité ; il y a bien entremise, dira-t-on, mais c'est une entremise *ex post facto* ; j'avais d'abord acheté pour ma consommation (art. 638) ; je revends ensuite, même avec un bénéfice, peu importe ; il y a eu achat puis revente ; il n'y a pas eu achat pour revendre ; pas de commercialité. Si, au contraire, j'ai acheté pour revendre, et que cette intention soit établie, se pose la seconde question : *avais-je l'intention de revendre avec bénéfice ?* si oui, commercialité, si non, acte purement civil.

1º *Recherche d'un profit personnel.* — D'où provient, dira-t-on, une telle différence et une simple intention aura-t-elle cette vertu si puissante de changer la nature d'un acte, modifier les règles de compétence et soumettre cet acte au régime d'exception établi par la loi commerciale ?

C'est d'abord la tradition, consacrée par tous les auteurs de l'ancien droit et la plupart des auteurs modernes : *finis mercatorum est lucrum*, disait de Luca (*de Cambiis*).

Le commerçant est avant tout guidé par son intérêt personnel ; en accomplissant un acte de trafic, il rend un service qu'il entend faire rémunérer ; il ne remplit pas un office d'ami, il ne fait pas un acte de bienfaisance ou de charité en se livrant au commerce ; il rend au public le service de lui procurer les objets de sa consommation. Par suite de l'entremise qu'il exerce, la valeur des choses s'est accrue, ou il espère qu'elle s'accroîtra ; il profite de cette augmentation de valeur correspondant au travail qu'il a effectué. C'est parce qu'il agit en vue de se procurer ce profit qu'il fait acte de commerce, et s'il n'est pas nécessaire que le profit soit pécuniaire, il faut qu'il soit appréciable en argent ; du même caractère égoïste des actes de négoce résulte qu'ils doivent être inspirés par l'intérêt personnel ; l'État, en exploitant ses monopoles, vise bien l'obtention de bénéfices, mais ce qui le fait agir n'est pas l'intérêt de la personne morale État, c'est l'intérêt fiscal, l'intérêt supérieur de la collectivité qu'il représente, de même qu'une association coopérative contracte exclusivement dans l'intérêt de ses membres. Remarquons que des confréries, comme les Trappistes qui fabriquent du chocolat, comme les Chartreux qui font des liqueurs très recherchées, doivent être considérées comme accomplissant des actes de commerce ; car les bénéfices à réaliser sont destinés à la communauté religieuse, et non à la satisfaction d'un intérêt supérieur.

Il est impossible de comprendre l'acte de commerce, acte juridique d'où naissent des droits, indépendamment de l'intention de celui qui s'y livre ; c'est cette idée qui a guidé les premiers commentateurs ; ils y ont vu toute la différence qui le séparait des actes civils ; c'est une erreur que nous avons combattue, mais, à notre avis, vouloir comprendre la commercialité sans tenir compte du mobile des individus, c'est réduire l'acte de commerce à un fait purement matériel, dans lequel l'intention de l'agent n'aurait aucune utilité ; c'est vouloir faire une théorie des actes à titre gratuit en faisant abstraction de l'idée de bienfaisance et de générosité qui y a présidé.

On peut ajouter à cela que le profit des actes civils diffère du profit commercial, car celui-ci est plus considérable et moins certain, il n'a que rarement ce caractère aléatoire qu'on rencontre toujours plus ou moins dans le véritable acte de commerce ; « il n'enrichit pas aussi facilement, mais il ruine moins souvent, il est en général facile d'en prévoir les conséquences et de juger s'il est avantageux ; l'incertitude, au contraire, l'imprévu, la témérité sont les nécessités d'un acte commercial (1) ».

Qu'on établisse, comme l'a fait M. Paul Leroy-Beaulieu (2), que le profit de l'entrepreneur n'est pas seulement un salaire ou la rémunération du capital, cela est parfaitement vrai ; le salaire est une rémunération définie, précise, limitée, le profit de l'entrepreneur est indéfini, inconnu, illimité, « il y a dans les bénéfices un autre élé-

---

(1) Émile Ollivier, *Revue pratique*, 1856, I, p. 241.
(2) Du profit de l'entrepreneur, *Bullet. de l'Acad. des sc. morales et polit.*, t. 140 (1893), p. 190.

ment que l'intérêt du capital engagé, que l'indemnité contre les risques, et que d'autre part la rémunération de la peine prise par l'entrepreneur; cet autre élément, qui est de beaucoup l'élément prédominant dans les profits considérables de certains entrepreneurs, c'est le résultat de la supériorité de leurs combinaisons propres sur celles de l'ensemble de leurs concurrents »; ces combinaisons lui permettent de livrer au public des produits à meilleur compte, ou des produits de meilleure qualité; on peut alléguer enfin que le commerçant est soumis aux lois de la concurrence, que ses bénéfices, énormes aujourd'hui, peuvent demain se réduire à néant : toutes ces observations sont exactes ; mais il n'y a pas là de caractères particuliers au commerce : le cultivateur comme le négociant verra ses profits varier suivant le succès des combinaisons qu'il emploie ; la concurrence existe dans toutes les branches de l'activité humaine, aussi âpre que dans le commerce, aussi bien pour le placement de la main-d'œuvre que pour la vente des denrées, rendant les bénéfices incertains pour les uns comme pour les autres ; le caractère aléatoire et spéculatif du bénéfice commercial résulte des circonstances au milieu desquelles il se produit ; l'intention de celui qui en jouit n'y tient aucune place ; il est une conséquence du jeu de l'offre et de la demande.

Aussi, ce qui distingue véritablement le profit recherché dans un acte de commerce du profit désiré par toute autre personne, dans les contrats qu'elle passe, c'est qu'il est la rémunération de l'entremise exercée.

2° *Rémunération de l'entremise exercée.* — La situation d'intermédiaire entre l'offre et la demande est la fonction principale du commerçant dans la société ; comme un autre est cultivateur et vend ses fourrages ou ses blés, comme un autre est ouvrier, employé, fonctionnaire, artiste ou ingénieur, le commerçant s'interpose entre l'offre et la demande, en vue de mettre à la portée du public tout ce dont il a besoin. Chacun met son activité au service de son intérêt, car c'est lui l'instigateur de toutes nos actions ; il est donc naturel de penser que celui qui déploie cette activité en vue d'exercer des actes d'entremise veuille obtenir par cette entremise la fortune qu'il attend. De même que le cultivateur, l'ouvrier, le fonctionnaire cherchent dans leur salaire la rémunération de leur travail, l'auteur d'un acte de commerce cherche dans le profit qu'il peut réaliser la récompense de ses peines, le remboursement de ses avances et ce je ne sais quoi qui lui donne les allures d'un spéculateur.

C'est là le caractère particulier du profit cherché par l'auteur d'un acte commercial, c'est, comme l'a écrit le professeur Manara, « la relation de cause à effet entre cette entremise et ce profit » (1).

Ce n'est donc pas, nous croyons l'avoir démontré, l'entremise entre l'offre et la demande qui constitue à elle seule l'acte de commerce, ce n'est pas davantage l'intention de lucre, ou, comme ont dit quelques auteurs, la spéculation.

A la vérité, l'entremise est bien le caractère distinctif du commerce, envisagé comme un ensemble de faits économiques auxquels l'homme participe ; mais elle ne peut à elle seule caractériser l'acte de commerce, application de l'activité humaine dans un but utilitaire ; celui-ci ré-

---

(1) Les conséquences de ce principe sont banales ; on les trouve exposées partout ; le vigneron qui achète des fûts pour y mettre son vin, le statuaire qui a acheté du marbre ne font pas commerce en vendant le vin ou la statue ; car « cette entremise n'est pas l'objet de leur spéculation ». Beslay, *op. cit.*, p. 47.

sulte de la réunion de l'entremise et de l'intention d'en profiter. Il est erroné de dire que tout acte à caractère de spéculation est un acte de commerce ; également faux de dire que tout fait d'entremise est un acte de commerce. Il n'y a d'acte commercial que dans les faits d'entremise entre l'offre et la demande en vue de satisfaire aux besoins du public et dans l'intention de tirer de cette entremise un profit personnel.

SECTION III. — Dans notre droit actuel, exclusion des opérations immobilières.

A la teneur de ce système, la nature mobilière ou immobilière des objets sur lesquels portent les actes n'influe pas sur leur nature commerciale ; les achats d'immeubles avec l'intention préconçue de les revendre et de profiter de cette vente devraient constituer des actes de commerce.

A vrai dire, les immeubles ne sont pas, comme les denrées ou les œuvres de la pensée, susceptibles de *production*, au sens économique du mot, mais tout immeuble à vendre constitue une offre susceptible de devenir l'objet d'une entremise et de répondre à un besoin ; ceux dont les opérations consisteront à mettre en relation l'offre et la demande feront acte de commerce. Nous croyons donc qu'aujourd'hui il y aurait d'excellentes raisons pour ranger les spéculations sur immeubles parmi les actes de trafic, mais dans l'état actuel de notre législation, cela est-il possible ? Certainement non, et pour trois raisons :

A. *Les spéculations immobilières étaient à peu près inconnues en 1806*. — Comment, d'abord, les rédacteurs du

Code de 1807 auraient-ils pu englober dans une liste des actes de trafic des actes ayant pour objet des biens dont le trafic était, sinon inconnu, du moins à peine pratiqué au commencement du siècle? Les spéculations sur immeubles dont nous avons essayé de retracer l'histoire (IIe partie, chap. II) n'ont guère pris naissance qu'à la fin de la monarchie de juillet et sous le second empire. Il est donc bien certain pour cette raison que les auteurs du Code de 1807 n'ont pas pu penser et n'ont pas pensé à comprendre parmi les actes de commerce les spéculations sur les biens fonds.

B. *L'esprit de la loi s'y oppose.* — D'ailleurs, il est facile d'apercevoir les motifs qui ont empêché le législateur du premier empire d'appliquer aux immeubles les règles du commerce : nous les trouvons dans la volonté de protéger et d'assurer autant que possible la conservation de ces biens dans le patrimoine héréditaire des familles ; cette préoccupation dominait surtout dans la législation antérieure à 1789, si gravement empreinte du régime féodal. Les rédacteurs de nos Codes, obéissant peut-être à un intérêt d'ordre politique, et surtout aux idées et aux préjugés anciens ancrés depuis tant de siècles dans la raison des hommes, n'ont pas cru devoir trop s'en affranchir, et Portalis, dans le discours préliminaire sur le Code civil, s'exprimait ainsi : « la distinction des immeubles et des richesses mobilières nous donne l'idée des choses proprement civiles et des choses commerciales ; les richesses mobilières sont le partage du commerce, les immeubles sont particulièrement du ressort de la loi civile. » Ils ont sans doute cru que, la connaissance des lois qui régissen la propriété immobilière exigeant une étude approfondie et étrangère à la législation commerciale, il serait dange-

reux d'attribuer juridiction aux magistrats consulaires en
ces matières.

C. *Les textes exigent cette solution.* — Enfin, il est insoutenable de vouloir, dans l'état actuel de nos lois, attribuer
aux tribunaux de commerce la connaissance des litiges où
des immeubles sont en jeu. Trois textes règlent la compétence de ces tribunaux quant à la matière, les articles 631
et 632, et l'article 639 ; tous sont formels ; l'article 632, que
nous connaissons, répute faits de commerce les actes portant sur des *denrées et marchandises* ; quoi qu'en aient dit
quelques auteurs, il est impossible de faire entrer les immeubles sous ces dénominations qui ne s'appliquent qu'à
des objets mobiliers ; l'article 631 qui le précède donne
compétence pour ce qui concerne les actes de commerce, les
obligations entre commerçants et associés de commerce ;
et quant aux taux de cette compétence, l'article 639 (2°) le
limite « aux demandes dont le capital n'excédera pas
1500 francs » ; il n'est pas question des litiges dans lesquels
les biens fonds seraient en jeu. Les rédacteurs de ces articles ont conservé la tradition ancienne qu'Ulpien exprimait
en ces termes, maintes fois cités : *Mercis appellatio ad mobiles res tantum pertinet* (l. 66, *de verb. sign.*, Dig. L., 17).

CHAPITRE IV

CONCORDANCE DE L'ARTICLE 632 AVEC LE SYSTÈME EXPOSÉ.

SECTION I. — Le commerce d'après les rédacteurs du Code de 1807.

Nous avons vu que l'article 632 du Code de commerce ne donnait qu'une liste très restreinte des actes réputés commerciaux. Les actes de cette liste peuvent-ils être considérés comme des actes d'entremise intéressée se rattachant à notre critérium ? C'est ce qu'il nous reste à examiner.

L'article 632, pour aucun des actes qu'il cite, ne mentionne que l'intention de lucre soit nécessaire pour rendre ce fait commercial par nature ; ce n'est pas, avouons-le, la moindre critique qu'on puisse faire à notre système. On pourrait, comme l'a fait Beslay, tirer argument des mots « la loi répute actes de commerce », et en conclure que la loi établit une présomption de commercialité à raison de l'intention de lucre généralement inhérente à ces actes, présomption qui tomberait lorsque l'esprit de spéculation ferait défaut. L'hypothèse est ingénieuse, mais elle nous paraît inexacte ; le mot *réputer* n'a pas la signification qu'on lui attribue ; les premiers mots de l'article veulent simplement dire que la loi considère tels et tels actes comme faits de négoce.

Si nous exigeons que la recherche d'un profit personnel existe dans un acte juridique d'entremise pour le rendre commercial, nous en trouvons la raison dans ce principe de philosophie morale, que tout acte de l'homme ayant pour résultat et pour fin de rémunérer sa peine et ses services a pour cause l'intérêt utilitaire de celui qui l'accomplit : le commerce est de l'avis de tout le monde inconciliable avec l'idée de bienfaisance ou même de désintéressement, l'acte de commerce, même isolé établit, croyons-nous, dans notre droit actuel, une présomption de professionnalité, ou au moins est considéré comme le premier des actes d'où résultera la profession ; la profession n'a d'autre but que de procurer à celui qui s'y adonne et l'occupation de sa vie et le moyen de vivre ; l'acte de commerce est donc commandé par l'utilitarisme le plus étroit, et dire qu'une condition nécessaire de la commercialité est l'intention d'obtenir un profit personnel, c'est simplement tenir compte de cette règle universelle que l'intérêt ou le besoin est le moteur premier de notre activité.

Les auteurs du Code de commerce ont-ils maintenant envisagé l'acte de commerce comme cet acte d'entremise entre l'offre et la demande. que nous y avons vu ? Dans leur esprit, l'*acte de trafic*, symbolisé par l'achat pour revendre, était le critérium de la commercialité ; aux termes de l'article 638 (1°) combiné avec l'article 632, l'acte de négoce est un acte intermédiaire entre les faits de production et de consommation, et portant sur la série des échanges nécessaires pour mettre en relation le producteur et le consommateur ; il porte sur des denrées et marchandises ; l'acte commercial, au gré du législateur, se ramènerait plutôt à une circulation de produits qu'à une entremise entre l'offre et la demande ; notre théorie est dès lors plus vaste que celle qui résulterait de la notion de trafic. Mais, remarquons cependant que la thèse de la circulation exclut la manufacture, en tant qu'elle serait exclusivement l'entremise entre la main-d'œuvre et la commande sans manipulation de matière première, les transports de personnes, alors que la loi ne distingue pas ; enfin, l'acte de trafic semble devoir s'entendre des opérations d'entremise et d'échange sans qu'on ait à distinguer si l'objet est neuf ou en cours d'usage.

La théorie de la circulation nous paraît trop étroite ; si le système de l'entremise entre l'offre et la demande semble au contraire trop vaste, c'est qu'il abrite et enveloppe naturellement une foule d'actes récents que le système adverse ne peut faire entrer dans l'énumération qu'en en brisant le cadre. Le commerce est l'image même du progrès ; la loi commerciale qui ne suit pas ce progrès n'est plus conforme aux exigences de l'époque où elle s'applique ; la notion d'acte de trafic correspondait peut-être à la notion du négoce, tel qu'il était en 1800 ; elle est insuffisante pour caractériser cette multitude d'actes nouveaux nés de l'éclosion de besoins nouveaux.

Depuis les temps primitifs, le commerce s'est élargi, et la loi des marchands doit couvrir de son égide des institutions inconnues de nos aïeux ; si Justinien se fût avisé d'énumérer les actes qu'exerçaient les négociants de son époque, il eût simplement indiqué les achats pour reven-

dre, les opérations de courtage, de banque et de change (1) ;
François Ier y eût ajouté les entreprises de manufactures,
Louis XV les entreprises de transports, et le législateur de
1900 compléterait notre énumération déjà centenaire par
l'énoncé des entreprises d'assurances, des entreprises de
travaux, d'éclairage, des achats et reventes d'immeubles,
des magasins généraux, des entreprises d'édition et de
presse, d'affichage, de publicité.

Le besoin du public est la cause et la mesure des développements du commerce ; c'est pourquoi la définition de
l'acte de commerce doit tenir compte de ce facteur essentiel de l'évolution économique du commerce : simple achat
pour revendre des denrées alimentaires et des matières
premières, à l'enfance même de l'humanité, le commerce
est devenu l'ensemble des transactions aussi multiples que
variées qui ont pour but de permettre à l'homme civilisé
de cette fin de siècle de satisfaire les besoins multiples et
variés que notre état social a lentement fait naître.

SECTION II. — Histoire des agents du commerce. Apparition successive des diverses institutions commerciales.

§ 1. — Le besoin, moteur premier de notre activité, et agent de civilisation.

L'homme, comme tout être vivant, est soumis à des besoins, sensations d'ordre physiologique ou intellectuel qui
font naître en lui le désir de posséder pour les consommer
certains objets susceptibles de satisfaire ces besoins. Et ces

---

(1) Nous voyons par l'ouvrage de M. Lattes sur les Statuts Lombards
du moyen âge, que les actes de commerce énumérés ne contiennent ni
l'entreprise de manufactures, ni le transport.

besoins sont d'autant plus nombreux que l'homme est plus civilisé.

« L'histoire du commerce, a dit M. Noel (1), embrasse en réalité l'ensemble des actions de l'homme qui ont pour objet la satisfaction de ses besoins ; elle prend celui-ci à la première heure de sa lutte pour l'existence, et elle le suit dans les progrès qui l'ont amené graduellement au bien-être, à la richesse, à l'appropriation de la planète qu'il habite. » L'homme en effet, différent en cela de l'animal et de la plante, voit de nouveaux appétits surgir en lui à mesure que les circonstances lui permettent de les satisfaire ; nous considérons aujourd'hui comme des nécessités de la vie maintes choses dont nos ancêtres ne soupçonnaient ni l'existence ni la possibilité, et dont ils se passaient parfaitement ; le progrès social complique la vie, l'élargit peu à peu, multiplie les besoins de l'homme dans la même proportion que ses ressources, et cette multiplication explique l'incessante augmentation des mouvements qui accompagnent la vie intérieure et la vie extérieure des peuples civilisés ; elle explique la naissance, le développement lent et incessant du commerce et l'apparition successive des différents agents qui s'entremettent pour nous procurer les objets de nos désirs.

Il faut remonter aux premiers temps de l'humanité pour trouver des hommes satisfaisant leurs besoins rudimentaires par les seules productions de leur sol ; les peuples sauvages vivant en commun du produit de leur chasse et de leur pêche n'ont pas subi cette nécessité de l'échange qui est la première forme du trafic ; les productions diverses de chacun devenaient la propriété de la tribu ; les re-

(1) O. Noel, *Hist. du commerce du monde*, préface.

lations entre hommes ne sortaient pas du cercle restreint soumis à l'autorité du même chef de famille ou du chef de groupe (1). Tous les rapports sociaux entretenus par l'homme s'arrêtaient et finissaient là ; tout ce qui était en dehors lui était étranger, souvent hostile. Si cet état de société n'existe plus aujourd'hui sur notre globe, grâce aux incursions faites par les peuples européens dans les différentes contrées inconnues il y a encore un siècle, il constituait certainement il y a deux cents ans le régime normal de peuplades nombreuses en Afrique et en Océanie. Voilà pourquoi une histoire de l'évolution économique du commerce, qui serait une histoire de la civilisation du monde, est impossible ; ce que nous appelons civilisation n'est qu'un ensemble d'institutions plus ou moins semblables que le progrès des sciences et le mouvement des idées ont imposées peu à peu à un groupe donné de l'humanité ; les nègres de l'Afrique ou les Fuégiens ignorent et ignoreront peut-être longtemps encore une foule d'institutions que nous considérons aujourd'hui comme indispensables : autant de races, autant de civilisations. Aussi cette étude n'est-elle intéressante et possible que pour les peuples issus de la grande famille Aryenne, échelonnés des plateaux de l'Asie centrale aux limites maritimes de l'Europe. Ce que nous voulons esquisser, c'est l'histoire des institutions commerciales des peuples voisins du bassin de la Méditerranée, berceau de notre civilisation moderne, que nous nous plaisons à considérer comme la plus avancée.

(1) Georges Michel, Une évolution économique, *Revue des Deux-Mondes*, janvier 1892 ; — *Nouveau dict. d'écon. polit.*, v° *Commerce*.

§ 2. — Naissance du commerce.

La guerre étant presque l'état permanent des sociétés primitives, ce n'est guère que dans le sein de chacune d'elles que la transmission des produits peut s'opérer ; ce qui a déterminé l'homme à échanger, à *troquer* ce qu'il possédait contre ce qu'il ne possédait pas, c'est la prévision des avantages directs qui en résultent ; chacun échange le superflu de ce qu'il produit contre les objets dont d'autres ont besoin, c'est *le troc*, forme primitive des relations entre les hommes destinées à servir leurs intérêts matériels.

Lorsque la population devient trop nombreuse pour être employée aux travaux des champs, le cultivateur qui jusque-là façonnait lui-même ses produits bruts laisse à d'autres ce soin ; l'artisan tisse la laine et la file, fabrique les vêtements et les armes, et les troque contre les objets de première nécessité qu'il ne produit pas lui-même ; mais ce n'est pas encore le commerce ; l'artisan ne fait qu'échanger les produits de son industrie (1).

Peu à peu, des relations s'organisent entre tribus voisines ; la guerre terminée, le travail recommence, la sécurité s'établit, quelques échanges sont pratiqués de groupe à groupe ; à mesure que l'individu tend à se séparer de la famille qui l'absorbait, il se spécialise et développe ses aptitudes ; un audacieux, au risque de sa vie, s'aventure par delà l'horizon qu'il aperçoit de sa hutte et rapporte les objets précieux que sa terre ne donne pas. Il avait montré le chemin, et d'autres comme lui s'en vont par les plaines pour se procurer les objets rares convoités de leurs compagnons.

(1) Lacombe de Prézel, *Les progrès du commerce*, Amsterdam, 1760.

Le commerce est né ; autrefois, comme aujourd'hui, « c'est lui qui va prendre dans un pays les choses qui y surabondent et y porter celles qui y manquent (1) », comme l'a fait remarquer M. Thaller (2) « le commerce intervient entre deux hommes de race différente », entre étrangers, même entre ennemis ; il n'est pas né dans les relations d'individus vivant sous une même autorité, faisant partie presque d'une même famille ; — l'artisan, travaillant à côté de ses frères ou de ses concitoyens, soumis à la même loi, n'intervient pas dans le commerce : les premières opérations de trafic, guidées par l'esprit de spéculation, ne peuvent avoir lieu entre compagnons de la même tribu ; elles supposent des relations extérieures, des contrats passés avec des gens d'autre race.

Les tribus et les groupes voisins devenus amis puis alliés, se réunissent, construisent des bâtisses plus solides que leurs huttes de bois et de terre ; la bourgade s'est formée, la population s'accroît, les limites de la cité s'étendent ; ces objets apportés du dehors sont recueillis par des intermédiaires qui se font dépositaires des denrées ainsi importées pour les procurer à leurs concitoyens en leur évitant les déplacements longs et coûteux ; toute bourgade devient un centre d'opérations d'échange entre le cultivateur de la campagne environnante, l'artisan de la localité et le consommateur de la cité ou des régions voisines. La boutique est créée ; chacun vient s'y approvisionner ; des concurrences se font jour ; la spécialisation apparaît : le petit commerce de détail local a pris naissance.

---

(1) Baudrillart, *Manuel d'Economie politique.*
(2) De la place du commerce dans l'histoire générale, *Ann. de dr. commerc.*, 1892.

Son histoire n'a pas grand intérêt ; il s'est développé dans chaque ville, dans chaque village, au fur et à mesure des besoins des citoyens, se divisant à l'infini, mais s'approvisionnant toujours à l'industrie ou au commerce en gros, sans provoquer un mouvement d'échanges qui sortît des limites de la bourgade où il était confiné, traitant les affaires au comptant, ayant besoin de peu de capitaux et de peu de capacités (1).

L'histoire des agents du grand commerce est intimement liée à celle des moyens de transport : c'est lui qui se charge de mettre en rapport les contrées les plus éloignées du globe, de procurer au consommateur ou au petit commerce les objets produits aux extrémités du monde, de mettre à la portée de tous les matières premières brutes ou transformées, les résultats du travail d'êtres humains d'autres races et d'autres climats (2). Il marque vraiment une étape nouvelle et un progrès récent de l'évolution économique de la richesse ; il se caractérise par les traits suivants: il est généralement, au moins à l'origine, un commerce de gros et porte sur des objets de luxe ; il exige de grands capitaux dont on puisse engager une partie dans des opérations à long terme ; enfin il suppose une consommation régulière et des débouchés certains.

Le grand commerce (qu'il ne faut pas confondre avec le commerce extérieur) exige la mise en relation constante de la production et de la consommation par l'intermédiaire de moyens de transports et d'agents destinés à mettre en

(1) Sur la multiplicité des intermédiaires du petit commerce à Rome, au III° siècle avant notre ère, V. Plaute, *Aulularia*, v. 465 et s. :
  « Stat fullo, phrygio, aurifex, lanarius,
  Caupones, patagiarii, indusiarii », etc.
(2) Fréd. Passy, Les intermédiaires, *Bull. de l'Acad. des Sc. mor. et pol.*, t. 141 (1894).

présence l'offre et la demande ; il a pour cause le besoin
de luxe ressenti par une société avancée, sortie de la période où l'homme n'obéissait qu'aux instincts aveugles de
la nature, et affinée au contact de civilisations différentes.

§ 3. — Développement des institutions commerciales.

L'histoire du grand commerce peut se diviser en trois
phases, difficiles à déterminer nettement, mais qui mar-
quent trois étapes distinctes dans l'histoire des transports (1).

A. Le commerce de colportage par caravanes et expéditions maritimes, — des origines, à la fin de l'Empire romain, à peu près ;

B. Le commerce de foires, — de l'Invasion des Barbares
au XVIᵉ siècle ;

C. Le commerce sédentaire, facilité par la création des
entreprises de transports.

A. — *Commerce de colportage.*

Le commerce de colportage a été le premier moyen employé pour faire parvenir au consommateur la production
d'autres pays ; de là, ces caravanes venues du fond de
l'Asie centrale pour porter à Tyr les étoffes brodées et les
tapis de pourpre, de là ces expéditions maritimes pour
aller chercher le cuivre, l'ambre et l'étain.

L'industrie des transports n'existe pas, la monnaie n'est
pas encore inventée et les métaux précieux n'interviennent
dans les échanges que comme marchandises ; ce commerce
qui met en relations la Grande-Bretagne, la Gaule, la
Grèce, la Scythie, avec Babylone, la Perse et l'Inde est

---

(1) Cauwès. *Précis d'Econ. polit.*, II.

fait par les Phéniciens ; ils sont courtiers, transporteurs, commissionnaires (1). Les pourpres de Sidon et les pierreries de l'Inde vont payer les cargaisons d'étain ou de cuivre, ou serviront à obtenir des Perses leurs tapis, des Scythes les fourrures et l'ambre. Le transport de ces richesses n'est pas fait pour le compte de l'expéditeur ou du destinataire qui est toujours inconnu ; il est assuré par des caravanes appartenant à un seul ou à une société coopérative formée par les membres d'une tribu ; ceux-ci mettent en commun leurs chameaux, leurs bêtes de somme et acquièrent une pacotille qu'ils vont écouler de ville en ville, se partageant ensuite les bénéfices de l'opération (2). Le transporteur est en même temps acheteur.

Jusqu'au VIIe siècle avant notre ère, le commerce se borne ainsi à un échange de denrées de première nécessité ou d'objets de luxe ; l'industrie exercée simplement par le petit artisan des villes, le tisserand de Damas ou de Babylone, le teinturier de Tyr, n'existe pas à l'état d'entreprise commerciale. A mesure que les transactions commerciales se multiplient, s'accélèrent, s'opèrent avec des peuples divers, s'éveille le besoin d'avoir un moyen commun d'échange ; ce furent d'abord des coquillages, des pierres précieuses, des bestiaux (*pecus, pecunia*), ce sont ensuite le cuivre et l'airain, d'abord en lingots pesés à chaque opération, puis circulant en coupures à l'effigie des particuliers ou du prince (3).

L'emploi de la monnaie répondait à une nécessité de premier ordre, l'obtention d'une commune mesure dans

---

(1) Heeren, *Politique et commerce des peuples de l'antiquité.*
(2) Frignet, *Hist. de l'associat. commerciale,* p. 52; P. Leroy-Beaulieu, *Du profit de l'entrepreneur, loc. cit.*
(3) *Dict. des Antiquités,* de Daremberg et Saglio, v° *As.*

les échanges ; on admet généralement qu'elle fit son apparition à peu près à la même époque (VIIe siècle av. J.-C.) en Lydie, sous le roi Gygès (Hérodote, I, 94), qui trouva la monnaie d'or, et en Grèce avec Phidon, roi d'Argos, qui prescrivit l'usage de la monnaie d'argent (1).

Cette nouvelle denrée si utile et si commode, bientôt employée par tous les peuples du bassin de la Méditerranée, allait donner au commerce un essor plus vif ; mais surtout son emploi fit naître à côté du négoce des marchandises et denrées usuelles un commerce nouveau, celui de l'argent, et Athènes et Rome virent apparaître au fur et à mesure des nécessités de la pratique une foule d'intermédiaires, dont toutes les spéculations portèrent sur l'argent monnayé ou en lingots et les capitaux.

C'est d'abord le commerce des changeurs (τραπέζιται, ou *mensularii*) (2), qui établissent leurs comptoirs sur l'agora et sur le forum, et contrôlent ou certifient les pièces qu'on leur présente ; ce sont les κολλύβισται ou *nummularii*, qui opèrent le change manuel des pièces importées des pays étrangers contre des monnaies ayant cours dans la localité ; — la nécessité des envois d'argent et des paiements à l'étranger fait surgir les opérations des *argentarii*, qui ont pour rôle de faciliter ces paiements, grâce aux relations d'affaires qu'ils ont sans cesse avec des correspondants dans les grandes places commerçantes du temps. Si la lettre de change est inconnue, le contrat de change est pratiqué ; une lettre de Cicéron (*Ad Attic.*, XV, 15) indique l'emploi des *permutationes*, et M. Caillemer (3) a cru

(1) Lenormant, *Hist. de la monnaie dans l'antiquité*.
(2) *Dict. des Antiquités*, v° *Argentarii*.
(3) Delonme, *Les manieurs d'argent à Rome*.
(4) *Antiquités juridiques d'Athènes* ; sur la lettre de change et le contrat d'assurance, Paris, 1865.

trouver dans un texte de la Trapézytique d'Isocrate la preuve que ce contrat était employé à Athènes au siècle de Périclès.

L'accroissement de la richesse publique ne fit que développer les opérations des *argentarii* ; c'est à eux qu'on apportait les capitaux que l'on désirait faire valoir en en attendant l'emploi ; il les acceptent en dépôt irrégulier, et la concurrence les oblige à en verser l'intérêt ; ils servent d'intermédiaires dans les prêts et dans les paiements ; l'*expensilatio* sur le Codex permettait l'ouverture de crédit et le compte courant, et à la fin de la République les riches Romains traitaient toutes leurs affaires importantes par les *argentarii* sur lesquels ils tiraient même des mandats de paiement (*scriptura per mensam*), analogues à nos chèques (1).

Mais là ne se bornèrent pas les opérations des *argentarii* ; la mise en action des sociétés de publicains, auxquelles « tout le monde », dit Polybe, est intéressé (*particeps*), la négociation des *particulæ* de ces grandes sociétés fermières de l'impôt, analogues à nos compagnies anonymes, amenèrent aux banquiers ou même à d'autres intermédiaires de probité plus douteuse un grand nombre d'affaires ; et les spéculations, les jeux à la hausse et à la baisse, qui constituent la plus grande partie des opérations de bourse actuellement, ont jadis fait naître et sombrer les plus grosses fortunes (2).

A côté des commerçants dont les opérations avaient pour but de répondre aux besoins purement matériels, nous voyons s'établir dans les grands centres des intermédiai-

(1) Deloume, *op. cit.*
(2) Deloume, Les millions de Cicéron, *Recueil de l'Acad. de Toulouse*, 1890-91, t. 39.

A. — 12

res qui rendent des services d'un genre tout différent, et qui ne peuvent guère exister que dans des villes importantes par leur population et leurs affaires.

A Athènes, M. Caillemer (1) nous fait voir, dès le temps de Périclès, les spéculateurs réunis pour attendre les nouvelles et jouer sur la hausse ou la baisse des céréales ; dans l'« Εμπόριον » du Pirée, sorte de vaste entrepôt, circulent les proxénètes, dont la mission consiste à mettre en rapport le commissionnaire et l'acheteur, le capitaine et l'affréteur ; la première foire, bien rare, il est vrai, la Πανήγυρις se tient tous les quinze ans à Athènes ; elle devient le lieu de rencontre de toutes les caravanes et l'occasion de réjouissances publiques (2).

A Rome, les riches patriciens de la fin de la République, naturellement indolents et insouciants, confiaient l'administration de leur fortune et de leurs biens à des avocats, sortes d'agents d'affaires qui spéculaient sur le montant des procès, remplissaient pour leurs clients les offices de gérants de propriétés, receveurs de revenus, et M. Gaston Boissier (3) nous montre au temps de Cicéron un certain Rabirius Postumus, qui « prêtait aux particuliers, aux provinces, aux rois, prenait à ferme les impôts et créait des emplois pour ses amis ou leur en procurait ». Ajoutons que le courtage matrimonial était fort en honneur à la fin de la République et que les nombreux mariages provoqués par les lois caducaires rendirent ces opérations très fructueuses (4).

Si les Phéniciens et les Carthaginois, peuples exclusi-

---

(1) *Institut. commerc. d'Athènes au siècle de Démosthène*, Paris, 1863.
(2) Chassignet, *Essai sur les foires françaises au moyen âge.*
(3) *Cicéron et ses amis*, p. 121.
(4) Meyer Bing, *De proxenetis*, Amsterdam, 1823.

vement commerçants, ont peu prisé les ouvrages de l'esprit, les auteurs grecs et romains ont largement satisfait les besoins intellectuels de leurs contemporains par leur théâtre et leur littérature ; on ignore si les entreprises théâtrales étaient aux mains des municipalités ou des particuliers ; en tous cas, les places étaient généralement gratuites ; la représentation d'un ouvrage était rarement une opération commerciale (1).

Mais il n'en allait pas de même pour la publication des livres ; l'ouvrage tombait dans le domaine public dès qu'il était achevé, et les βιβλιοπῶλαι se disputaient à l'envi la mise en vente de l'écrit d'un auteur en renom. Xénophon nous apprend que les livres faisaient déjà, au siècle de Périclès, l'objet d'un grand commerce d'exportation (2) ; et à Rome, les Sosii, éditeurs d'Horace, Tryphon, éditeur de Martial ont laissé la réputation de libraires éditeurs fort estimés. Atticus surtout, l'éditeur de Cicéron et de Brutus, avait un véritable atelier d'esclaves chargés de copier les manuscrits et de relier les parchemins ; il avait des correspondants à Athènes et dans les principales villes de Grèce, et savait, par une habile réclame exercée auprès des lettrés, vendre à bon compte les livres qu'il éditait et dont, dit M. Boissier, « il faisait une spéculation véritable (3) ».

Malgré l'existence de ces intermédiaires nombreux, les anciens ont ignoré l'existence des manufactures ; l'insuffisance du matériel et des procédés mécaniques, ainsi que l'emploi des esclaves, dont le travail concurrençait si facilement celui de l'ouvrier libre, expliquent l'absence com-

---

(1) Caillemer, *La propriété littéraire à Athènes.*
(2) Dʳ Gow et S. Reinach, *Minerva.*
(3) Atticus, éditeur de Cicéron, *Revue archéologique*, t. VII, 1863.

plète d'entreprises ayant pour but la spéculation sur la
main d'œuvre et la transformation des matières premières. Les artisans suffisent à la production des objets fabriqués.

Un signe remarquable de cette période de l'histoire,
c'est que l'homme d'autrefois est absolument sédentaire ;
peut-être le propriétaire rural vient-il quelquefois à la
ville aux jours de *nundinæ* pour acheter les denrées que
sa terre ne produit pas ; mais l'habitant des villes et des
campagnes ne se déplace pas. Il n'éprouve pas le besoin
de quitter le ciel où il est né, la terre où il a ses occupations ; il voit passer les caravanes et les chariots des col-
porteurs qui lui apportent du fond de l'Empire ou de la
province voisine ce qu'il ne peut se procurer sur place ;
au petit commerce sédentaire, correspondent des affaires
sédentaires, des relations locales. Le Romain, même riche, voyage peu pour ses affaires ; le peu de facilité et le
prix très élevé des voyages motivent cette absence de pérégrinations ; à peine quelques voitures de louage (*meri-
toria vehicula*) transportent-elles de ville en ville le voyageur de commerce (1), ou l'héritier qu'une succession
appelle au loin ; le service postal est à peine connu ; les
lettres voyagent par bateaux autant que possible et les
services, appelés ἀγγαρήων, chez les Perses, *cursus publicus* à Rome étaient réservés au souverain et aux pouvoirs
publics ; les particuliers, il est vrai, correspondaient peu
entre eux, et, lorsqu'ils y étaient forcés, ils le faisaient par
le moyen d'hémérodromes, ou de *tabellarii*, ou confiaient
leurs missives au *cursus publicus* en vertu d'un mandat
spécial de l'empereur.

(1) *Dict. des antiquités*, V° *Cursus publicus.*

B. — *Commerce de foires.*

La chute de l'Empire romain marque la fin d'une civilisation et l'avènement d'un monde nouveau ; après l'invasion des Barbares, commence une civilisation primitive et bornée, comme l'état social des peuples qui l'ont importée, se développant peu à peu au contact de l'Église, et par la résurrection des idées du monde disparu.

Le commerce retombe à l'état de barbarie ; l'activité des affaires se ralentit ; les opérations sur l'argent cessent d'être pratiquées, et au XIIe siècle, ce seront les banquiers lombards qui prêteront aux croisés et viendront dans les capitales de l'Europe reconstituer le commerce de banque et de change en concurrence avec les Juifs ; la société commerciale de capitaux, tombée en désuétude sous le régime féodal, où les hommes ne rêvaient que guerres et tournois, sera importée d'Italie sous la forme de la commandite ; le négoce discrédité, puisque les nobles ne peuvent s'y livrer sans déroger, reste stationnaire ; et il faudra, après la découverte du Nouveau Monde, l'appât de l'or et des denrées précieuses de l'Amérique et de l'Inde, la création des grandes compagnies, et surtout l'influence de Colbert pour faire revivre le commerce languissant.

Cependant, cette époque qui se prolonge au delà du Moyen Age, est marquée par un procédé nouveau d'approvisionnement des grands centres : nous voulons parler du commerce par foires, grands marchés périodiques qui se tenaient à proximité des lieux de consommation et où s'échangeaient les produits de tous les pays du globe.

L'arrivée des caravanes était devenue de plus en plus régulière, l'époque de leur passage était connue ; les habitants des contrées environnantes accouraient en foule pour se procurer ce dont ils avaient besoin ; telle fut la naissance des foires, origine première des grands marchés permanents chez les nations où les moyens de transport sont encore imparfaits. Ces foires, rares et courtes au début devinrent bientôt fréquentes, l'abondance des produits, leur variété augmentent ; la valeur se fixe par la concurrence.

Le marchand nomade arrive seulement pour l'époque de la foire avec un bagage de marchandises en bon état dont il est sûr d'avoir le débouché ; il ne s'arrête plus que dans les grandes villes et l'habitant des campagnes vient vers lui de plusieurs lieues à la ronde pour acheter ce que sa terre ne produit pas.

Les cités gauloises avaient déjà des foires à Arles, Bordeaux, Corbilo (Nantes) ; la foire de Champagne existait dès 427 (1) et nous avons le texte de la charte par laquelle Dagobert en 629 établit la foire de St-Denis, qui deviendra la foire du Lendit et restera longtemps un des grands marchés d'approvisionnement de Paris (2). Les foires de Beaucaire, de Lyon, de Guibray, jadis fameuses, ont encore quelque importance. Mais il faut aujourd'hui aller jusqu'aux confins de la civilisation européenne, à Nijni Novgorod et à Gandjour, dans la Mongolie, pour trouver ces caravansérails gigantesques, dont l'achèvement prochain du Transsibérien ne fera que hâter la disparition.

Avec l'augmentation de la richesse et l'habitude de l'épargne qui s'introduit peu à peu au cours du moyen âge, le commerce de la monnaie suit les mêmes phases que nous avons vues à Rome ; le prix et la difficulté des transports d'argent donnent naissance à la lettre de change, à

---

(1) Chassignet, *op. cit.*
(2) *Revue archéologique*, 1861, t. IV.

la fin du XIIe ou au moins au XIIIe siècle (1) ; le commerce de banque, régénéré par des intermédiaires cosmopolites comme les Lombards et les Juifs, reprend son essor ; une ordonnance de 1304 réglemente l'exercice de la profession des « courratiers de change », intermédiaires qui négocient les lettres de change et s'occupent du change des monnaies ; le commencement du XVe siècle voit la fondation des bourses de commerce de Lyon, Toulouse (1549), Rouen (1561), Bordeaux (1563), bientôt suivie de l'ordonnance de 1572 sur le monopole des courtiers. Le Royal Exchange de Londres est institué à la même époque (1561).

C'est à la fin de notre période qu'apparaissent les premières manufactures. Si l'industrie, transformant la matière première en objets fabriqués a existé de tout temps, nous avons vu qu'elle était à peu près inconnue du monde romain, en tant que constituant une entremise commerciale (2). Le régime de l'esclavage, puis du servage, s'opposait à ce qu'un entrepreneur cherchât à embaucher des ouvriers dont le travail très coûteux ne lui aurait fourni aucun bénéfice : quelques artisans, n'ayant ni frais généraux ni aides, groupés en confréries, à Rome, — plus tard en corporations puissantes, — pouvaient seuls réussir grâce aux coalitions qu'ils formaient. Quelques fabriques de tissus de grand prix existaient pourtant. Lorsque vers le XIIe siècle un grand nombre d'affranchissements individuels de serfs et les premières associations communales jetèrent dans les villes des hommes devenus libres et indépendants, les corporations ont emprisonné dans leurs statuts une partie de ceux qui offraient leur travail pour gagner leur pain ; mais la corporation était un groupe

(1) Lattes, *legislazione statutaria*, p. 179.
(2) A. Monteil, *Hist. de l'industrie française*, I, p. 78.

fermé ; le salaire de la main d'œuvre, les prix de vente, le temps d'apprentissage étaient réglementés. L'accès en était difficile ; une fois sortis de la corporation, il fallait pour y rentrer recommencer comme au début ; tous les ouvriers non embauchés, ayant certaines capacités, quelquefois une instruction professionnelle très complète, constituaient une offre permanente de travail et formaient en puissance une concurrence redoutable à la corporation ; celle-ci vendait cher ; le roturier aisé n'aimait pas parcourir les longues étapes de l'apprentissage et de la maîtrise avant de devenir chef d'industrie (1).

De cette rencontre entre l'offre du travail, et la demande de la main d'œuvre se présentant avec des capitaux, naquirent vers le XVe siècle les entreprises de manufactures. Ajoutons à cela le goût du luxe se développant à la Cour, chez les grands dignitaires, dans la noblesse et la haute bourgeoisie ; l'insuffisance des artisans pour fournir les vêtements de prix, les drapeaux de luxe, les objets d'ameublement dont le goût était né à la suite des importations des Flamands et des Italiens. La manufacture apparaissait pour parer à un besoin nouveau : la fabrication de marchandises recherchées que l'artisan ne pouvait produire par suite du manque de capitaux et de l'impuissance de ses moyens mécaniques.

C'est en 1470 à Tours que sont établies en France les premières manufactures conduites par des Génois et des Vénitiens ; les manufactures de toiles, de draperies, de den-

---

(1) Il est à noter que si la petite industrie était soumise au régime corporatif, le commerce, la banque étaient libres et permis aux nobles dès 1627, ainsi que les manufactures auxquelles les Rois ont souvent accordé des privilèges considérables. V. Savary, *Dict. du Commerce*, V° Banque, Commerce, Manufacture.

telles, tous objets de luxe, ne se sont montées que peu à peu. Puis apparaissent les manufactures de poteries, de verre, de glaces, et à mesure que les machines se perfectionnent, permettant d'abaisser le prix de revient, s'établissent des manufactures destinées à subvenir aux besoins les plus simples comme aux goûts les plus raffinés du public, et au XVIIIᵉ siècle les industries de la cotonnade, de la chapellerie, de la bonneterie, de la toile, ainsi que celles des draps d'or et des velours, des maroquins sont très florissantes.

Telle sera la marche constante de l'industrie manufacturière, supplantant le petit artisan dans tous les services qu'il rendait et qu'il rend aux particuliers ; elle tuera la production individuelle de l'ouvrier travaillant à son compte pour faire de celui-ci le rouage intelligent d'une machine colossale ; les travaux domestiques, autrefois exécutés à la maison par la femme ou des serviteurs, confiés d'abord à de petits ouvriers libres, passeront à des industriels puissamment outillés, profitant du désintéressement progressif des bourgeois aisés pour les soins matériels du ménage. C'est la loi de l'avenir : le petit artisan, comme le petit commerçant, grevé de frais de loyer, sans crédit, sera absorbé par la grande industrie, développant à l'envi sa production pour répartir ses frais généraux, achetant la matière première sans intermédiaire, vendant directement ses produits grâce à son crédit, à la facilité de ses moyens de transport, grâce à l'extension de la représentation commerciale intéressée aux bénéfices.

C. — *Commerce sédentaire.*

La période qui va du XVIᵉ siècle à nos jours est l'époque du mouvement, de l'activité fébrile des transactions.

L'homme sort du cercle borné des occupations où il était resté confiné ; il s'échappe par lui-même, par sa pensée, par son argent ; le besoin de voir, d'apprendre, de s'intéresser au mouvement des affaires font naître des entreprises inconnues jusque-là ; l'industrie des transports, le journalisme, les opérations financières sont les institutions commerciales les plus originales de ces trois ou quatre derniers siècles.

Un besoin d'expansion physique et intellectuelle se manifeste, et, comme les moyens de le satisfaire se perfectionnent, il prend de jour en jour une influence plus grande sur nos actions. A la fin du moyen âge, le régime féodal tendait à disparaître au profit de la Royauté ; les guerres privées qui avaient pendant longtemps paralysé les communications entre villes étaient terminées ; les seigneurs font construire des routes et des ponts pour se mettre en relations avec leurs voisins ; le roi qui reconquiert peu à peu son autorité, cherche à entretenir avec ses vassaux des rapports plus faciles, et il fait ouvrir les routes que sillonnent ses courriers. Louis XI, sentant le besoin de « savoir tout ce qui se passe chez lui », bat en brèche le privilège jusque-là réservé aux messagers de l'Université, en créant l'institution des *Maîtres de Poste*, première trace dans notre histoire des entreprises de transports.

Les Postes, d'abord réservées au service du Roi pour l'envoi de ses messages et les pérégrinations de ses fonctionnaires, reçoit dès Charles VIII les expéditions des particuliers ; enfin, pour la première fois, des lettres patentes de Henri III du 10 octobre 1575 concèdent un privilège pour la conduite des *Coches d'eau* et des *Coches de terre*, destinés à remplacer les messagers de l'Université.

Le service des messageries se développe avec une rapidité surprenante. Paris est relié aux principales villes, et les principales villes entre elles le sont bientôt ; le premier omnibus, le « carrosse à cinq sous » fait son apparition en 1662, et le premier « fiacre » circule à la même époque (1).

Grâce à la création de ces entreprises de messageries et de roulage, qui en deux siècles couvriront les routes de chaises de poste et de farLiers, les transactions deviennent plus faciles ; le commerce des foires tend à se fixer, et de grands commerçants, en relations constantes avec les Indes et l'Amérique par des lignes de voiliers, avec l'Europe par des rouliers, s'établissent dans les villes et deviennent sédentaires.

Les particuliers se déplacent pour venir dans les grandes villes faire leurs approvisionnements ; ils usent des messageries pour recevoir leurs marchandises, expédier leurs commandes, et, malgré les lenteurs du voyage vont eux-mêmes à Rouen ou à Lyon pour régler une affaire au lieu de la confier à un procureur.

Les chemins de fer n'ont fait que développer ce besoin d'expansion, ce désir de voir, de connaître ; ils n'ont fait qu'augmenter le nombre des transactions, la rapidité des échanges ; l'invention de la poste, du télégraphe, du téléphone a permis de supprimer la circulation du numéraire, d'envoyer de l'argent par effets de commerce, ou par mandats postaux, et de faire un paiement ou une commande par l'intermédiaire d'un fil électrique.

La pensée elle-même s'est mise à voyager ; la curiosité et le besoin d'apprendre ont envahi toutes les classes de la

_____

(1) Gallois, *La Poste et les moyens de communication des peuples à travers les âges*, Paris, 1894.

société ; et que diraient nos pères s'ils voyaient chaque paysan lire dans sa chaumière la feuille du journal quotidien ? Quelle différence entre le numéro périodique que chacun reçoit et veut lire et les *acta diurna* affichés sur les colonnes du Forum, que les riches romains faisaient copier par leurs esclaves (1), ou le *Journal d'un bourgeois de Paris* ! — La découverte de Gutemberg, puisant toute son utilité pratique et toute l'extension qu'elle a prise depuis dans l'extension même des moyens de transports, a permis de mettre à la disposition des particuliers des imprimés contenant les nouvelles de la ville d'abord, puis du pays et du monde entier. Aussi, *The English Mercurie* de Londres (1588), les *Zeitungen* d'Allemagne, et la *Gazette de France* de Renaudot (1631) sont-ils presque contemporains, tant il est vrai que les mêmes institutions correspondent aux mêmes nécessités et à un même état social (2). Au besoin de curiosité se joint le besoin de polémique ; à la liberté de pensée s'unit la liberté de parole et s'adjoindra bientôt la liberté de la presse, entraînant avec elle la publication régulière de ces milliers de journaux qui colportent, commentent et discutent tous les événements importants du monde.

Que dire maintenant des entreprises commerciales nouvelles ou renouvelées d'autrefois que ces deux derniers siècles ont vu naître, et sur lesquelles tout n'ait été dit déjà ?

Le siècle actuel est plus vivant que ses devanciers ; il est aussi plus enfiévré ; il est moins idéaliste, moins convaincu, mais plus utilitaire, plus matériel ; une sorte de

---

(1) Gaston Boissier, *Atticus*, éditeur de Cicéron, *loc. cit.*
(2) Hatin, *Histoire de la Presse en France*, I, Introduct., Paris, 1859.

crainte maladive de l'avenir, un sybaritisme raffiné pour le présent pèsent sur nos actions et les dirigent.

Le besoin de prévoyance, qui a sans doute existé de tous temps, mais qui s'est manifesté depuis un siècle sous une forme nouvelle et scientifique, a donné naissance à une multitude d'institutions dont il est impossible de supputer l'avenir.

L'assurance relative aux risques de mer remonte au moins au XV⁰ siècle ; mais l'assurance sur la vie et les accidents, sous sa forme commerciale, ne date guère que de la fin du XVIII⁰ siècle. La première compagnie d'assurances sur la vie anglaise est de 1765 ; en France, elle s'est constituée en 1788 (1) ; les risques auxquels est venu répondre la nouvelle institution sont innombrables, et la compagnie commerciale d'assurances n'est pas l'une des moins importantes parmi les entreprises qui ont pris la forme d'association de capitaux. Les caisses d'épargne (2), les caisses de retraites répondent au même besoin et dans un ordre d'idées analogue, on peut dire que les avances sur titres, les prêts sur gages (3) sont des opérations par lesquelles le commerce a essayé de remédier à l'humaine misère.

Des besoins physiologiques nouveaux suggérés par la science, et favorisés par le désir d'améliorer les condi-

(1) Chaufton, *Les Assurances*, I, p. 350.

(2) La première banque d'épargne remonte, en France à 1787, en Allemagne, à 1778, en Angleterre, à 1804 (Banque de la Charité), en Italie, à 1823 (Banque de Lombardie) ; Vigano, *Banques populaires*, p. 78, Paris, 1875.

(3) La fondation des banques de prêt sur gages ou sur probité personnelle date de 1727, époque où fut instituée la première des banques écossaises de ce genre, la Banque Royale d'Écosse. Vigano, *op. cit.*, p. 141. Le gouvernement de 1848, en France, organisa les banques de prêt d'honneur aux ouvriers ; les mauvais résultats empêchèrent leurs opérations d'aboutir.

tions matérielles de la vie, le besoin d'hygiène, de confort, de bien-être, se sont répandus jusque dans les classes les plus humbles de la société et des industries se sont organisées pour les satisfaire. Les entreprises de distribution d'eau, de gaz, d'électricité, les entreprises de nettoiement, d'arrosage public nous paraissent indispensables. Nous vivons plus vite que nos ancêtres ; c'est à cela que nous a habitués l'accélération des transports ; la division du travail est de l'essence de la civilisation ; c'est elle qui a substitué le système de l'intermédiaire au particularisme de nos ancêtres ; il y a deux siècles chaque famille faisait son pain et chaque bourgeoise cousait ses robes. Aujourd'hui, l'homme dans les affaires ne veut plus avoir à s'occuper des soucis de la vie journalière ; toute son attention est concentrée sur l'objet de sa profession ; de cette situation sont nées des entreprises de fournitures destinées à subvenir d'une façon périodique et régulière aux nécessités du ménage (entreprises de blanchissage, location de mobilier, etc.). Les agences d'affaires se sont multipliées, le besoin de se renseigner et de se faire connaître a produit les entreprises de publicité et d'affichage, les agences de renseignements, les bureaux de placement, les agences dramatiques ; la protection de la propriété industrielle est la raison d'être des agences de brevets.

Les marchandises, affluant de tous les points du monde vers des centres de distribution où elles attendent les demandes des consommateurs, séjournent dans de grands entrepôts, créations de ce siècle ; ce sont les Magasins généraux qui remontent à 1802 en Angleterre et à 1848, chez nous (1).

La fortune publique, l'épargne se sont accrues dans des

(1) Scansa, *Traité des Magasins généraux*.

proportions imprévues ; les capitaux, autrefois placés en rentes foncières, se sont mobilisés et ont procuré la propriété de ce portefeuille de plusieurs centaines de milliards en titres de rentes ou en valeurs mobilières dont la négociation journalière donne tant d'activité à nos bourses. Les notaires, qui en 1713 étaient seuls pour négocier la rente d'État, ont vu leurs fonctions usurpées par des intermédiaires sans titre officiel, qu'on a pu considérer comme les précurseurs de la coulisse moderne (1). Les agents de change ont abandonné aux banquiers le commerce des lettres de change et autres papiers de crédit, pour se consacrer aux titres cotés (800 actuellement à la Bourse de Paris). Et les opérations des banquiers sur les effets commerçables, l'usage du chèque et des billets se sont tellement répandus que des Chambres de compensation (*clearing houses*) ont été fondées pour permettre la liquidation par simple passation d'écritures des dettes et créances qu'ils peuvent avoir entre eux.

Alors que l'industrie tend à s'individualiser, le commerce tend à se généraliser ; comme a dit M. d'Avenel (2), « le mouvement de concentration est la caractéristique de la vie moderne ». Grâce à la réunion des capitaux dans des mains puissantes, l'acheteur en gros a pu arriver à faire au commerce de détail la concurrence mortelle que la grande industrie a faite au petit artisan, que les chemins de fer ont faite aux maîtres de poste ; le grand commerce est devenu une véritable industrie, avec un personnel considérable ; achetant en gros, jouissant de crédits illimités et de prix de faveur, donnant à chaque employé

---

(1) E. Léon, *Étude sur la coulisse et ses opérations*, p. 13, Paris, 1895.
(2) Le mécanisme de la vie moderne, *Revue des Deux-Mondes*, août 1895.

sa tâche dans laquelle il peut se perfectionner puisqu'il y est spécialisé, les grands magasins ont tué le petit commerçant ; les grands établissements de crédit, comme le Crédit Lyonnais, la Société générale, le Comptoir d'Escompte ont fait sombrer les maisons de banque de peu de surface, par le tarif minime de leur droit de commission ; le commerce de quartier qui semblait même devoir conserver la vente à crédit se voit détrôné par de grands magasins usant du même procédé, comme la maison Dufayel.

C'est là « le mécanisme de la vie moderne ».

Cette double condition du bon marché jointe à la qualité, que nos ancêtres n'ont pu obtenir, s'est réalisée de nos jours, grâce à la liberté du commerce et à la suppression de l'intermédiaire ; tous les produits qu'on achetait autrefois fort cher au colporteur, ou dans les foires, ou dans la boutique urbaine, se trouvent réunis aujourd'hui dans ces grandes foires permanentes qui sont les grands magasins, les bazars, les maisons de denrées alimentaires et même les maisons de vente à crédit ; non seulement le commerce des villes, mais même le commerce des localités rurales est concurrencé par ces grandes maisons qui, grâce à la rapidité des chemins de fer, peuvent faire rayonner leurs expéditions sur le pays tout entier et livrer des marchandises dans des conditions de prix souvent inférieures au prix de revient du commerce local.

La seule crainte que l'on puisse concevoir, c'est que ces maisons gigantesques, détrônant tous leurs concurrents, n'aboutissent à un monopole de fait qui fasse d'elles d'immenses syndicats à copropriété indivise, égalisant les situations, nivelant les activités par le salariat, — modèle réduit de la société collectiviste ; — un autre péril plus immédiat, et plus menaçant encore, c'est que ce même monopole ne leur permette de faire la loi sur le marché, et de former ces *trusts* ou coalitions comme nous en avons vues en Amérique pour les chemins de fer, comme nous en voyons de nos jours pour les sucres et les pétroles.

Et alors, apparait le remède éternellement efficace de la faiblesse humaine contre la force victorieuse, l'association : non pas l'association simplement défensive ou prévoyante, mais l'association aggressive des consommateurs, des artisans, des ouvriers entre eux, venant combattre le grand commerce et la grande industrie avec les armes mêmes que ceux-ci ont employées : associations coopératives de consommation, de production, de crédit, de construction (comme en Allemagne), permettant les achats dans des conditions identiques et les ventes dans des conditions meilleures, puisqu'il n'y aura pas de capital à rémunérer, pas de publicité à faire.

L'Angleterre a depuis de longues années trois grandes associations : *Army and Navy, Civil service Cooperation society, Junior Army and Navy*, dont le total des achats dépasse annuellement 90 millions de francs et dont les frais d'exploitation n'atteignent pas en moyenne 10 0/0 ; « l'Association coopérative française des employés civils », avec des chiffres d'affaires inférieurs à 2 millions, arrive à vendre avec une majoration qui n'excède pas 11 0/0 (1).

Issue de besoins que la lutte pour la vie rend plus impérieux et plus nombreux, l'association coopérative de consommation ou de production semble être la tendance des hommes vers la suppression aussi complète que possible des intermédiaires du commerce, par l'union des

---

(1) Les grands magasins, comme le Louvre et le Bon Marché, vendent avec une majoration d'environ 25 0/0 sur les prix d'achat, et leur bénéfice net ne dépasse pas 6 0/0.

efforts dans un but identique, le cultivateur vendant directement ses produits, l'ouvrier son travail ; et s'il est
permis d'espérer un développement perpétuel du commerce, il faut songer aussi que l'association se formera
pour le remplacer, dès que la chaîne des entremises pèsera
d'un poids trop lourd sur le prix des services rendus, et
que si le commerce doit durer toujours, le nombre des
« actes de commerce » diminuera peut-être notablement.

QUATRIÈME PARTIE

ÉTUDE DE L'ÉNUMÉRATION DE L'ARTICLE 632. CONSÉQUENCES PRATIQUES DU SYSTÈME ADOPTÉ.

——

Après avoir déterminé quel était le critérium qui devait nous permettre de définir l'acte de commerce, il nous faut reprendre un à un les termes de l'article 632, examiner en détails s'ils rentrent dans notre système, et, au moyen des règles que nous avons posées, trancher pour ou contre la commercialité la question de la nature de certaines opérations que le Code n'a pas prévues ou n'a pu prévoir.

Cette matière des actes de commerce est immense ; il est impossible de s'occuper de tous les cas qui se présentent ; nous examinerons seulement les actes les plus fréquents, les entreprises les plus importantes, ou celles qui ont donné lieu aux controverses les plus remarquables.

En étudiant l'article 632, nous n'examinerons pas seulement la théorie de la commercialité objective qui nous a seule occupé jusqu'ici ; il faudra jeter un coup d'œil sur deux autres théories de la commercialité dont la portée est beaucoup moins discutée : les théories de la commercialité subjective et de la commercialité de forme, prévues par les paragraphes 6 et 7 de notre article.

De là, trois chapitres d'inégale importance :

I. — Commercialité objective ;

II. — Commercialité subjective ;

III. — Commercialité de forme.

CHAPITRE PREMIER

COMMERCIALITÉ OBJECTIVE.

Nous avons groupé sous trois rubriques les termes de l'article 632 relatifs aux actes commerciaux par leur objet.

Section I. — Les achats pour revendre ou pour louer ;

Section II. — Les entreprises commerciales et industrielles ;

Section III. — Les opérations sur le mouvement de l'argent et des capitaux.

SECTION I. — Les achats pour revendre ou pour louer avec ou sans mise en œuvre.

§ 1. — Conditions générales de commercialité des achats.

« La loi répute acte de commerce :

« Tout achat de denrées et marchandises pour les revendre soit en nature, soit après les avoir travaillées et mises en œuvre, ou même pour en louer simplement l'usage. »

L'achat pour revendre est le modèle type de l'acte de commerce ; c'est ainsi que l'a envisagé la loi hollandaise de 1838 ; c'est par cet acte que les rédacteurs du Code ont objectivé leur conception de l'acte de trafic. Que l'on admette le critérium de la circulation, du trafic, de l'entremise, c'est toujours à cet acte essentiellement simple que se ramène la notion simple du commerce.

Achat pour revendre : trois mots qui résument la théorie de l'acte juridique commercial ; la préposition *pour* indiquant l'intention préconçue de l'agent de se porter intermédiaire ; — *achat, vente,* les deux termes de l'entremise exercée, l'acte par lequel elle commence, celui par lequel elle se résout, caractérisant bien le rôle économique du marchand.

Depuis Locré, on a discuté à perte de vue pour savoir si la revente qui suivait l'achat était aussi acte de commerce ; le Code parle de l'achat, non de la revente. La question est oiseuse et ne fait plus difficulté : il n'y a là que deux aspects d'un même fait, l'entremise exercée :

comment l'achat serait-il commercial, si la vente qui n'en est que le but ne devait pas l'être aussi ?

A la teneur de notre système, le fait de l'achat pour revendre puis de la revente ne suffisent pas ; l'entremise doit être accomplie en vue d'en tirer un profit rémunérateur ; la notion d'un acte désintéressé ou de bienfaisance ou d'un service d'ami est inconciliable avec la nature juridique du commerce ; le *consilium lucri* suffit ; le bénéfice attendu peut se réaliser ou faire défaut, peu importe ; il n'y a pas à tenir compte du résultat, mais seulement de l'intention qui a inspiré les actes et guidé l'entremise.

Quoique l'article 632 emploie le mot d'achat, il ne faut pas s'en tenir à la notion étroite de l'échange d'une chose contre un prix, toute acquisition à titre onéreux, si elle est faite en vue d'aliéner plus tard à titre onéreux la chose acquise, remplira la condition que la loi indique par le mot achat : cette solution est admise par tous les auteurs ; il n'y a pas négoce de la part de celui auquel une chose est donnée afin qu'il la revende, ni de la part du chiffonnier qui vend les détritus ramassés par lui.

Les mots denrées et marchandises de notre alinéa ne doivent pas être entendus dans le sens restreint de meubles corporels ; à part les immeubles, ils désignent à notre avis tous les objets susceptibles de procurer une utilité quelconque au public, valeurs corporelles ou incorporelles, meubles, objets d'alimentation, titres de bourse, dont le législateur de 1807 ne pouvait prévoir le développement prochain ; productions de la pensée, du talent, ouvrages d'art, de littérature, découvertes industrielles, etc...

Connaissant la pensée de la loi, nous pouvons l'examiner avec plus de détails.

A. *Achats pour revendre.* — Les mots « achats pour revendre en nature ou après avoir travaillé » doivent être entendus de la façon la plus large, et s'appliquent à toute personne qui opère à son compte quand même elle ne ferait qu'un acte isolé de trafic ; les achats les plus faibles comme les plus importants ont la même nature : achats faits par les marchands des quatre saisons, par les artisans et tous ceux qui travaillent de leurs mains sur les objets qu'ils font ou ceux qu'on leur confie, pourvu que les achats-ventes ne soient pas le simple accessoire de leur travail ; ne fera pas commerce le savetier qui compte dans le prix de son travail le prix du cuir et des clous qu'il a employés. Peu importe qu'il s'agisse d'un vieux meuble, d'un vieux vêtement, d'un vieux tableau ; les fripiers sont commerçants comme le marchand de confections, les brocanteurs comme les directeurs de bazars ou de grands magasins. La chose peut être revendue après avoir subi « un travail, une mise en œuvre », commercialité, pourvu que la mise en œuvre ne soit pas la valeur principale de l'objet vendu : la terre glaise qui devient statuette entre les mains du sculpteur ne forme pas ici la matière de contrats commerciaux.

B. *Achats pour louer.* — L'achat pour louer, mentionné par la loi, et la location subséquente (loi belge de 1872) sont actes de négoce ; le simple usage d'une chose peut nous procurer la même utilité que sa propriété, et le mot consommation doit s'entendre de ce moyen d'utiliser une chose tout en en laissant subsister l'utilité pour un grand nombre d'autres usages. La nécessité de se procurer fréquemment des objets qu'un usage modéré détériore peu, mais dont l'achat serait trop dispendieux pour la plupart des bourses et inutile pour la plupart des gens, a fait naître un grand nombre de commerces que réclamait une civilisation plus démocratique. Les seigneurs d'autrefois qui voyageaient avec tout leur train de maison n'avaient pas besoin de trouver sur leur route des hôtels pour leur donner le repas et le coucher ; la profession d'aubergiste est née ou plutôt s'est développée par suite du développement même des déplacements et des voyages mis à la portée de tous (1). Les entreprises de louage de voitures, ou de transports en commun (omnibus, tramways), qui se réduisent à des achats pour louer, ont les mêmes origines, sont une conséquence des mêmes faits. Et les cabinets de lecture, les cercles, les manèges, les maisons de décoration et d'ameublement (Maison Belloir), de location de mobilier, de plantes, de linge, etc., ont pour origine les progrès de l'instruction et du luxe.

C. *Location pour sous-louer.* — Ces faits ne sont pas prévus par notre article, mais leur commercialité dérive de son esprit (en ce sens, loi belge de 1872). La location de choses en vue de les sous-louer ne nous apparaît pas fréquemment ; on peut pourtant citer le cas d'un entrepreneur de publicité qui loue des échafaudages, des vitrines, des cases dans les voitures ou les omnibus, en vue de les relouer à ses clients qui demandent des annonces, ou encore le cas du concessionnaire de la location des chaises d'une promenade publique qui a pour but de les sous-louer.

Mais la location pour sous-louer s'applique surtout au travail ou aux aptitudes de l'homme. Depuis que l'être

(1) Nous considérons en effet l'hôtelier ou l'aubergiste comme commerçant, sa spéculation portant principalement sur les objets d'ameublement dont il garnit ses locaux ; ce n'est pas la jouissance de l'immeuble mais du local meublé qui fait l'utilité de son hôtel ; — commercialité *à fortiori* s'il est en même temps traiteur ou restaurateur.

humain ne peut plus vendre sa personne au profit d'un maître qui disposerait librement de son travail comme de son corps, il peut au moins louer ses services, c'est-à-dire s'engager à les procurer à une personne pour un temps limité.

Dans notre société actuelle, certains individus ont pour fonction d'engager ces hommes qui offrent leur travail et leurs services et d'en fournir l'utilité au public qui les demande : ces services de l'homme comme des choses matérielles sont l'objet d'offres et de demandes ; l'économiste le reconnaît ; l'entremise entre cette offre et cette demande sera un genre particulier de commerce.

L'entreprise de manufactures, ayant pour objet de travailler un produit, de le façonner sans entraîner l'achat de matières premières (polissage de glaces, laminage de cuivre, par ex.) est une location pour sous-louer ; elle constitue un commerce ; nous reconnaîtrions donc le même caractère à tous ceux qui fournissent le travail d'ouvriers appliqué à la matière ; nous irons même plus loin : le directeur d'un établissement d'enseignement libre, qui sans enseigner lui-même engage des professeurs et des répétiteurs, le directeur d'une clinique ou d'un hôpital privé qui, non médecin lui-même, se procure les services, le savoir, le talent de jeunes médecins ou chirurgiens pour soigner les malades qui viennent le trouver, fera commerce. En ce sens, Dalloz, *Répert.*, nᵒˢ 99 et 105 et Cass., 10 nov. 1858 (S. 59.1.61) (1).

_____

(1) Il s'agissait d'un engagement de travailleurs libres dont l'entrepreneur avait promis de fournir les services à des colons de nos possessions d'outre-mer. Quelle différence sépare les actes indiqués ci-dessus de ceux accomplis par un entrepreneur de publicité, qui engage des hommes pour porter les affiches que nous voyons circuler dans Paris ? V. dans une hypothèse analogue, Comm. Seine, 30 juillet 1895, *Le Droit*, 21 août 1895.

Le besoin de s'instruire et de se soigner, autre part que dans les établissements mis par l'État ou la ville à la disposition de tous, ont fait naître et feront naître des genres de spéculation nouveaux ; il peut sembler choquant aujourd'hui d'attribuer le caractère mercantile à des actes où l'on se plaît à admirer surtout la bienfaisance et le désintéressement chez ceux qui s'y livrent ; notre siècle positif paraîtra peut-être bien en retard aux générations des siècles futurs ; et quelqu'un peut-il prévoir les entreprises que feront naître cette tendance vers le salariat de tous les Français, instruits ou non, pauvres ou riches, ce défaut d'initiative, de hardiesse, qui nous empêche de nous lancer pour voler de nos propres ailes, et pousse vers l'État et les grandes administrations, c'est-à-dire vers la dépendance, des générations où germe inconsciemment l'idée socialiste !

§ 2. — Entreprises d'édition ; journalisme.

L'article 632 ne déclare commercial que l'achat pour revendre des denrées et marchandises ; le Code allemand plus prévoyant a donné le même caractère aux opérations des libraires et des éditeurs ; les œuvres d'art et de littérature en effet subissent un trafic identique à celui des objets corporels, des denrées et des valeurs de bourse ; ce commerce existait déjà au commencement de ce siècle et si le Code n'en a pas parlé il est assez pardonnable. Les livres étaient très chers et n'étaient pas tirés à plusieurs milliers d'exemplaires comme aujourd'hui : les perfectionnements des machines, la fabrication de papier à bon marché ont permis de faire de la librairie une industrie populaire ; et les procédés photographiques et lithographiques nouveaux répandent partout et à bas prix les reproductions des œuvres d'art, des maîtres anciens et modernes.

La pensée matérialisée sous une forme palpable ou visible — le livre, le tableau, la statue — s'est répandue aux quatre coins du monde, et ceux qui s'interposent pour la vulgariser ainsi, les libraires, les éditeurs, imprimeurs, fondeurs de statues, marchands de tableaux et d'estampes font des actes de commerce. L'auteur, bien entendu, fait acte purement civil, quand même il éditerait lui-même son œuvre : la filière des entremises n'est pas commencée.

La librairie offre aujourd'hui ses services sous la forme d'actes d'agences d'affaires, ayant pour but de procurer au public certains renseignements ; le caractère commercial de ces actes n'est pas douteux : ils rentrent d'ailleurs plutôt sous la rubrique d'agence de publicité que d'achats pour revendre ; ce sont là les opérations d'éditions d'ouvrages comme les *Petites Affiches*, le *Didot-Bottin*, l'*Indicateur des chemins de fer*, etc.

Les actes entrepris par le directeur d'un journal sont évidemment des faits de négoce ; celui qui fournit au public les productions de ses collaborateurs afin d'en tirer profit fait commerce ; l'entremise entre l'offre et la demande se produit certainement, pourvu que le directeur du journal ne soit pas le principal collaborateur et que son rôle consiste en une simple surveillance sur l'ensemble de la rédaction. D'ailleurs une entreprise de presse comprend des opérations multiples toutes plus ou moins commerciales ; non seulement elle achète pour revendre, elle édite des productions littéraires ou artistiques de ses rédacteurs ; mais elle est encore une agence de renseignements et la plupart du temps une entreprise de publicité ;

commerces d'éditions, d'imprimerie, de librairie sont réunis dans les mêmes mains ; des services d'agences d'affaires y sont adjoints ; nos grands journaux sont montés à des capitaux énormes en commandite par actions ou en sociétés anonymes : c'est un rouage nouveau du commerce que notre siècle a vu se développer.

Et pourtant, il ne faudrait pas reconnaître à tous les journaux le caractère commercial : il est indéniable pour nos grands quotidiens, ou les illustrés de la presse hebdomadaire, par exemple. Mais aujourd'hui toute association nouvelle a son journal ou sa revue, rédigé par ses membres, pour rendre compte des travaux de la société et divulguer ses bienfaits ; la réclame n'y est pas admise ; d'autres publications ont un caractère essentiellement scientifique et archéologique et ne sortent pas d'un cercle restreint ; il est difficile de dire quel en est le directeur et souvent celui-ci y collabore plus que les autres ; dans ce cas, il n'y a commerce que de la part du libraire ou de l'imprimeur qui l'édite ; les liens des rédacteurs entre eux sont trop intimes pour qu'on puisse voir une entremise : dans ces cas la rédaction du journal restera un acte civil.

§ 3. — Commerce, négoce, spéculation, agiotage.

Le commerce, pour le juriste et l'économiste, désigne un ensemble de transactions, un mouvement de produits dont le dernier terme est le consommateur. Dans le langage courant le mot commerce a un sens plus restreint ; il désigne simplement la série des achats pour revendre ayant pour objet de mettre en relations soit le producteur de la matière première, soit le producteur d'un objet fabriqué l'un avec l'autre, ou avec le consommateur : le commerçant est le simple *intermédiaire* qui manipule l'objet produit

sans le transformer ; c'est le commissionnaire, le transporteur, le commerçant en gros et le marchand en détail.

Les mots : commerce, négoce, banque, finance, industrie, spéculation — désignent ainsi les diverses branches
du trafic exercé par les individus.

Le trafic, en tant qu'il s'exerce sur des denrées ou marchandises (à l'exclusion de l'argent et des titres), prend
dans la pratique des affaires divers noms correspondant à
des opérations et à des fonctions diverses : commerce, négoce, spéculation, agiotage. Ce sont ces différents actes
que nous voudrions essayer de définir pour permettre de
les distinguer. La tâche n'est pas aisée : où la spéculation
commence-t-elle, où cesse-t-elle pour devenir agiotage ?
Quand le commerce devient-il spéculation, quand l'ap-
pelle-t-on négoce ?

Le commerce, désignant le simple achat pour revendre
de matières premières ou d'objets fabriqués, est opposé à
l'industrie qui achète pour transformer, puis vendre. Cependant, bien souvent de nos jours, le commerçant se fait
industriel, et l'industriel devient commerçant ; c'est la
guerre à l'intermédiaire. Pourtant, le commerçant, au
sens exact du mot, apparaît comme l'individu dont le rôle
est de s'approvisionner des différents objets de consommation, de prévoir les besoins des hommes et de les satisfaire ; il rapproche les différentes parties de la production
entre elles, et les produits du consommateur ; il va chercher chez le producteur les choses qu'on lui demande ou
dont il prévoit la demande prochaine ; il les recueille dans
ses magasins, les soigne, les détaille, distribue, répartit
ainsi les denrées entre ceux qui en ont besoin ; il les assortit,
les classe, leur fait subir les préparations qui les rendront
plus agréables au public et en faciliteront l'achat. Non seu-

lement il satisfait nos désirs, mais il les devine et s'il le faut les suscite ; au courant des variations de prix des marchandises, des hausses et des baisses qu'elles peuvent subir, il achète en temps opportun, et revend au fur et à mesure des commandes qu'on lui adresse ; et par là il se rapproche du spéculateur dont le coup d'œil consiste à prévoir ces hausses et ces baisses et à en profiter ; mais, à notre avis, ce qui le distingue du spéculateur, c'est que le commerçant est toujours un détenteur de marchandises, dont il s'est rendu acquéreur, qu'il reçoit dans ses magasins et qu'il met à la portée du consommateur selon les demandes qui lui sont adressées : son rôle est celui d'approvisionnement de la consommation.

Le négoce, si l'on doit le distinguer du commerce proprement dit, désigne plus particulièrement, croyons-nous, une branche du grand commerce dont le rôle est de surveiller la situation des marchés internationaux, de se tenir au courant des stocks de marchandises qu'ils offrent, d'acquérir ces stocks et de les faire parvenir là où ils manquent ; ils règlent en un mot l'approvisionnement des marchés.

C'est sur ces marchés qu'interviennent les spéculateurs. La spéculation est un mode spécial d'acheter pour revendre ; si elle n'était là pour soutenir les cours en assurant la permanence des stocks dans les entrepôts d'où les marchandises s'écouleront au fur et à mesure de la demande du commerce, le producteur se verrait obligé de vendre souvent dans des conditions déplorables, et le consommateur ou le commerçant en gros d'acheter à des prix énormes. Le rôle du spéculateur est de prévoir les offres et les demandes, et par conséquent la marche probable des prix (1). Supposant qu'à telle ou telle époque de l'année les matières premières viendront à manquer, ou que la demande sera plus forte, en un mot qu'une hausse se produira, il achète aujourd'hui des stocks visibles ou des stocks non encore existants dans des conditions qui lui assurent un bénéfice sur le prix de vente qu'il espère ; puis il revend à terme les marchandises qu'il a ainsi achetées ; si son opération ne réussit pas il la prolongera par un report ; en face des haussiers, trafiquent les spéculateurs à la baisse qui vendent à découvert des produits qu'ils n'ont pas, comptant qu'au jour du terme, par suite du grand nombre des opérations des haussiers, les quantités offertes seront supérieures aux demandes ; ils espèrent cette baisse qui leur permettra d'acheter à meilleur prix qu'ils n'ont vendu. Pendant ce temps les marchandises vendues ont été consignées dans un magasin général ; grâce à ces spéculations ainsi faites le marché a un stock de denrées généralement supérieur aux besoins des consommateurs, stock permettant d'éviter la panique qui se produirait avec la hausse au moment de la nouvelle récolte, avant que les produits ne fussent sur le marché. Les livraisons se font par la remise d'un simple récépissé sur le magasin général, indiquant les quantités des marchandises warrantées ; souvent même les livraisons ne se font pas et les haussiers et baissiers liquident par le paiement de différences les opérations qu'ils ont faites. Grâce à cette hausse et à cette baisse qui sont la manifestation d'une demande et d'une offre permanentes des spéculateurs, les cours s'établissent et se régularisent : le blé ne tombera pas à 12 francs en mars, parce que les fa-

(1) V. Anatole Leroy-Beaulieu, La Bourse, la spéculation et la puissance française, *Revue des Deux-Mondes*, 15 février 1897.

riniers et grainetiers sont approvisionnés ; il ne montera
pas à 30 francs en septembre parce qu'ils demanderont à
faire leurs acquisitions pour la saison ; le producteur vendra à peu près régulièrement, à 18 francs le quintal ; le
commerçant achètera dans les mêmes conditions. Ainsi,
au lieu de faire les oscillations des cours, la spéculation
les atténue et répartit aux époques successives de livraison les stocks surabondant à certains moments.

On voit donc l'utilité énorme du rôle joué par la spéculation ; on l'a critiquée comme s'exerçant à l'égard de
marchés fictifs et procurant des gains en disproportion avec
la peine qu'elle représente ; il en est peut-être ainsi pour
le spéculateur véreux, pour le fils de famille ou le joueur
de hasard qui auront quelques bonnes et rares occa-
sions (1) ; mais la spéculation au contraire demande un
coup d'œil très précis et une connaissance très approfondie des besoins du marché ; c'est simplement un placement de capitaux fait avec intelligence, par l'achat de
denrées à bas prix dans l'intention de les revendre lorsque les prix s'élèvent.

La spéculation se distingue par là du commerce ;
l'opérateur ne détient pas la marchandise qu'il achète ou
qu'il vend ; il la possède par l'intermédiaire de l'entrepôt ;
tandis que le commerçant exerce son travail sur la matière
même, le spéculateur agit sur les cours de cette marchandise et en prévoit les variations afin d'en profiter ; il ne
faudrait pas croire pourtant que la spéculation et le commerce soient deux fonctions à part : car ils sont souvent
exercés par le même individu et au moment où ils se con-

---

(1) Aussi, la jurisprudence, par une nuance psychologique très fine, a
vu là des marchés fictifs ne reposant sur aucune opération sérieuse.

cluent il est souvent difficile de distinguer un marché de spéculation d'un achat commercial.

Si la spéculation est une opération régulière, l'agiotage en est la maladie ; c'est un véritable jeu : comme a dit d'Aguessau, il consiste dans des manœuvres ayant pour but de provoquer la hausse ou la baisse ; tandis que le spéculateur en général agit normalement, honnêtement, dans l'intention de profiter simplement de la hausse ou de la baisse qu'il prévoit, l'agioteur demande au hasard la réussite de ses combinaisons et use pour gagner de procédés que la morale réprouve : il lance de fausses nouvelles qui font considérer comme arrivé l'événement sur lequel il a parié et font pencher les cours dans le sens prévu ; il publie de fausses statistiques sur la production des denrées ; enfin l'agiotage peut aussi revêtir la forme d'accaparement ; il consiste à produire la hausse ou la baisse ou les deux alternativement et à s'assurer pendant un certain temps un monopole de fait : telles les opérations du syndicat des cuivres, il y a dix ans. Ces actes sont aussi répréhensibles et contraires au bien public que la spéculation est utile au producteur et au consommateur ; cependant s'il est facile théoriquement d'établir des différences si importantes entre l'agiotage et la spéculation (1), il est souvent fort délicat en pratique de dire si une opération est l'acte d'un spéculateur ou d'un agioteur : généralement les fausses nouvelles ne sont pas lancées par ceux qui doivent en profiter ; l'accapareur a à côté de lui tout un monde de spéculateurs dont les opérations ne diffèrent guère de celles des autres et, selon la parole de M. Claudio Jannet, « aucune définition légale ne saurait distinguer la transaction légitime et sérieuse de l'opération fictive et

---

(1) V. Lyon-Caen et Renault, *Traité de droit commerc.*, t. IV, n° 936.

frauduleuse ; la distinction repose en effet essentiellement sur une question d'intention, non pas même chez les deux parties, mais souvent chez une seule » (1). Les opérations employées sont les mêmes et les marchés à terme sont aussi indispensables à la spéculation qu'ils sont nécessaires à l'agiotage.

On voit donc que toutes ces opérations diverses : commerce, spéculation, agiotage interviennent tantôt l'une après l'autre, tantôt simultanément, se mélangeant, empiétant l'une sur l'autre, sans qu'il soit toujours possible de les discerner. Mais toutes elles tendent au même but, l'approvisionnement régulier du consommateur : en cela, elles sont vraiment du commerce.

§ 4. — Les opérations immobilières.

Nous avons dit (IIIe partie) que les opérations immobilières ne pouvaient pas, dans notre droit actuel, donner matière à des actes de commerce. Mais de jour en jour la distance qui sépare légalement les immeubles des meubles tend à s'affaiblir ; la maxime *mobilis ergo vilis* est un vieux brocard démodé ; les mœurs font bien plus de cas de certaines valeurs que des immeubles ; certaines lois ont assimilé la rente d'État aux immeubles à l'égard des placements dotaux, et une évolution jurisprudentielle s'efforce de protéger les meubles qui ont si peu préoccupé le législateur.

Quels motifs s'opposent en raison et en droit à la commercialité des opérations immobilières ? Leur nature ? ils ne sont pas des produits circulants ; leur défaut de mobilité juridique et économique, dit la jurisprudence. Nous avons vu que juridiquement ce n'était pas la circulation

(1) *Le capital, la spéculation et la finance au XIXe siècle*, p. 238.

qui déterminait le commerce ; quant au défaut de mobilité
ce n'est pas cela qui gène les spéculateurs, et ils ont vite
fait soit d'opérer la purge soit de l'éviter. La difficulté des
questions de droits immobiliers est-elle un obstacle sérieux ? Comme le faisait remarquer M. Garsonnet (1), les
magistrats consulaires ont à connaître de questions de
privilèges dans les faillites, et, en matière de sociétés, de
litiges aussi ardus que les matières immobilières.

Dans une loi mieux accommodée aux besoins de la pratique et aux idées modernes, on devra, à notre avis,
considérer comme commerciales certaines opérations immobilières que nous allons indiquer. D'abord les achats
d'immeubles bâtis ou non pour les revendre tels, en totalité
ou par lots ; et les achats de terrains pour être revendus
avec constructions.

Une objection se dresse : si vous rendez commercial
l'achat pour revendre, l'achat d'un immeuble en vue de
le donner à bail sera commercial ; tous les propriétaires
fonciers qui n'exploitent pas, seront commerçants ! La
réponse est facile : ce qui constitue l'acte de commerce,
c'est l'entremise, l'intention de procurer un objet désiré
par d'autres et de tirer un profit de cette entremise ; dans
l'achat fait pour louer, ce n'est pas un acte d'entremise
que veut opérer l'acheteur, c'est un placement de fonds ; il
veut tirer de ses deniers un revenu convenable, et achète
un immeuble comme il achèterait de la rente ; et comme
le meilleur moyen de jouir d'un bien fonds est encore de
le louer et de l'affermer, il le donne à bail ; ce n'est pas
un fait de commerce ; c'est un placement de *bonus pater-
familias*. Tout autre serait la solution pour le spéculateur

(1) *Revue critique*, 1869, t. II, p. 325.

qui a uniquement en vue en achetant un terrain de le bâtir et d'y faire certains aménagements permettant des locations rémunératrices : les Pereire, en faisant construire le Grand-Hôtel à Paris, la Compagnie des Wagons-Lits, en achetant récemment aux Champs-Elysées les terrains où seront élevées les luxueuses bâtisses de l' « Elysée Palace Hôtel », ont fait suivant nous une vraie opération commerciale. Ce n'est pas un placement, c'est un acte ayant pour but de mettre à la disposition du public des locaux déterminés ; le local à construire ou à louer est véritablement une matière à spéculation ; pour le rentier, la location est un moyen, ici elle est un but, et constitue le dernier terme de l'entremise mercantile. Nous reconnaîtrions ce même caractère au fait de construire un immeuble pour en faire un lieu de réunions (salles de bal, de banquet, salle de théâtre), le louer à des particuliers, à des sociétés pour leurs assemblées, ou leurs expositions, etc. ; nous proposerions la même décision pour le fait d'acheter des terrains à proximité d'une usine afin d'y construire une cité ouvrière. Tous ces actes sont ceux d'un intermédiaire ayant pour but de répondre à certains besoins du public ; la nature de l'objet ne s'y opposant pas suivant nous, il y aura acte de commerce. C'était à peu près la solution que proposait il y a trente ans M. Garsonnet (*loc. cit.*) lorsqu'il considérait comme commerciaux « les actes d'appropriation des locaux en vue de les mettre à la portée des consommateurs ».

La question de l'exploitation des immeubles peut donner lieu à certaines difficultés que nous voulons éclaircir. L'exploitation d'un immeuble, d'une mine, d'une culture d'une forêt par son propriétaire n'est jamais un acte commercial (art. 638, al. 1). En est-il de même lorsque l'exploitation est faite par un fermier ou concessionnaire ? Quelques arrêts ont statué en faveur de la commercialité : le locataire d'une carrière ferait commerce parce qu'il fait en réalité moyennant redevance des achats de pierre pour les revendre (1) ; c'est une erreur, et ces arrêts heureusement n'ont pas formé jurisprudence. Ce ne sont pas des actes d'entremise qu'exerce le locataire ou le concessionnaire d'une forêt, d'une carrière ou d'une mine, ce qu'il vend sont des choses qui lui appartiennent en propre, qu'il tire de son fonds ; il a sur le sol qu'il exploite les mêmes droits que le bailleur et de la même nature ; quand même on voudrait y voir une entremise le caractère civil de l'exploitation du preneur devrait subsister, car elle a pour objet principal la mise en valeur d'un immeuble ; c'est celui-ci qui est loué, parce qu'il produit des fruits, certains fruits ; c'est cette aptitude qui a été prise en considération par le concessionnaire ou le fermier.

Mais lorsque l'exploitation entreprise a pour objet non la jouissance de l'immeuble, mais les produits de cet immeuble (houille, pierres, récoltes, bois), leur achat puis leur revente, le fermier devient un intermédiaire dont l'opération porte sur les produits du fonds, et l'acte alors devient commercial.

La jurisprudence a vu cette distinction dans de nombreux arrêts : si elle a décidé que l'exploitation d'un domaine par un fermier est un acte purement civil (2), que l'achat d'une forêt pour en revendre la coupe a la même nature (3), elle a décidé par contre qu'il y avait acte de

---

(1) Cass., 15 décembre 1835, S. 35.1.333 ; Montpellier, 28 avril 1833, S. 34.2.557 ; Caen, 17 décembre 1847, D. 48.5.4.

(2) Grenoble, 11 janv. 1847, J. Pal., 48.1.80 ; Bourges, 8 fév. 1847, J. Pal., 47.2.327 ; Poitiers, 7 janv. 1856, D. 56.2.81.

(3) Bourges, 17 déc. 1850, D. 51.2.90.

commerce de la part de l'acheteur de récoltes sur pied pour les revendre (1) et d'une coupe de bois pour la revendre (2). Ce n'est plus là un acte d'exploitation agricole (3).

§ 5. — L'Etat commerçant.

L'article 6 du Code italien contient la disposition suivante : « L'Etat, le département, la commune ne peuvent acquérir la qualité de commerçants, mais ils peuvent pratiquer des actes de commerce. »

Aucune disposition de nos lois n'a prévu ce cas, et on aurait pu se demander si le droit de faire commerce serait accordé à ces établissements publics ; quoique « tout ce qui n'est pas défendu soit permis », il nous semble rationnel de ne pas admettre que l'Etat puisse devenir commerçant, ce qui supposerait que le négoce est la principale de ses attributions, mais on doit lui reconnaître la possibilité de faire des actes de commerce.

Pourtant on admet généralement que l'Etat et la commune ne font pas commerce ; ils exercent quelquefois il est vrai des actes d'entremise, l'Etat en exploitant ses monopoles, la commune en organisant des banques d'épargne ou des monts-de-piété ; mais le mobile désintéressé

(1) Nîmes, 28 août 1874, S. 75.2.147.
(2) Lyon, 17 déc. 1854, D. 55.5.7.
(3) Le caractère d'accessoire à une exploitation agricole nous fera exclure des actes de commerce le bail à cheptel : de la part du cheptelier, quel que soit le genre de cheptel pratiqué ; il n'y a qu'un accessoire de la culture ; acte civil ; — de la part du bailleur du fonds de bétail, pas de commerce, s'il est en même temps propriétaire du fonds auquel le cheptel est attaché ; s'il n'est pas propriétaire du fonds de terre auquel le bétail est attaché, il semble qu'il y ait de sa part achat de bestiaux pour les louer. — Cependant à moins que le cheptel ne soit fourni par un marchand de bestiaux, le bail restera un contrat civil ; car, la plupart du temps, le bétail est fourni par un éleveur qui ne fera ainsi qu'une opération agricole.

des actes ou l'intérêt fiscal qui les guide empêche de leur
reconnaître ce caractère. C'est uniquement afin de remplir son Trésor et de dégrever d'autant les contribuables
que l'Etat s'est réservé le monopole de la vente du tabac
et de la fabrication des allumettes ; c'est dans un but de
fiscalité incontestable qu'il vend du papier timbré et des
timbres à effets de commerce ou à affiches ; il s'est fait
imprimeur pour fournir à bon compte aux différentes administrations les pièces imprimées dont elles ont besoin ;
— il a pris à sa charge le service des postes et des télégraphes afin d'assurer la régularité et le bon fonctionnement
des transports de ce genre ; — dans le même but, il a mo-
nopolisé à son profit dans certains pays le trafic des voies
ferrées ; — c'est dans l'intérêt public, pour prévenir les
fraudes, qu'il s'est mis à fabriquer de la monnaie, c'est
dans l'intérêt supérieur de l'art, de la conservation des
vieux modèles et des bonnes traditions qu'il est manufacturier à Sèvres et aux Gobelins. (Et pourtant la non-com-
mercialité de ces actes même de la part de l'Etat nous inspire des doutes.)

A côté de ce défaut d'intérêt égoïste qui, à la teneur de
notre théorie, enlève à ces faits leur caractère normal
d'actes de négoce, il y a peut-être des motifs d'un autre
genre qui militent en faveur de cette solution. Il y a dans
l'attribution à l'Etat de ces monopoles, de ces exploitations, de ces services toute une série de causes que nous
n'osons pas démêler ; des rouages administratifs qui fonctionnent depuis des siècles, des règles d'ordre public, des
principes de comptabilité et de responsabilité qu'il serait
hardi d'explorer ; à vrai dire, les administrations publiques, quoique accomplissant des actes d'entremise, ne se
mêlent pas au mouvement du commerce. L'Etat exploitant

ses monopoles nous apparaît encore comme un seigneur investi de droits régaliens, ne s'abaissant pas jusqu'à s'immiscer aux tourments des affaires, et trafiquant mystérieusement au-dessus du négoce ordinaire des actes d'une nature analogue, mais privilégiée, et qu'il n'appartient pas au public d'exercer ni de connaître.

Pourtant, il y a vingt ans, l'Etat, en voulant essayer d'exploiter un chemin de fer, de se faire transporteur tout comme un autre, s'est abaissé jusqu'aux actes communs de trafic. Nous croyons fermement que, si à l'origine, comme cela s'est passé en Belgique, l'Etat s'était réservé le monopole des chemins de fer, il en eût fait un service public qui, comme la poste aujourd'hui, aurait échappé à la loi des marchands ; le progrès n'aurait peut-être pas été aussi rapide qu'il l'a été, mais l'Etat, croyant de l'intérêt supérieur du pays d'exploiter seul cette branche de l'industrie n'aurait pas, à notre avis, fait commerce, plus qu'il ne le fait en exploitant ses lignes stratégiques. Il n'en sera pas de même vers 1960, aux termes des conventions de 1859, quand il se trouvera à la tête de tout le réseau français (nous en dirons plus loin les raisons).

En attendant cet événement, l'Etat a voulu, — provisoirement, disait-il — (mais combien de fois le provisoire est-il définitif !) exploiter quelques lignes de l'Ouest de la France, qui ne prospéraient pas (et que son intervention, il faut l'avouer, ne fait pas prospérer davantage), et par la loi du 18 mai 1878, suivie de deux décrets-lois du 25 mai, l'Etat a racheté les lignes de la Charente et de la Vendée, organisé un service de contrôle, un fonds de roulement, un budget spécial, toute une administration centrale, afin de faire valoir jusqu'à nouvel ordre ces lignes déjà anciennes de fonctionnement.

La question se posa en doctrine et s'est posée en pratique en 1888 de savoir si l'État, dans ces conditions, faisait acte de commerce ; le Tribunal de commerce de la Seine, la Cour de Paris, la Cour de cassation, ainsi que son rapporteur (8 juillet 1889, S. 90.1.473), la majorité des auteurs ont décidé en faveur de la commercialité des actes accomplis.

La question ne faisait pas doute : ce n'est pas comme personne publique que l'État est venu ici s'établir à côté de réseaux puissants ; aucune nécessité d'ordre public ne l'y poussait ; il n'a pas pris ses rouages, il a copié ceux du voisin ; comme disait le ministre dans son rapport au Parlement, la loi « a fait de ce service particulier une sorte d'annexe à nos administrations, qui peut continuer à fonctionner à côté d'elles d'une manière indépendante ; M. Féraud-Giraud le faisait remarquer dans son rapport (D. 89.1.353) « l'État s'est substitué à des compagnies en faillite ou en liquidation, c'est-à-dire essentiellement commerciales », il s'est subrogé juridiquement aux compagnies antérieures pour faire les mêmes actes qu'elles ; il y a de sa part une ingérence qu'il a volontairement acceptée ; mais malgré cela toute l'exploitation reste à part des services publics (1), forme un budget annexe (2), elle se mêle forcément au mouvement des affaires commerciales, elle a un fonds de roulement, une administration spéciale, des ingénieurs en service détaché, des employés qui ne sont pas fonctionnaires de l'État. « Toute idée de personnel d'État affecté à l'exploitation a été écartée », dit le ministre.

Il n'y a pas dans cette exploitation un rouage adminis-

---

(1) M. Thaller, à son cours.
(2) V. Projet de loi du Budget de l'exercice 1897, p. 268, 269.

tratif que nous trouvions dans les autres préexistantes, aussi est-ce avec raison que la Cour de cassation a affirmé que l'Etat faisait commerce en se livrant à l'exploitation de son réseau (1).

Pour les mêmes motifs, il faudrait suivant nous donner le même caractère aux actes qu'accomplira l'Etat, lorsqu'en 1965 il aura repris dans ses mains la gestion de tous les réseaux français (ou à ceux qu'il ferait si, usant du droit contenu aux Conventions, il rachetait avant le terme les réseaux concédés) ; il se substituera ainsi à des affaires commerciales en plein fonctionnement, et il viendra à son tour exercer le même commerce, se mêler au tumulte et au fracas des affaires ; à la tête de plus de 60.000 kilomètres de chemins de fer peut-être, que 6 grandes compagnies commerciales auront exploités pendant plus de cent ans, il trouvera des traditions qu'il n'osera, qu'il ne pourra modifier ; accomplissant les mêmes actes, il prendra les habitudes qu'elles avaient avant ; ce ne seront pas des actes d'administration qu'il fera alors ; comme elles, il fera commerce.

§ 6. — Régie et concession.

Si l'Etat ou une commune, en accomplissant certains actes d'entremise, ne font pas commerce, quel caractère doit-on reconnaître aux actes accomplis par les personnes que l'Etat ou les communes se substituent dans l'exercice de ces actes ?

Il est d'abord certains services que l'Etat assure lui-même au moyen de ses seuls agents : le service des postes,

(1) En Belgique, en ce sens : loi belge du 16 juillet 1859 ; Cass. belge, 27 mai 1852, S. 90.1.473, *ad notam* ; Comm. Namur, 2 juin 1871, Pasic. belge, 74.2.283. — *Contrà*, Cass. belge, 21 janv. 1875, Pasic. belge, 75. 1. 95 (et conclus. conf. de l'avocat général Cloquette).

celui des télégraphes, maintenant celui des téléphones ;
l'imprimerie nationale, par exemple.

Mais à côté de ces faits, l'Etat, le Département et la Commune, pour la gestion et la mise en valeur des monopoles
qui leur appartiennent en vertu de la loi, pour l'exécution
de certains travaux, pour l'exploitation de certaines entreprises qui intéressent plus ou moins directement leur
budget, et empiètent sur le domaine public, ont recours
à des particuliers avec lesquels ils concluent des contrats
de diverses natures.

Dans le langage du droit administratif, ces divers contrats portent le nom de régie (simple ou intéressée), entreprise, concession. Le régisseur, l'entrepreneur, le concessionnaire font-ils des actes de commerce en admettant
que les actes qu'ils doivent accomplir (travaux, entreprises d'éclairage, de transports par exemple), soient par eux-
mêmes commerciaux ?

Pour celui qui travaille en vertu d'un marché d'entreprise, aucun doute ; il est lié envers l'Etat comme il le
serait envers un particulier (V. *infrà*, II, § 2), sauf que les
questions d'interprétation et d'exécution du marché ressortiront du conseil de préfecture (loi du 28 pluviôse
an VIII).

Entre le régisseur et le concessionnaire, certains arrêts
ont fait une confusion que nous voudrions éviter, et les
ont exclus de la commercialité, en les considérant sans
distinction comme des percepteurs de deniers publics, des
mandataires salariés de l'administration (V. IIe partie,
chap. II), ou comme subrogés juridiquement à l'Etat ou
à la commune : pour l'exercice des actes en régie, le motif est juste ; pour les concessionnaires, il nous semble
erroné.

La forme de la régie (1) est employée par l'État pour l'exploitation de son monopole des tabacs, des salpêtres, par les communes pour la gestion de leurs octrois, et pour certains travaux ; dans ce contrat, l'acte est vraiment accompli par l'établissement public en question : c'est un préposé de celui-ci qui gère les droits, exploite, perçoit les deniers, achète et vend ; pour les travaux, c'est lui qui achète les matériaux, embauche et paie les ouvriers ; il ne reçoit comme rémunération de ses services que son traitement d'employé ou des remises qui lui sont faites proportionnellement au nombre des actes accomplis ; la caractéristique de ce marché, c'est que l'État garde la direction de l'entreprise avec les chances bonnes et mauvaises (les tabacs ne sont exploités en régie que pour la vente au public, les achats et la fabrication sont faits par des fonctionnaires).

Il est facile de montrer que d'après ces conventions le régisseur n'est pas plus commerçant que le commis ou l'employé d'un marchand, qu'un commis placier intéressé au chiffre des affaires qu'il fait ; le débitant de tabacs, le salpêtrier ne font pas commerce, parce qu'en réalité le bureau où ils vendent n'est que le bureau de l'État, titulaire du monopole : lorsqu'on va leur acheter, c'est à l'administration qu'on achète ; leur remise est la rémunération de leur travail, comme cela se passe pour le cocher de fiacre à Paris (2), pour le voyageur de commerce, pour le correspondant du *Petit Journal*, qui dans les villages vend les numéros qu'on lui expédie, et touche une remise.

---

(1) La régie peut être simple ou intéressée ; les distinctions nous mèneraient trop loin.

(2) Quoi qu'on puisse prétendre, — à tort, croyons-nous, — qu'il loue pour sous-louer et fait commerce.

Les débitants de tabacs n'opèrent pas à leur compte ; voilà le vrai motif de leur défaut de commercialité, et non, comme disent les arrêts, ce défaut d'aléa dans le profit, qui enlèverait à leurs actes tout aspect mercantile.

Le contrat de concession est bien plus fréquent que la régie ; l'État ou la Commune n'aiment pas conserver ainsi toute la responsabilité d'une entreprise, à moins qu'elle ne rapporte sûrement des bénéfices énormes comme le monopole des tabacs, ou les octrois de certaines villes ; de plus, pour les travaux, la régie a l'inconvénient d'exiger un paiement immédiat souvent impossible pour les communes peu fortunées. Le contrat de concession est bien préférable ; par ce moyen, l'État ou la Commune *concède*, c'est-à-dire accorde à un particulier l'exploitation de l'entreprise moyennant certaines charges ; ils lui accordent le droit d'effectuer certains travaux, d'accomplir certains services pour son compte particulier pendant un certain temps ou à perpétuité (ce qui est rare) ; comme compensation des travaux qu'il effectue ou des services qu'il accomplit, le concessionnaire perçoit pendant la durée de la concession les droits d'abonnement, taxes, péages, tarifs, dont le maximum est fixé par le cahier des charges ; toute concession entraîne en général un monopole dont les conséquences sont atténuées par l'imposition d'un tarif. C'est par la voie de la concession qu'ont été construits de nombreux canaux, tous nos chemins de fer, des ports, des ponts, les lignes de tramways de la plupart de nos villes, les conduites d'eau, de gaz, d'électricité ; c'est ainsi que sont exploités des abattoirs, des halles et marchés et que récemment l'État a assuré le service des colis postaux dans Paris (1).

(1) Pour certains services comme l'octroi, la concession prend alors le nom de « ferme ».

Donc, le concessionnaire fait-il commerce ? Écartons
d'abord la ferme des octrois et la ferme des halles et marchés ; le fait de percevoir des taxes sur certains objets à
l'entrée des villes ne constitue pas une entremise commerciale et le fait de louer des halles pour en sous-louer
les emplacements n'est pas dans notre droit actuel un acte
de trafic. Quant aux constructions de canaux, par exemple, le concessionnaire ne fera pas commerce, parce que,
comme nous le disions plus loin, il ne fait que construire
sur son terrain, et d'ailleurs l'exploitation d'un canal, le
fait de lever une taxe de passage sur les bateaux n'est pas
un acte qui contienne une entremise quelconque.

L'accomplissement des autres actes (transport de voyageurs, entreprise d'éclairage) aura le caractère commercial ; quel élément d'ailleurs pourrait-on invoquer contre
la commercialité ? L'existence d'un tarif ? La tarification
n'est qu'une charge du monopole, une clause imposée par
le concédant dans l'intérêt public ; l'entremise reste intéressée et il n'est pas vrai que l'aléa du commerce fasse défaut à ces entrepreneurs : ils agissent pour leur compte, leur
chiffre d'affaires variera suivant le nombre des demandes,
et leurs bénéfices peuvent changer s'ils savent intelligem-
ment répartir les frais généraux et arriver à produire meilleur marché tout en vendant au même prix. C'est bien ainsi
que font les chemins de fer et toutes les compagnies soumises à un cahier des charges qui leur impose un tarif de
transport ou un taux maximum de ventes et d'abonnements.

La jurisprudence est constante en ce sens pour les compagnies concessionnaires de nos voies ferrées (1), malgré
quelques hésitations qui se produisirent vers 1855. Nous

_____

(1) Cass., 23 juin 1843, S. 43.1.571 ; — 25 mai 1857, D. 57.1.216 ; —
14 juill. 1862, D. 62.1.518 ; — 21 nov. 1871, D. 72.1.92.

dirons donc qu'en général le concessionnaire fera commerce, si les actes qu'il accomplit ont la nature d'actes de
négoce.

§ 7. — Les actes illicites ou immoraux.

Le commerce est ouvert à tous les citoyens, tous peuvent s'y livrer ; cependant, pour des raisons diverses, certains négoces sont interdits à d'autres qu'à des agents
munis d'un monopole ; il est des opérations que la loi réprime, surveille ou empêche, à raison de leur caractère
déloyal, immoral ou frauduleux.

Ceux qui se livrent à des faits de ce genre pratiquent
des actes illicites ; ces actes, s'ils ont les autres caractères
des faits de trafic, peuvent-ils être rangés parmi les actes
de commerce ? Ainsi un intermédiaire, non agréé par le
gouvernement, comme doivent l'être certains courtiers et
les agents de change, accomplit des actes dont ceux-ci ont
le monopole ; immixtion dans les fonctions réservées, délit
puni par l'arrêt du 26 novembre 1781 (art. 13) ; d'autres
particuliers se livrent à un commerce réprouvé par la
loi morale : gestion d'une maison de tolérance, commerce
de banque compliqué d'usure (à l'égard des non-commerçants bien entendu, depuis la loi de 1886) ; — d'autres
pratiquent la violation de la propriété industrielle, l'imi-
tation de brevets, l'emploi de marques ou de noms appartenant à des concurrents : c'est la contrefaçon, la
concurrence déloyale ; d'autres enfin cherchent à éviter
frauduleusement les taxes douanières qui frappent certains
produits à leur entrée en France, soit en pratiquant le
commerce de contrebande, soit en en profitant.

Certains auteurs ont nié que ces faits délictueux ou im-
moraux pussent constituer des actes de commerce ; les

actes qui sont la base de ce genre d'opérations, disent-ils,
n'ont aucun caractère légal, ils n'existent pas devant la loi
puisqu'elle ne les permet pas et les réprime (1) ; si ces
actes n'ont pas d'existence juridique, ils ne sont ni civils,
ni commerciaux ; seulement lorsqu'il s'agira de les interpréter, comme en fait ils existent, ils seront de la compétence des tribunaux civils en vertu de sa plénitude de
juridiction (2). D'ailleurs les conséquences du système adverse sont déplorables ; ceux qui professent habituellement ces actes vont devenir commerçants, éligibles aux
tribunaux de commerce ! la magistrature consulaire va
devenir accessible à des gens tarés ou au moins d'une ho-
norabilité douteuse : ce résultat est fâcheux.

Ces arguments ont maintes fois été rétorqués, et on admet généralement aujourd'hui la commercialité des actes
illicites.

Les conséquences dont on parle sont en effet regretta-
bles ; mais, en fait, elles se produiront rarement ; et de
plus ce ne sont pas les conséquences d'un acte qui doivent
en modifier la nature.

Pour nous, un acte illicite ou immoral peut parfaitement
être commercial ; des raisons juridiques et des raisons
pratiques appuient ce système : aucun texte ne s'oppose à
notre conclusion ; « l'incompatibilité entre ce qui est illicite et commercial n'est pas exacte », dit M. Labbé (Note
sous Cass., 85.1.24). Les actes que nous avons énumérés
présentent-ils les éléments de l'acte de trafic ? Oui, il n'y
a plus dès lors à s'occuper du point de vue sous lequel ils
sont considérés par la loi pénale ou par la morale. Ils sont

(1) Orléans, 26 nov. 1861, S. 62.2.216 ; Colmar, 28 juin 1866, S. 66.2.
364.
(2) Bozérian, *La Bourse*, n° 385 *bis*.

nuls, ils sont punis, dira-t-on ; qu'importe ! ils ont fait
naître des droits ; leur auteur devient commerçant ; il
s'offre au public, il devient créancier, il devient débiteur ;
ceux avec qui il traite l'ont considéré comme commerçant,
sans peut-être savoir qu'il se livre à des agissements im-
moraux : va-t-on les priver de la faillite, ce mode de liquidation qui protégera leurs intérêts, et sur lequel ils ont
peut-être compté ?

Remarquons enfin que la plupart des actes dont nous
venons de parler ne contiennent pas en eux le stigmate
honteux qui permette de les ranger parmi ceux que la loi
positive devra toujours réprouver : ceux qui les blâment
en raison de leur caractère illicite ne s'inspirent que de
considérations du moment ; et le point de vue de la loi changeant les opinions pourraient changer aussi : sans doute
le fait de tenir une maison de tolérance ne sera jamais
moral ; le pillage de la propriété industrielle sera un délit
(quoiqu'il ne l'ait pas toujours été) (1) ; le jour où cessera
le monopole des agents de change, ou les tarifs de douanes
et les tarifs d'octrois tomberont, où le loyer de l'argent sera
libre en matière civile, le marronnage, les actes des coulissiers, la contrebande, l'usure cesseront d'être punis ;
nos lois contiennent ainsi trop de règles contraires aux
principes de l'économie politique et de la liberté du commerce.

C'est donc aussi parce que la notion de ce qui est illicite
et de ce qui ne l'est pas est aussi changeante que les idées
et les préjugés des hommes que nous croyons devoir en

---

(1) Il est permis de supposer que vos ancêtres assistaient à un vrai
pillage du nom commercial et de la marque de fabrique ; des édits de
1564 et de 1666 protégèrent seulement certaines marques (E. Pouillet,
Traité des marques de fabrique, n° 2).

faire abstraction ; et au nom d'un principe plus élevé, nous attribuerons à tous les actes portant les éléments commerciaux le caractère d'actes de commerce, quelle que soit la manière dont les considère la loi pénale ou la loi morale.

SECTION II. -- Les entreprises commerciales ou industrielles.

A côté de l'acte de commerce essentiellement simple, qui consiste dans un achat pour revendre, la loi a énuméré dans l'article 632 (2° et 3°) toute une série d'actes qu'elle qualifie d'*entreprises*, et qui revêtent aussi le caractère commercial.

L'entreprise n'est pas un acte unique ; c'est une combinaison d'actes multiples indiquant une intention évidente de se livrer au trafic, d'offrir son entremise et son travail au public ; on peut dire que l'entreprise consiste dans un ensemble d'opérations, parfois aussi variées que complexes, achat de matériel, embauchage de main-d'œuvre, engagement de personnel, publicité, etc., impliquant chez leur auteur l'idée de satisfaire aux besoins du public, en intervenant comme intermédiaire entre l'offre et la demande, et en cherchant à tirer un profit direct de cette entremise. Il faut donc répudier la notion, d'après laquelle la qualité d'entrepreneur ne saurait s'acquérir que par une suite d'actes répétés ; comme le dit fort bien Labbé (note sous Paris, S. 68.2.329), « si l'habitude est une condition nécessaire pour que la personne qui se livre à des actes soit commerçante, elle ne l'est pas pour que l'acte soit commercial... Ce n'est pas l'habitude, la répétition des mêmes actes, c'est l'exécution de ces actes au moyen des forces d'autrui, au moyen d'instruments achetés exprès, qui engendre la commercialité. »

D'après notre article, toutes les entreprises ne sont pas commerciales ; les entreprises d'agriculture, celles qui ont pour objet l'exploitation d'un fonds de terre, échappent à la loi du trafic ; en effet l'article 632 répute seulement actes de commerce :

« Toute entreprise de manufactures, de commission, de transports par terre ou par eau ; — toute entreprise de fournitures, d'agences, bureaux d'affaires, établissements de ventes à l'encan, de spectacles publics ».

Un simple acte de manufacture, de transport n'est donc pas commercial ; pourquoi? nous en avons fait pressentir la raison : celui qui façonne un produit, qui opère un transport ne fait que louer ses services : le peu d'importance de ses moyens d'action prouve qu'il n'a pas l'intention de se livrer à un trafic par la mise en marche d'un de ces grands établissements qui le rendrait manufacturier ou transporteur.

§ 1. — Entreprise de manufactures.

D'après la définition de l'entreprise et l'étymologie du mot manufacture, *l'entreprise de manufactures* consiste dans l'organisation d'un personnel et d'outils destinés à façonner les produits par le moyen du travail manuel (1).

(1) Le mot « Manifacture » que l'on trouve employé dans les auteurs du XVIe siècle, notamment dans Amyot, est synonyme de « façon ». — Voici la définition que donne la Cour d'Angers de l'entreprise en question (29 déc. 1855, D. 56. 2. 114) : — « Attendu qu'il y a entreprise de manufactures lorsque dans un but de spéculation, pour réaliser des bénéfices, on se livre à l'aide de capitaux avancés ou engagés dans l'opération à la fabrication ou transformation d'une matière première par les mains de l'ouvrier, et qu'on réalise ainsi, par le travail salarié d'autrui, des produits industriels qui sont mis dans le commerce ».

Il est bien évident que cette notion étymologique étroite n'a plus aucun sens aujourd'hui ; le machinisme a dans la plupart des industries remplacé la main-d'œuvre au moins partiellement, et à l'heure actuelle, le montage des machines et le choix du matériel jouent dans la plupart des établissements un rôle bien plus important que la main-d'œuvre. L'entreprise de manufactures comprend les opérations diverses par lesquelles une personne se propose de transformer les matières premières ou les produits déjà fabriqués en produits nouveaux qu'il livrera à la consommation.

Le texte de la loi laisse la plus large place à l'interprète pour juger de ce qui doit être une manufacture : au fur et à mesure que se multiplient les besoins des hommes, les progrès de la science et leurs applications pratiques aux nécessités de la civilisation, le commerce subira de ce fait une extension que nous ne pouvons imaginer, mais qu'il est facile de concevoir : par là, le Code de commerce est essentiellement progressif.

L'entreprise de manufactures est susceptible de revêtir des formes multiples, et les modifications que le travail de l'homme et des machines fait subir à la matière première peuvent varier à l'infini : celui qui achète des minerais pour en faire des fers et des aciers ; celui qui achète ces fers et ces aciers pour en faire des machines et des constructions métallurgiques ; — le filateur qui achète des balles de coton ou des laines pour les filer ; celui qui transforme ces filés de laine et de cotons en rouenneries et en draps ; celui qui teindra ces laines, qui en confectionnera des vêtements et des étoffes d'ameublement, répondent à la définition du manufacturier.

Tantôt, par suite du traitement subi, les matières premières se transformeront directement en objets de consommation (telle la verrerie à bouteilles, où le charbon, la soude, le sable donneront la bouteille prête à être utilisée ; tels ces grands abattoirs de Chicago où les porcs et les bœufs entrent par troupeaux et d'où ils sortent débités en pâtés ou en boîtes de conserves, tandis que d'autres usines tannent les peaux et font le noir animal).

Tantôt les objets fabriqués devront subir l'action de nouvelles machines, passer entre les mains d'ouvriers dans de nombreuses usines avant de devenir le produit que le passant ou le consommateur achètera (telles sont les étapes du vêtement). Tantôt enfin les objets ne feront que passer entre les mains de l'entrepreneur qui, y ajoutant le travail de ses ouvriers ou de ses outils, en fera des objets destinés à un usage nouveau, ou prolongera l'usage auquel ils sont destinés : de ce nombre sont les entreprises de teinturerie, de blanchissage, de dégraissage. Fabrication et travail à façon sont les deux formes de l'industrie manufacturière.

Le caractère commercial de ces entreprises, lorsqu'elles existent seules, est facile à reconnaître ; il n'en est plus de même lorsqu'elles sont adjointes comme industrie secondaire à une entreprise agricole. Disons d'abord que la question est difficile à trancher *à priori* : tout dépendra d'une relation de principal à accessoire : l'exploitation de la terre est-elle principale ? pas de commerce ; l'entremise joue-t-elle dans l'intention de l'entrepreneur le rôle prépondérant ? acte de commerce. Cette entremise peut d'ailleurs se manifester de deux façons : soit par l'achat de matières premières (betterave, blé, etc.) à des producteurs voisins, soit par un embauchage de main-d'œuvre dont l'importance fera reconnaître l'entreprise de manufactures principale.

Nous croyons que la commercialité ne devra pas se présumer et on devra admettre que l'industrie n'est exercée que comme appoint de la culture, afin de permettre une exploitation agricole préférable ; il en sera presque toujours ainsi, lorsque la distillerie, la minoterie aura été montée après le commencement de l'exploitation de la terre.

Cependant, le cultivateur peut, pour augmenter sa production industrielle, acheter des betteraves et du blé chez ses voisins ; il y a achat pour revendre après mise en œuvre ; c'est seulement lorsque les objets étrangers seront devenus l'aliment principal de l'industrie qu'il faudra alors déclarer celle-ci commerciale (1). L'entremise par engagement de main-d'œuvre sera rarement l'objet principal des actes accomplis ; il n'en serait ainsi, à notre avis, que dans le cas suivant : celui qui a monté la distillerie ou le moulin s'approvisionnait d'abord uniquement aux petits propriétaires voisins ; puis pour se débarrasser de ceux-ci, il a acheté leurs terres de sorte qu'il n'agit plus que sur des denrées qu'il a produites : dans ce cas l'entreprise n'en resterait pas moins commerciale : le principal est réellement la transformation des produits, grâce au travail d'autrui.

Pour les raisons que nous avons indiquées plus haut l'exercice des arts mécaniques n'est pas un négoce : ce que nos ancêtres appelaient un *métier* ne constitue plus aujourd'hui un acte commercial, tant que l'artisan se borne à travailler à façon : s'il achète des matières premières et qu'il les revende, ou s'il embauche des aides qui ne puis-

---

(1) Le fisc n'attend pas si longtemps ; dès qu'il y a achat à l'extérieur, le cultivateur est immatriculé à la patente.

sent pas être considérés comme ses associés, alors il fera commerce.

Parmi ceux qui pratiquent les arts industriels et vivent du travail de leurs mains, M. Thaller distingue très justement : l'ouvrier, l'artisan, le façonnier : l'*ouvrier*, celui qui loue ses services à un maître, payé proportionnellement à la tâche faite ou au temps de travail, attaché à une maison déterminée, travailleur à gages, ne fait jamais commerce. L'*artisan*, travailleur libre, qui loue ses services à des particuliers lorsqu'ils lui donnent certaines commandes ou lui remettent des objets à réparer, — mais néanmoins travaillant à ses risques et périls, sorte de petit entrepreneur sans entreprise (tailleur, cordonnier, savetier, ébéniste) ne ferait pas commerce, parce que son rôle consiste à s'interposer dans un produit déjà en cours d'usage ; — enfin, le *façonnier*, sorte de petit manufacturier, exécutant les commandes que lui donne telle ou telle maison de commerce, mais restant libre néanmoins, maître de son travail, lié à l'auteur de la commande par un louage d'ouvrage, et non par un louage de services comme l'ouvrier, mais s'exerçant sur un produit neuf, fera commerce, parce qu'il intervient dans la chaîne des échanges. Ces distinctions peuvent, au reste, être très difficiles en pratique, à cause de l'adjonction de machines outils, ou de main-d'œuvre.

A notre avis, si la distinction de M. Thaller est très juste et très bien établie, elle ne nous agrée pas de tous points : c'est qu'à notre point de vue, l'artisan, le façonnier, l'ouvrier ne faisant que louer leurs services à un particulier, à un industriel, à une maison déterminée n'accomplissent pas d'actes d'entremise, tant qu'il n'y a pas d'achats pour revendre ou d'engagements d'ouvriers accessoirement à leur industrie : c'est là, avons-nous dit, que gît la commercialité, et s'il est vrai que le façonnier participe au commerce, il ne fait pas d'acte de commerce.

C'est à peu près dans ce sens que la jurisprudence a tranché cette question. Cependant, ici encore les questions de fait, résultant de la situation de l'artisan vis-à-vis de ses ouvriers, de la nature et de la quantité des machines qu'il emploie, devront dans une large mesure commander la décision à intervenir. .

§ 2. — Entreprise de travaux et de constructions.

Les entreprises de travaux et de constructions sont souvent englobées dans une même définition : ce sont les opérations faites par un individu qui se charge à forfait, et moyennant un prix convenu de l'exécution de certains travaux ou de la confection de certains ouvrages sur les immeubles (1). La plupart du temps en effet, un même individu aura le matériel et le personnel nécessaires pour effectuer des travaux et des constructions. Mais, de ce que cela a lieu souvent en pratique, il ne faut pas conclure qu'un entrepreneur de travaux soit toujours entrepreneur de constructions, et réciproquement.

L'entreprise de construction est l'ensemble des opérations faites par une personne qui, à l'aide de machines, d'ouvriers spéciaux engagés à cet effet, de matériaux qu'ils travaillent et façonnent, s'engage à fournir à un particulier, à une personne morale quelconque un ouvrage de nature immobilière. Peu importe d'ailleurs qu'il travaille avec les matériaux qu'il a achetés et qu'il revend ainsi au

---

(1) Sur les différentes entreprises de travaux et les questions qu'elles peuvent soulever, consultez l'ouvrage de M. Bonpaix, *Rép. de jurispr. en mat. de travaux particuliers*, Paris, 2 vol. 1892.

maître, ou avec ceux que lui a remis le propriétaire du fonds.

L'entrepreneur de travaux se borne à exécuter sur un immeuble déterminé appartenant à autrui des travaux ayant pour objet la modification ou l'amélioration de la nature du sol : citons les entreprises de terrassements, d'ouverture de routes, de passage, de forage de puits, de dessèchements de marais, etc.

L'entreprise de constructions, ainsi que l'entreprise de travaux ont, semble-t-il, deux raisons pour être écartées de la commercialité : — elles sont relatives à des immeubles ; elles ont été éliminées probablement par les rédacteurs du Code, puisque l'article 632 n'en parle pas.

La nature immobilière de l'objet en vue duquel travaille l'entrepreneur ne doit pas nous empêcher de ranger son opération dans la classe des actes de commerce ; la série des actes qu'il accomplit constituant une entremise sont des faits de négoce : c'est seulement à certains d'entre eux que l'on devra maintenir le caractère civil.

A. — Ecartons d'abord l'hypothèse où la construction est faite par le propriétaire même du sol sur son terrain, soit pour l'habiter, soit pour le revendre : au premier cas, il n'y a ni spéculation ni entremise ; il n'y a donc pas acte de commerce ; il y a bien engagement de services, production d'un immeuble ; mais il n'y a pas entremise, puisque la chose produite est pour la consommation du producteur. Au second cas, il n'y a pas commercialité parce que l'entrepreneur n'a fait que travailler sur son fonds ; il n'y en a pas davantage dans le fait de la revente, parce que celle-ci a pour objet un immeuble ; et cette solution doit être admise, sans qu'il y ait lieu de distinguer si la spéculation portait principalement sur le terrain ou sur les constructions : dans le doute, il faudrait même présumer que celles-ci n'ont été faites que dans le but de mettre en valeur le fonds.

B.—La situation sera toute différente, à notre avis, lorsque l'entrepreneur a fait des travaux sur l'immeuble d'un tiers, ou construit sur le terrain appartenant à autrui, soit avec les matériaux qu'il fournit, soit avec ceux qui lui sont remis par le propriétaire (1). Ces sortes d'entreprises rentrent en effet dans l'entreprise de manufactures. — Il faut bien admettre que l'article 632, en classant l'entreprise de manufactures au nombre des actes de commerce a voulu y comprendre non seulement celles où la matière est achetée pour être travaillée et revendue après transformation, mais aussi celles où la matière ne subit aucune modification par suite du travail des ouvriers, où celui-ci ne fait que s'ajouter à la matière : autrement, la disposition de l'article 632 (2°) eût été inutile puisque l'alinéa 1er comprend déjà l'achat pour revendre après mise en œuvre.

a) Dans l'entreprise de constructions où l'entrepreneur fournit les matériaux et la main-d'œuvre, il y a certainement manufacture ; les matériaux sont *achetés pour être revendus*, il y a achat de machines, engagement d'ouvriers dont le travail a pour objet de façonner les matériaux en vue de l'ouvrage à obtenir.

L'entreprise de construction est indiscutablement une entreprise de manufacture ; les pierres achetées sont devenues un immeuble, peu importe, il y a acte de commerce : par conséquent pour toutes les difficultés où l'entrepreneur sera intéressé comme défendeur, le tribunal de commerce sera compétent : entre ce dernier et ses ouvriers, ses sous-traitants, ses fournisseurs.

(1) En faveur de la commercialité, loi belge de 1872.

Mais quant à la vente du travail une fois fait, du bâtiment commandé (pont, maison, aqueduc, hôtel, etc.), il y a là vente d'un immeuble, c'est-à-dire un acte purement civil, et c'est pourquoi les questions d'interprétation des marchés, de prolongation de délais, d'exécution des obligations du vendeur, la demande en garantie (prévue par l'art. 1792 du C. civ.), seront de la compétence des tribunaux civils (1). Et remarquons que cette idée n'est nullement inconciliable avec la théorie d'après laquelle l'entreprise est commerciale : il y a d'un côté l'ensemble des actes qui constituent le constructeur entrepreneur ; il y a d'un autre côté, toutes les conventions qui lient cet entrepreneur au maître : cette théorie est d'ailleurs en parfaite concordance avec ce qui se passe dans le cas suivant, tout à fait analogue : lorsque le maître au lieu d'être un particulier est l'État ou une commune qui a conclu un contrat d'entreprise, tout le monde admet que dans ce cas, la compétence des Conseils de préfecture s'impose pour l'interprétation du marché ; les autres actes ressortiront de la juridiction consulaire. Pourquoi cette attribution de compétence à deux juridictions ne serait-elle pas possible lorsque le travail a été commandé par un simple particulier ? Dans le premier cas, il est vrai, il y a un texte, l'article 4 de la loi du 28 pluviôse an VIII ; mais, de ce que le marché est commercial d'un côté et administratif de l'autre, la raison n'oblige-t-elle pas à déduire qu'il pourra être commercial et civil à la fois.

Qu'on n'aille pas dire que, d'après notre système, même le marché et la vente de l'ouvrage une fois fait sont des actes commerciaux, parce qu'en somme ce sont des matériaux qu'a revendus le constructeur : la réponse est facile ;

(1) En ce sens, Locré, *Esprit du C. de Comm.*, 2ᵉ édit., t. IV, p. 112.

sont-ce des matériaux ou un bâtiment, c'est-à-dire un immeuble qu'il a promis de livrer ? C'est un immeuble sans
aucun doute. Mais, répond-on, ce sont des meubles qu'il
a vendus, c'est sur des meubles qu'il a spéculé, et les matériaux n'ont cessé d'être meubles que pour cesser d'être
siens. Nullement ; si les matériaux, par accession au sol,
sont devenus immeubles, c'est *erga omnes* aussi bien vis-
à-vis de l'entrepreneur que du constructeur ; c'est une
transformation juridique qui fait de la vente de la chose
faite une vente immobilière, c'est-à-dire exclue de la commercialité. On ne pourrait même pas invoquer ici la théorie de l'accessoire, car, comme a dit M. Arthuys (1), la
théorie de l'accessoire ne peut s'appliquer qu'à un acte
qui de sa nature peut devenir commercial (2).

b) Si la jurisprudence et la majorité des auteurs admettent maintenant la commercialité de ces entreprises lorsque le constructeur fournit les matériaux, ils sont généralement d'accord pour l'écarter, soit lorsque l'entrepreneur
construit sur un terrain avec les matériaux d'autrui, soit
lorsqu'il effectue sur ce terrain des travaux, tels que ceux
de terrassement, dessèchement de marais, etc. Nous avons
cru démontrer que l'entreprise de manufactures devait
rationnellement s'étendre aux entreprises de travail à façon, où l'opération de l'entrepreneur porte non plus sur
des matériaux, mais sur les services de ses subordonnés ;
son opération consiste dans une entremise entre ces ouvriers et le public ; il n'est pas nécessaire pour qu'il y ait
commerce qu'il vienne s'ajouter à cette entremise sur le

---

(1) *Revue critique*, 1882, p. 611.
(2) Pour la commercialité dans ce premier cas : Poitiers, 23 mars 1841,
S. 41.2.633 ; Poitiers, 20 fév. 1851, S. 50.2.637 ; Bastia, 8 avril 1831, S.
31.2.581 ; Limoges, 21 nov. 1855, S. 37.2.191 ; Nancy, 20 juillet 1870, S. 71.
2.28.

travail une entremise plus réelle, plus tangible sur la manutention et la transformation d'objets corporels ; du moment que par l'intermédiaire intéressé d'un tiers, ce travail de l'homme, précurseur et maintenant associé des forces mécaniques, trouve à s'exercer en vue de répondre à un besoin du public, cet intermédiaire entre dans le domaine de la commercialité.

C'est pour cette raison qu'il faut décider que l'entrepreneur de travaux ou de constructions doit être réputé accomplir des actes de commerce, même lorsqu'il ne fournit que le travail de ses ouvriers, sans fournir la matière. Si cette dernière condition était nécessaire, on restreindrait considérablement la théorie de l'acte de commerce, on y ferait échapper toutes les entreprises où l'agent fournit de préférence le travail des ouvriers qu'il a engagés, l'emploi du matériel ne jouant qu'un rôle secondaire ; et l'on ne pourrait comprendre pourquoi le Code range parmi les actes de commerce les entreprises de fournitures, dont la plupart, les plus modernes au moins, n'ont pour but que de fournir le service des ouvriers appliqué à répondre aux nécess.tés de la vie courante — que les besoins d'hygiène, de luxe, de confort multiplient de plus en plus.

Dans le cas où l'entrepreneur ne fournit que la main-d'œuvre, comme au cas précédent, bien entendu, la vente de l'ouvrage reste du ressort de la juridiction civile pour les raisons données plus haut.

La jurisprudence ne paraît pas disposée à admettre notre système, et reconnaît d'une façon permanente le caractère purement civil de ces entreprises (1).

---

(1) En notre sens, Cardot, *Revue de droit commercial*, 1864, t. I, p. 181 ; Dalloz, *Rép.*, n° 201 ; *Pand. franç.* — *Contrà* : Concl. avocat gé-

On oppose encore à notre système, et en général à tout
le système de commercialité des entreprises de construction, les travaux préparatoires du Code de Commerce. Ces
travaux préparatoires, malgré l'observation fameuse de la
Cour d'Orléans, ne semblent pas de nature à faire rejeter
notre proposition. On sait que, comprise dans la première
rédaction, soumise le 4 novembre 1806 au Conseil d'Etat,
l'entreprise de constructions a disparu de la rédaction
définitive adoptée le 3 janvier 1807. Aucun document ne
nous permet de savoir par qui et pourquoi cette suppression fut faite. Mais nous savons qu'il faut entendre largement les termes de notre article 632, et que si ces actes ne
peuvent pas être assimilés à des manufactures, on peut les
ranger dans les entreprises de fournitures,

Par conséquent, nous attribuerons le caractère commercial aux entreprises de constructions en pierre ou métallurgiques, d'ouvrages d'art, de chemins de fer, de terrassement, de ballastage, de pavage ; aux entreprises de
plomberie, de fumisterie, de peinture, de menuiserie,
de couvertures, de drainage, de curage de cours d'eau,
égouts, de ravalement, de balayage et de nettoiement, de
draguage des rivières ou des ports, de dessèchement des
marais.

Les entreprises de démolition sont sans contredit commerciales : leur entremise porte sur des matériaux qu'elles achètent pour les revendre après avoir ajouté le travail de leurs ouvriers : on ne peut pas dire qu'il y ait là
une opération immobilière ; ce n'est pas l'immeuble qui

néral Flandin, Poitiers, 21 déc. 1837 (D. 38.2.34) ; Bruxelles, 12 sept.
1825 ; Chambéry, 11 mars 1863, D. 63.5.6 ; Nancy, 22 mars 1876, D. 77.
2. 172.

est acheté ; il n'est envisagé que comme une agglomération de matériaux sur lesquels porte la spéculation.

Quant aux sociétés ayant pour but la construction et l'exploitation d'un canal, comme celles de Suez et de Panama, à moins qu'elles soient postérieures à la loi de 1893, elles ne sauraient dans notre droit actuel revêtir le caractère commercial, attendu qu'elles opèrent sur des terrains qui sont leur propriété ou du moins leur ont été concédés à long terme ; c'est un mode particulier d'exploitation et de mise en valeur du fonds affermé (1).

Cette règle doit nous servir à déterminer le caractère des entreprises de construction de canaux : si le travail est effectué au nom de l'État, par concession, l'entrepreneur devenant locataire du terrain à charge de construire le canal avec droit au péage pendant le temps de la concession, il n'y a pas acte de commerce, parce que c'est l'exploitation par la société de son immeuble ; si, au contraire, elle travaille pour un particulier sur le terrain de celui-ci, ou pour l'État en vertu d'un contrat d'entreprise sur devis, il y a de la part de la société un contrat de louage d'ouvrage qui est la base de son opération et la rend commerçante.

§ 3. — Entreprise de commission.

Le commissionnaire est essentiellement un intermédiaire : c'est là son rôle économique : au point de vue juridique, il est un mandataire, un représentant.

(1) En ce sens, Paris, 8 mars 1889, D. 91.2.233, et la note Boistel. Si nous décidons ainsi, c'est parce que nous envisageons l'exploitation de l'immeuble et sa mise en valeur de cette façon comme formant l'objet principal de l'entreprise. Cependant, si l'on voulait considérer les sociétés d'exploitation de canaux ou la société de Panama, comme entreprises de travaux, spéculant sur la main-d'œuvre engagée, il faudrait y voir des sociétés commerciales.

Mais quand y a-t-il commission ?

Les avis sont partagés sur le point de savoir quand le contrat de mandat deviendra contrat de commission, c'est-à-dire acte de trafic, — d'abord sur les éléments qui doivent fixer la nature juridique de ce contrat, puis sur les objets auxquels il peut s'appliquer.

Pour MM. Lyon-Caen et Renault (*Traité*, III, n° 301 et s.), il y a commission lorsqu'une personne « fait une opération de commerce pour le compte d'un tiers, soit sous le nom du commettant, soit sous son propre nom », pourvu que cette opération constitue un acte de commerce pour celui-ci. D'après la jurisprudence, la commission est un mandat où « le commissionnaire agit en son propre nom sans faire connaître son mandant » (V. Cass., 21 juillet 1852, D. 52. 1.251 ; Cass., 30 avril 1853, D. 53.5.140). Pour M. Rataud, c'est « un mandat ayant pour objet des choses mobilières faisant l'objet d'un trafic journalier » ; M. Thaller enseigne que c'est un marché passé par un intermédiaire relatif à un produit circulant.

Avec notre notion de la commercialité, il nous sera aisé de déterminer quand il y aura contrat de commission.

Le contrat de commission est un mandat d'une nature particulière ; pour qu'il y ait entremise dans le fait d'agir comme mandataire d'un tiers, il est indispensable que ce mandataire agisse non pas au nom du mandant, mais en son propre nom, car d'après les principes du pur droit civil, il y a identité de personnes juridiques et l'acte accompli par le mandataire est censé accompli par le mandant ; je charge un ami de vendre en mon nom les 20.000 gerbes de paille de ma récolte ou de m'acheter 3 pièces de vin pour ma consommation ; il n'y a pas acte de négoce de la part de celui-ci : on dira bien que j'ai acheté « par son

A. — 16

intermédiaire », mais ce ne sera là qu'une entremise fictive, résultat de la fiction juridique sur les effets de la représentation. Il y aura d'ailleurs un autre motif pour qu'il n'y ait pas acte de négoce ; c'est que ce mandataire n'a pas agi dans un esprit de lucre ; car l'essence du mandat est d'être gratuit ; mais quand même le mandataire serait salarié, il n'y aurait pas commerce tant qu'il n'aura agi qu'en mon nom ; celui-ci sera lié à moi par un louage de services ; et c'est pour cette raison que le commis-voyageur, attaché à une maison, traitant pour le compte de celle-ci, ne fait pas d'acte de commerce : c'est qu'il n'agit pas en son propre nom.

Donc, pour qu'un contrat de mandat devienne un contrat de commission, il faut que le mandataire ait conclu le marché *pour le compte d'un tiers, mais en son propre nom*, c'est-à-dire sans indiquer pour qui il vend, et pour qui il achète, qu'il ait engagé sa parole et offert en un mot sa responsabilité personnelle en même temps que son entremise ; il faut aussi qu'il soit intéressé au résultat de l'opération en prélevant son tant pour cent sur la valeur des marchandises qui passent entre ses mains.

Quant à l'objet sur lequel doit porter cette entremise, on admet généralement que ce sont des denrées et marchandises, des produits circulants, d'un trafic journalier : à notre avis, il suffirait que cette entremise portât sur un objet de nature à répondre à un besoin du public (1) ; mais l'article 95 du Code de commerce ne parle que des marchandises et il accorde au commissionnaire un privilège « sur les marchandises expédiées, déposées ou consignées ; »

---

(1) C'est ainsi que certaines agences, comme l'Agence des Voyages économiques, par exemple, jouent un véritable rôle de commissionnaire en matière de transports.

la commission ne peut donc s'appliquer qu'à des meubles corporels ou incorporels susceptibles d'être constitués en gage (art. 92, 95, C. comm., 2071, 2075, C. civ.).

Nous définirons donc la commission : « l'acte par lequel une personne se charge d'accomplir pour le compte d'un tiers, mais en son propre nom, en s'obligeant personnellement, un marché relatif à un meuble corporel ou incorporel utile au public » (1) ; à notre avis, le commissionnaire qui exerce son entremise relativement à un fonds de commerce, fait trafic tout aussi bien que le consignataire qui se charge de vendre le produit d'une récolte de vins ou les cuirs que lui expédie une tannerie et le facteur aux halles (Cass., 13 juillet 1864, S. 64.1.413). D'après notre article, un seul fait de commission n'est pas commercial : la location d'un magasin, l'engagement de comptables et d'employés, les offres faites au public par prospectus ou autrement, l'ouverture d'un compte chez un banquier sont les principaux éléments qui permettent de reconnaître l'entreprise.

§ 4. — Entreprise de transports par terre et par eau.

Pour les économistes qui définissent le commerce une circulation de produits, le transport est le fait matériel répondant le mieux à cette définition, puisqu'il consiste dans un déplacement qui rapproche les produits de leur lieu de consommation. Aussi le transport a-t-il de tous temps été indispensable au commerce, et c'est à raison des développements des moyens de transports que le commerce a pris l'essor auquel il est parvenu aujourd'hui. On comprend

---

(1) Remarquons que si cette personne avait agi *pour son compte*, l'acte rentrerait dans la classe des achats pour revendre ; et que si elle avait agi *au nom des tiers*, elle aurait joué le rôle d'un préposé ou commis.

quelle influence la civilisation peut avoir sur les moyens de transport, et inversement combien la facilité de ceux-ci peut favoriser les relations internationales.

Les entreprises de transports, malgré leur caractère indiscutable d'entremise commerciale, n'avaient pas été englobées dans l'énumération que le Code Savary donnait des matières soumises à la juridiction des consuls. Cependant il est bien probable que les messagers et maîtres de poste étaient considérés comme des marchands. Savary (1) s'occupe avec détail des voituriers et de leurs obligations, et nous trouvons un arrêt du Tribunal de Cassation du 11 vendémiaire an X (*Pand. chronol.*, I, 1, 41) qui, visant l'article 14 du titre XII de l'Ordonnance de 1673, déclare commerciale une entreprise de transports militaires (2).

Le Code de commerce fait rentrer parmi les actes de commerce les transports par terre et par eau (fluviaux et maritimes). Suivant nous toutes les entreprises de transports doivent être déclarées commerciales, et, si, rationnellement dans la théorie de la circulation, les transports de personnes devaient échapper à notre loi, elles rentrent naturellement dans le cadre de notre système, car ils contiennent l'entremise caractéristique en vue de satisfaire aux besoins des hommes ; le besoin de déplacement, qui n'a longtemps existé qu'à l'état latent, n'en a pas moins trouvé un jour sa satisfaction, et il s'est alors développé avec une rapidité que nul, il y a cinquante ans, n'aurait soupçonnée.

Les entreprises de pompes funèbres, répondant à d'au-

---

(1) *Le parfait négociant*, II, p. 572 et s.

(2) « Attendu qu'elle constitue un trafic auquel les agents de cette entreprise sont employés. » — V. aussi Jousse, *Comment. des ordonn.*, p. 361, Poitiers, 1828.

tres besoins, ont le même caractère, pourvu qu'elles soient exploitées dans une intention de lucre ; les entreprises de déménagements, les entreprises de transports de lettres, colis, dépêches (lorsqu'elles ne sont pas aux mains de l'État) ont la même nature, tout comme les entreprises de transports de marchandises : chemins de fer, camionnage (1), etc. Les transports par eau rentrent dans le même genre d'exploitation, et par analogie de services rendus, nous étendrons l'application de la loi commerciale aux entreprises de remorquage et de touage, de halage de bateaux: si ce n'est pas positivement un transport, il y a là un achat pour louer, en vue de produire le déplacement de certains objets qui n'ont pas en eux la force motrice nécessaire ou suffisante.

Nous avons vu dans le chapitre précédent que l'existence d'une concession accordée par l'État ou une commune à une compagnie de transports ne s'opposait pas à la commercialité des opérations de celle-ci ; les compagnies de chemins de fer, de tramways, d'omnibus, le service concessionnaire des transports des colis postaux à Paris, font donc acte de négoce, de même qu'autrefois les maîtres de poste. — Cependant pour les compagnies de chemins de fer, une objection a été soulevée: elles ne se contentent pas, disait-on, d'opérer un transport de personnes ou de choses, elles construisent la voie de transport qui est une chose immobilière faisant partie du domaine de l'État, exploitent cette voie qui est un immeuble dont la propriété doit revenir tout à fait libre aux mains de l'État au bout d'un certain temps. — La Cour de cassation a repoussé

(1) Il faut assimiler également les entreprises de roulage, de factage, de messageries, le colportage (s'il ne contenait déjà un achat pour revendre).

cette argumentation, s'appuyant avec raison sur ce que
« le transport des voyageurs et des marchandises est le
but de l'entreprise pour lequel elle est constituée » (Cass.
req., 14 juillet 1862, D. 62.1.518) ; ce qu'elles sont destinées à offrir au public, ce qu'elles comptent faire rémunérer c'est avant tout la translation des personnes et des
marchandises ; le matériel roulant et les moyens de trac-
tion sont la partie essentielle de ce qu'elles exploitent :
les voies, les gares ne sont que l'accessoire d'un mode
spécial de transport ; les constructions immobilières ne
sont pour elles qu'un moyen d'atteindre leur but, la circulation mobilière.

Quant à l'existence de leur monopole et des tarifs soumis à l'homologation du Ministre des Travaux publics,
elle ne change pas la nature de l'exploitation : à cette époque de libre concurrence, tout ce système de concession,
de garantie d'intérêts, de tarification et de surveillance
administrative semble une cuirasse démodée faite pour
gêner les mouvements de ces compagnies, et leur retirer
les allures souples, légères et rapides du commerce. Malgré tout cela, elles n'en conservent pas moins tous les éléments de la commercialité, et c'est à bon droit que les
auteurs et une jurisprudence constante leur en appliquent
les règles.

§ 5. — Entreprise de fournitures.

En énumérant l'entreprise de fournitures parmi les actes de commerce, les rédacteurs du Code paraissent avoir
voulu prévoir et englober les différents moyens par lesquels l'activité humaine trouve à s'exercer pour pourvoir
aux nécessités de la vie : aucun mot en effet ne semble
mieux choisi pour permettre à la commercialité de se dé-

velopper dans tous les sens, au gré des progrès de la civilisation, et des besoins de plus en plus nombreux que font
naître l'augmentation de la richesse et l'application des
découvertes scientifiques.

Entreprise de fournitures : c'est toute exploitation commerciale ou industrielle ayant pour but d'exécuter au
profit du public certaines prestations de denrées ou certains services pour un prix convenu, soit en une fois, soit
à intervalles périodiques : le marché s'exécute soit par une
vente, soit par un louage. C'est la grande industrie appliquée à satisfaire les besoins de tous les jours, à se plier
aux goûts du moment, à développer l'hygiène, le bien-être,
le luxe en les mettant à la portée de tous ; c'est l'introduction du machinisme, de la division du travail, de l'appropriation des tâches, la diminution des frais généraux et des
prix de revient, l'union du capital et du travail, toute cette
organisation nouvelle de l'industrie moderne à la place
du petit artisan qui trouvait à peine de quoi vivre en travaillant peu, mais en vendant cher.

La pratique des marchés de fournitures a pris un grand
développement dans les administrations publiques qui se
procurent ainsi à époques fixes les objets dont elles ont
besoin : l'administration de la guerre traitera avec une
maison qui lui livrera 20.000 uniformes ou 10.000 har-
nais (1). Mais les particuliers eux-mêmes ont recours à ces
marchés, trouvant plus avantageux de traiter avec des entrepreneurs qui viennent chercher à domicile ou apportent ce qu'il fallait autrefois porter ou aller réclamer chez
un artisan souvent éloigné ; les entreprises de blanchissage, de teinturerie, de dégraissage, les entreprises de

---

(1) Lorsque les marchés sont passés avec l'Etat, ils sont de la compétence du Conseil d'Etat (Avis du Conseil d'Etat, 11 juin 1806, art. 14).

fournitures alimentaires, d'éclairage, de fourniture de glace artificielle pour les restaurants sont, entre cent autres, les meilleures preuves de la multiplicité de ces contrats.

Le caractère de la fourniture est commercial pourvu qu'il y ait intention de lucre et entremise : pour défaut de spéculation, n'est pas commerciale la société des fourneaux populaires qui se charge de nourrir les pauvres moyennant un bon de 0 fr. 10 que remet l'indigent ; pour défaut d'entremise, restera civil pour le fournisseur le marché par lequel une compagnie minière s'engage à fournir à un industriel 1000 tonnes de charbon par mois.

Le mot de « fournitures » ne doit pas s'appliquer uniquement à des denrées ou marchandises, en un mot à des produits circulants ; il doit s'appliquer à toutes les choses susceptibles de satisfaire les besoins d'une civilisation avancée. C'est ce qu'a compris de bonne heure une jurisprudence progressive et sous cette influence la théorie de la commercialité a pris de surprenants développements.

A notre avis, on devra déclarer commerciales : les entreprises de blanchissage (1) et de dégraissage, les entreprises d'arrosage public et de nettoiement (2), de vidanges, d'enlèvement des ordures ménagères, d'affichage, d'exploitations d'eaux (dans certains cas) et d'éclairage public ou privé. (Nous étudierons à part ces deux dernières entreprises.)

Toutes ces entreprises apparaissent ainsi avec des caractères d'entremise entre l'offre et la demande ; leur nombre augmentera encore au fur et à mesure que s'éveilleront de nouveaux besoins et que seront découverts les

(1) Cass., 15 avril 1829, S. 29.1.188.
(2) Turin, 26 février 1811, S. 16.2.80.

moyens de répondre d'une façon nouvelle à des besoins anciens : qui nous dit que nous ne verrons pas d'ici un demi-siècle des entreprises établissant des conduites sous la voie publique et se chargeant de distribuer le chauffage à domicile, ou de la vapeur que l'on puisse transformer en force motrice ; à New-York, existent des entreprises fournissant chaque matin dans les quartiers riches des blocs de glace artificielle destinés à la toilette et aux usages domestiques ; — la compagnie des horloges pneumatiques n'est-elle pas une application aussi originale que bizarre de la loi du développement progressif des entreprises de fournitures ? On aura beau dire que l'air n'est pas un produit, qu'il n'est pas susceptible d'être vendu, qu'importe ; si, par suite de l'emploi d'un matériel ingénieux et compliqué (machines, compresseurs, tuyauterie) et d'un personnel spécial, le produit vendu est une chose utile que l'on ne peut se procurer que par cet intermédiaire ? C'est une véritable entreprise de fournitures : la fabrication d'eau de Seltz, de glace artificielle au moyen d'eau stérilisée (Compagnie du glaçon parisien) n'est-elle pas une manufacture parce que la base de l'objet produit est l'eau, matière à la disposition de tous ?

A. *Entreprises d'éclairage et de fourniture de force à distance.* — La première partie du siècle a vu naître les sociétés d'éclairage par le gaz ; depuis trente ans, l'électricité est apparue pour nous fournir la lumière ; elle transmet déjà la force et le mouvement ; peut-être fournira-t-elle un jour le chauffage : hier encore apparaissait un nouveau produit, l'acétylène, appelé peut-être d'ici peu à modifier nos lampes et tous nos moyens d'éclairage (1). Quelle est la nature des sociétés gazières ou d'élec-

(1) Nous ne parlerons pas du pétrole qui, n'étant fourni en France que

tricité? Pour les sociétés gazières, aucun doute n'est possible, ce sont des entreprises de manufactures ; elles achètent le charbon, matière première, qui subit un traitement particulier dans les cornues et gazogènes et devient un gaz éclairant fourni à la consommation ; le gaz est un produit fabriqué, de même que les huiles lourdes et goudrons, résidus de distillation de la houille ; la compagnie qui les fabrique fait acte de commerce (Ainsi résolu implicitement, Cass., 11 avril 1854, S.55.1.299). Même solution pour une compagnie de fabrication de l'acétylène.

La question est plus délicate pour les sociétés d'éclairage électrique ou de transmission de force à distance. Contre la commercialité, l'électricité, a-t-on dit, n'est pas un produit fabriqué ; la compagnie qui la produit ne se livre pas à l'entreprise de manufactures ; l'électricité ne s'achète pas, elle n'est pas une marchandise ; on la recueille dans la nature, fluide toujours identique à lui-même, dont l'homme peut s'emparer pour servir à ses besoins, parce qu'elle est *res nullius*, mais qu'il ne saurait ni produire ni transformer ; tout ce qu'il peut faire c'est d'en faciliter la manifestation ; il n'y a pas transformation de la matière première, ni achat pour revendre, mais distribution d'une chose qui n'appartient à personne, puisée dans le domaine de tous. La compagnie d'éclairage électrique ne fait pas acte d'entremise, donc pas acte de commerce.

Nous avons soutenu que l'entreprise de manufactures ne doit pas seulement s'entendre de la manipulation d'un produit acheté ; elle doit comprendre toutes les branches

---

par le commerce, n'est pas exploité industriellement ; en Amérique l'exploitation des puits de pétrole, comme celle du citoyen Rockfeller, le Roi des pétroles, donne lieu à une industrie très importante,

de l'industrie où le travail allié au capital a pour but de
produire une valeur utile à la masse du public. Or, quelle
que soit la nature de l'électricité au point de vue scientifique, il est clair que ce n'est pas un produit fabriqué ; et
pourtant elle est inutilisable à l'état naturel ; le rôle de
l'entreprise est ici de nous la rendre utile.

Quand même on admettrait qu'elle n'est pas produite
par les machines (dynamos, accumulateurs) que les compagnies emploient, il est indéniable que ces machines lui
font subir une préparation spéciale, favorisent la production du courant, fluide impondérable qui se trouve autour
de nous à l'état latent ; mais, qui plus est, l'élément produit resterait inutilisable et sans valeur, si tout un matériel de conducteurs, de fils, de lampes, d'accumulateurs
ne venait transformer ce courant et lui donner une tension
et une puissance suffisantes pour l'obtention de la lumière.

C'est bien là une transformation qui exige le travail de
l'homme et lorsqu'elle est faite dans une usine établie à
cet effet, il semble difficile d'admettre qu'elle ne constitue
pas une entreprise de manufactures et de fournitures
quand la compagnie consent des abonnements aux communes et aux particuliers. C'est ce qu'a très bien jugé la
Cour de Lyon (4 juillet 1890) (1). S'il n'y a pas transformation, il y a appropriation du courant au moyen du travail d'autrui.

Ces compagnies électriques ne peuvent pas être assimi-
lées au propriétaire qui vend les fruits de son fonds, puisqu'elles vendent une chose qui n'appartient à personne,
l'électricité étant *res nullius*.

(1) S. 92.2.275. Sur ce sujet, V. Hérard et Sirey, *Les canalisations
d'éclairage électrique* (p. 106) et Vavasseur, *Traité des sociétés civ. et
commerc.*, nº 18.

Doit-on considérer comme commerciales les compagnies fondées pour la transmission des communications par le télégraphe ou le téléphone (1)? La production de l'électricité n'est pas ici l'objet principal de l'opération ; elle n'est que le moyen employé pour ce transport d'un nouveau genre. Si nous les considérons comme commerciales (et c'est la solution qui semble la plus conforme à la nature des faits), ce serait à raison de l'emploi du matériel (câbles, piles, fils, etc.) destiné à effectuer un transport d'une sorte particulière, ou à raison de l'entremise exercée entre le public et les services du personnel employé (2).

B. *Entreprises d'exploitation d'eaux.* — Il n'y a pas d'entremise dans le fait du propriétaire d'une source d'eaux thermales ou minérales, qui recueille les eaux issues de son fonds, les met en bouteilles et les vend ainsi ; il n'est donc pas commerçant ; une commune qui distribue à ses habitants l'eau d'un ruisseau ou d'une source issue de la montagne voisine ne fait pas non plus commerce ; il en est de même du propriétaire d'une source d'eau potable, qui laisse les habitants d'un village y puiser, quand même il exigerait une rétribution : il agit comme un fermier vendant son blé.

Mais fréquemment, pour l'alimentation des grandes villes en eaux potables, des travaux énormes doivent être faits : captage de sources à une grande distance de la ville, ou prises d'eau ; travaux d'adduction, de distribution à domicile ; tantôt la commune exerce ces actes en régie, les faisant à l'entreprise ou les faisant faire par un régisseur ; tantôt elle concède à une compagnie le droit à l'exploita-

---

(1) En France, la question ne se pose pas, ces services étant aux mains de l'État ; elle se présente pourtant à l'égard des compagnies exploitant un câble sous-marin.

(2) En ce sens, Bruxelles, 19 mai 1892, *Belg. judic.*, 1892, col. 947.

tion de l'eau, avec charge d'accomplir les travaux et droit de percevoir des abonnements des particuliers.

La distinction que nous avons posée plus haut va nous servir ici : écartons d'abord le cas où, comme à Paris, les travaux ont été faits par la ville qui s'est chargée de l'adduction, de leur source aux réservoirs municipaux (1) : le traité du 11 juillet 1860 qui lie la Ville de Paris à la Compagnie générale des eaux laisse la Commune propriétaire des eaux distribuées ; la Compagnie n'est pour ainsi dire qu'un agent de la Ville chargé d'assurer la distribution, de conclure les abonnements, d'effectuer les travaux de canalisation, les réparations, et de verser les recettes à la caisse municipale : c'est un contrat de régie intéressée (la Compagnie percevant une *prime* lorsque les recettes excèdent tant de millions). Deux raisons empêchent la Compagnie de faire trafic : d'abord le produit qu'elle livre reçoit toute sa valeur des travaux faits par la Ville ; elle ne fait que vendre les eaux dont celle-ci est propriétaire ; de plus elle n'est liée envers l'administration municipale que par un louage de services ; son profit consiste dans une rémunération fixée d'avance ; sa situation est analogue à celle d'un débitant de tabacs de la Régie ; aussi est-ce avec raison, suivant nous, que la Cour de Paris (30 mai 1873) infirmant un jugement du Tribunal de commerce de la Seine, et la Cour de cassation (16 juin 1874) (2) ont décidé que cette compagnie ne faisait pas acte de commerce.

Si nous passons au régime de concession, la situation est différente : c'est la compagnie qui a effectué tous les travaux de captage et de prise d'eau, d'adduction, de ca-

---

(1) V. Humblot, *De la dérivation et de la distribution des eaux de sources dans les villes.*

(2) S. 74.1.315.

nalisation et de distribution ; elle agit à ses risques et périls, pour son compte, et peut, pour se rémunérer de ses travaux, conclure des abonnements à un tarif déterminé. Dans ce cas, la compagnie concessionnaire fait une véritable entreprise de fournitures ; elle s'engage à procurer aux habitants un produit qui ne serait pas à leur disposition sans son entremise; non seulement, peut-on dire, elle a acquis de la commune sinon l'eau, du moins le droit à la disposition et à l'usage de l'eau qu'elle vend aux particuliers, mais elle leur vend un produit qui ne se trouve à leur portée que par suite des travaux qu'elle a faits : captage, adduction, filtrage, réservoirs, tout un aménagement, tout un matériel dont l'ensemble donne à l'opération un caractère industriel et commercial bien déterminé.

On répond que la compagnie, subrogée à la ville, ne fait que vendre les eaux dont elle est propriétaire, ce qui, aux termes de l'article 638 (1°), n'est pas acte de négoce ; de plus, ajoute M. Thaller, l'eau n'est pas un produit vénal.

Sans doute, il semble que l'eau, de même que l'air, que la mer, à raison de la quantité qui couvre le globe, soit une chose commune, une *res communis*, dont l'usage appartient à tous, et par conséquent ne soit pas vénale, parce que chacun doit pouvoir en jouir sans bourse délier. Malheureusement, dans l'état actuel de notre civilisation, il n'en est pas ainsi : les villes pour fournir aux habitants l'eau potable sont dans la nécessité de se livrer à grands frais à des achats de sources, ou de faire faire des travaux considérables qui, de l'eau, produit naturel à sa source, font à sa distribution presque un produit manufacturé et livrable à la consommation. Ne peut-on pas rationnellement reconnaître le caractère commercial à une société qui, dans le but de procurer aux habitants d'une ville qui en est privée une eau pure et potable, utilisable, en un mot, fait des acquisitions de terrains, établit des conduites souterraines, des canalisations, des robinets, pour permettre à cette eau sans valeur à sa source d'être vendue à 100 kil. de là, à raison de tant le mètre cube ? Il y a là une sorte de modification économique du produit ; et celui qui s'entremet pour procurer au public ce produit inutilisable dès l'origine fait acte de commerce, entreprise de manufactures, de fournitures. Si l'on veut, la compagnie des eaux ne vend pas plus l'eau que le porteur d'eau de Paris : celui-ci faisait payer sa peine et non le prix de l'eau qu'il avait gratuitement : la compagnie concessionnaire vend le travail de ses ouvriers et de ses machines en vue de procurer au public un produit utile (1). C'est ce qu'ont jugé le Tribunal de commerce de Nantes (21 février 1874, Jurisprud. de Nantes, 1874.1.184) et la Cour de Rennes (25 novembre 1874, Jurisp. de Nantes, 1875.1.133) : « Attendu que la Compagnie, qui régit simplement les eaux à Paris, les exploite à Nantes pour son propre compte, dans la mesure de la quantité dont elle dispose pour les services particuliers (2). »

§ 6. — Entreprise de bureaux et d'agences d'affaires.

La Cour de Colmar (25 février 1839, *J. Pal.*, 39.1.256) a essayé de définir l'agence d'affaires : « toute spéculation

----

(1) C'est là l'objet principal de son exploitation, ce qui fait son entremise ; la vente de l'eau produit naturel à sa source, n'est pour ainsi dire qu'un accessoire de la fourniture.

(2) Pour les raisons ci-dessus, nous donnerons aux établissements de bains chauds le caractère commercial : outre l'achat pour louer de baignoires et de linge, il y a achat d'eau pour en vendre l'usage aux particuliers.

donnant lieu à des transactions entre les agents et leurs clients, et à l'émission d'effets qui le plus souvent sont négociables ; nécessitant en outre des paiements et des recouvrements, des correspondances, une tenue de livres, c'est-à-dire toutes opérations qui sont propres au commerce. »

La plupart du temps, les actes accomplis par l'agent d'affaires ne rentrent pas dans le cadre de la commercialité tel que nous l'avons construit ; l'élément d'entremise réelle ne s'y rencontre pas : l'agent d'affaires offre ses seuls services au public en vue d'accomplir certains mandats relatifs à la gestion des intérêts des particuliers, et ce sont ces services qu'il entend faire rémunérer : il n'y a pas comme dans les autres entreprises l'adjonction d'un personnel ou d'un matériel sur les produits desquels l'entrepreneur se porte intermédiaire : le bénéfice de l'agent ici n'est que le salaire de ses services, comme pour un artisan le prix de son travail, pour un avocat, un médecin leurs honoraires. En déclarant commerciales les entreprises d'agences d'affaires, il semble que le Code ait obéi à une idée de défiance, à la nécessité de permettre à la loi commerciale d'englober des professions multiples qui agissent à la façon du négoce. C'est peut-être une sage mesure de prévoyance d'appliquer ainsi la loi commerciale à ceux qui s'offrent au public et opèrent à la façon du commerce ; mais c'est une extension exagérée de la notion économique du trafic, et si elle est désirable en fait, elle ne s'explique pas en droit pur : les rédacteurs du Code ont obéi à une idée de défiance à l'égard de ces mandataires salariés, indispensables de nos jours et qui gèrent au nom des particuliers les intérêts souvent énormes que ceux-ci leur confient : la faillite a paru une juste garantie accordée au public. Aussi, refuserons-nous le caractère commercial aux actes accomplis par certains agents investis de la confiance de la loi ou de la justice, quoique leurs opérations ne diffèrent de celles des agents d'affaires ordinaires que par la protection légale qui les favorise : nous écarterons les syndics de faillites (1), les arbitres rapporteurs, les agréés (2), les experts, les administrateurs judiciaires, tous les auxiliaires de la justice, que la confiance des tribunaux revêt d'un certain caractère public ; il faut également mettre à part les avocats (art. 42, Ord. du 20 nov. 1822), les avoués, notaires, huissiers, auxquels leur rôle d'officiers ministériels agréés par le gouvernement, soumis à des règles disciplinaires, enlève le caractère d'agents d'affaires.

Le nombre des agences d'affaires est infini, et leur nature très variable ; il serait fastidieux et inutile de les énumérer toutes. Peu importe qu'elles aient pour objet des actes civils ou de commerce ; ce n'est pas l'acte accompli, c'est le fait de spéculer sur l'exercice de certains mandats qui engendre la commercialité.

Parmi les professions qui présentent les éléments de l'agence d'affaires, il faudra ranger : la gérance de propriété (Cons. d'Etat, jurisprudence constante) ; l'office de receveur de rentes, et l'agence de recouvrements (Cons. d'Etat, 3 mai 1851, D.51.3.56), les acheteurs de créances (Montpellier, 26 janv. 1832, S.33.2.391), l'agence matrimoniale (Paris, 11 janv. 1884, S.84.2.100), la direction d'un bureau de contentieux (3).

(1) Besançon, 29 déc. 1875, S. 78.2.65 et note. *Contrà*, Comm. Dôle, 19 fév. 1881, S. 81.2.95.
(2) Bordeaux, 12 mars 1884, S. 84.2.177 ; Douai, 4 janv. 1882, S. 83.2.197.
(3) C. d'Etat, 25 avril 1834, Arrêts du C. d'Etat, 1834, p. 250 ; C. d'Etat,

A. — 17

A côté de ces entreprises qui existent depuis longtemps et ont peut-être existé de tout temps, il en est que des changements dans nos lois ont fait disparaître : l'agence de remplacements militaires (loi du 1er fév. 1868), les entreprises de traite des nègres ; il en est d'autres que des besoins nouveaux ont fait naître : les bureaux de placement, qui se chargent de procurer des emplois aux ouvriers et domestiques sans travail ; les agences de renseignements ; les agences de voyage, d'émigration ; les agences de publicité (Paris, 5 août 1873, *J. trib. comm.*, t. 23, p. 62) ; les agences dramatiques, dont le but est de fournir des engagements aux auteurs dans les théâtres et concerts (Paris, 22 août 1861, *J. trib. comm.*, t. 10, p. 446), les agences de brevets, les agences de traduction de pièces. Les agences de prêts sur gages (que l'on peut aussi considérer comme des banques) sont commerciales ; mais ce caractère doit être refusé aux monts-de-piété ; quoique imposant des conditions très lourdes aux malheureux qui y ont recours, ce sont des institutions charitables.

Depuis la seconde moitié du siècle, se sont développées des institutions de prévoyance auxquelles le caractère commercial a été reconnu par extension de la qualification d'agences d'affaires.

A côté des caisses ou banques d'épargne et des caisses de retraites (lorsqu'elles ne sont pas gérées en mutualités, ou dirigées par l'État), auxquelles on doit reconnaître le caractère commercial, sont venues s'établir les compagnies d'assurances, dont nous avons indiqué sommairement l'origine.

5 sept. 1840, Arrêts du C. d'État, 1840, p. 332 ; C. d'État, 26 avril 1847, Arrêts du C. d'État, 1847, p. 232. *Contrà*, Amiens, 1er juin 1823.

Outre la vieillesse, les incapacités de travail, les revers de fortune, un grand nombre d'événements sont susceptibles d'affecter notre vie, nos biens, les personnes et les choses auxquelles nous unit un lien d'amitié ou d'intérêt. C'est pour nous garantir contre ces risques que se sont fondées et multipliées les compagnies d'assurances. Quoique la première compagnie d'assurances à primes date de 1788 et la première mutuelle sur la vie de 1805, elles sont vraiment une création de ce siècle, et notre Code n'en parle pas.

Ces entreprises à capitaux énormes, montées par actions, opèrent à la façon du commerce, ayant recours au crédit public, à la publicité, opérant sur des chiffres considérables. Devait-on les rattacher à la commercialité? Si l'on n'avait pu les assimiler à l'un des actes de l'article 632, il eût été désirable qu'une loi intervînt pour leur donner le caractère commercial. Mais on a pu y arriver soit par analogie avec l'assurance maritime, déclarée acte de négoce par l'article 633, soit avec l'entreprise d'agence d'affaires (1).

Malgré l'autorité de MM. Lyon-Caen et Renault, il nous paraît périlleux d'invoquer l'analogie avec l'assurance maritime, car il ne faut pas arguer de ce qu'un acte est commercial en droit maritime pour qu'il le soit en droit terrestre; le législateur à l'égard des opérations maritimes a obéi à certaines considérations d'utilité pratique dont le droit commun n'a pas à tenir compte : c'est ainsi que l'engagement des gens de mer est toujours un acte commer-

---

(1) Cass., 30 déc. 1846, D. 47.1.80 ; Caen, 12 mai 1846, D. 47.2.138 ; Cologne, 1er fév. 1847, D. 47.2.142 ; Cass., 16 juill. 1872, S. 72.1.277 ; Dijon, 28 fév. 1896, D. 96.2.430.

cial, il n'en est pas de même pour le louage de gens de service sur terre.

L'assimilation avec l'agence d'affaires nous paraît plus rationnelle ; écartons d'abord le cas de l'assurance mutuelle, et la question de la nature du contrat du côté de l'assuré ; ce sont là des faits civils par nature ; l'assuré et les mutualités n'ont en vue que la préservation d'un risque, non la recherche d'un gain ; *certant de damno citando, non de lucro captando* ; et l'engagement du mutualiste ou de l'assuré ne peuvent devenir commerciaux qu'en vertu de la règle de l'accessoire (art. 632, 6°) : la société d'assurances mutuelles n'est pas commerciale, car elle ne se distingue pas de la personne des assurés.

Quant à l'assurance à primes qui accepte la responsabilité de certains risques, moyennant une certaine somme que lui verse l'assuré, elle fait véritablement acte d'agence d'affaires : elle gère la mutualité formée par les assurés. Dans l'assurance sur la vie, contre la grêle, l'incendie, les accidents, la compagnie prend à sa charge les conséquences dommageables résultant de la réalisation d'un fait certain (la mort) ou d'événements possibles ; l'acceptation de ce mandat, lorsque l'assureur s'offre au public et traite avec le premier venu, constitue l'agence d'affaires. Tous les assurés, sans se connaître, ont entre eux le même intérêt : celui d'être couverts du risque réalisé ; au lieu de répartir les versements proportionnellement aux sinistres arrivés, ils paient un forfait à la compagnie, qui s'engage à endosser les risques et à indemniser les assurés. C'est une mutualité tacite, confiant la gestion de ses intérêts moyennant une somme de... à un tiers, qui consent à supporter l'aléa de l'opération, et espère bien y retrouver son compte (1).

(1) V. Thaller. *Ann. de droit commerc.*, 1895, *loc. cit.*

§ 7. — Établissements de ventes à l'encan.

Une entremise dans la circulation des objets vieux, comme des objets neufs constitue une entremise commerciale ; les objets d'usage déjà ancien peuvent subir des demandes comme les objets non encore utilisés : le marchand de tableaux, le marchand d'antiquités, le brocanteur font trafic ; il en est de même de ceux qui facilitent la rencontre de l'offre et de la demande, du vendeur et de l'acheteur : c'est en vertu de ce principe que le Code déclare commerciaux les établissements de ventes à l'encan et qu'on étend cette disposition aux magasins généraux.

L'établissement de ventes à l'encan est le lieu où se vendent soit des marchandises neuves, soit des marchandises vieilles au plus offrant et dernier enchérisseur ; celui qui dirige cet établissement fait acte de commerce ; il a loué un emplacement, aménagé des salles, engagé des employés, et de tout cela il cherche à tirer profit, il s'entremet ainsi afin de permettre la rencontre du producteur et du consommateur, de ceux qui veulent vendre et de ceux qui veulent acheter ; son magasin devient ainsi un lieu de dépôt où les meubles, denrées, marchandises attendent leur écoulement.

Les entreprises de docks, de magasins généraux, entrepôts ont la même nature. Le Code ne pouvait pas les prévoir ; c'est seulement en 1802 et 1803 que Liverpool et Londres possédèrent les premiers docks vraiment dignes de ce nom : chez nous, ils ne datent que de 1848 ; aussi le Code italien les range-t-il parmi les auxiliaires du négoce. Les magasins généraux ont pour but de permettre aux commerçants et aux particuliers d'y déposer leurs marchandises en attendant qu'ils en aient trouvé le placement, les marchandises sont mobilisées au moyen d'un warrant et d'un récépissé, titres circulants, représentatifs des objets déposés ; les magasins généraux non seulement peuvent vendre les marchandises qu'ils détiennent (et en cela ils rentrent sous la dénomination d'établissements de vente à l'encan), mais ils peuvent prêter sur leur valeur, ce qui les rend analogues aux banques.

Les entrepôts et les docks présentent pour les commerçants les mêmes avantages que les magasins généraux, les marchandises y attendent la vente sans payer les droits de douane et d'octroi.

Un magasin général exploité par une Chambre de Commerce, un entrepôt organisé par une commune ne constitueraient pas des entreprises commerciales ; celles-ci ont en vue l'intérêt du commerce et non la recherche d'un profit.

§ 8. — Établissements de spectacles publics.

La Cour de Paris, dans ses observations sur le projet de Code de commerce, faisait les remarques suivantes (1) : « On avait cru précédemment devoir excepter les entrepreneurs de spectacles de la classe des négociants : et c'était la jurisprudence des tribunaux avant la Révolution. Elle pouvait avoir un fondement lorsque les auteurs étaient en même temps comédiens et entrepreneurs de leur propre théâtre. Que Molière, par exemple, après avoir composé une pièce, s'associât une troupe, distribuât les rôles, joignît à la déclamation les costumes et l'appareil d'un spectacle, c'était toujours Molière, ou l'homme de génie, faisant part au public, de ses productions, ven-

---

(1) *Observations des Tribunaux*, I, 111.

dant si l'on veut les produits de son propre sol, et à ce titre, il ne pouvait être regardé comme marchand. Mais depuis que des individus, mettant à profit pour leur compte les travaux d'autrui, se sont érigés en entrepreneurs de théâtres, depuis surtout que les théâtres se sont si étrangement multipliés et sont devenus des objets de spéculation,...... de ce moment les idées ont dû changer et ont changé en effet. »

Cette observation remarquable de la Cour de Paris est la meilleure explication de la raison pour laquelle les entreprises de spectacles sont assujetties aujourd'hui à la loi commerciale. Tant que les théâtres ne furent dirigés que par des associations d'artistes, les *Enfants Sans Soucy*, les *Clercs de la Passion*, les *Comédiens du Roy*, jouant pour leur compte l'œuvre de l'un d'eux, il n'y avait qu'une association qui ne présentait nullement les éléments d'une entremise : Molière ne faisait pas commerce lorsqu'il jouait le *Malade imaginaire* devant les gens de la Cour. Aujourd'hui, comme dit la Cour de Paris, le théâtre, les œuvres des auteurs, le talent des artistes sont devenus des objets de spéculation, des valeurs que les directeurs de théâtres paient souvent fort cher pour satisfaire le public insatiable (1) : les goûts changent, les genres se modifient, mais le théâtre subsiste, parce que les hommes éprouveront toujours un plaisir à voir leur histoire, leurs actions, leurs ridicules représentés sous leurs yeux.

Remarquons que, selon notre critérium, il y aura fait de négoce non seulement lorsque l'entrepreneur se por-

---

(1) Il y a comme nous le verrons des genres d'exhibitions, de spectacles publics, où ce sont seulement les aptitudes, le talent des acteurs qui sont l'objet de la spéculation : l'œuvre littéraire ou artistique n'y tient aucune place.

tera intermédiaire dans l'exhibition d'une œuvre de l'intelligence et de la pensée (ce qui constitue l'achat pour revendre), mais toutes les fois qu'à l'aide des moyens qui déterminent l'entreprise commerciale il aura en vue de satisfaire la curiosité et les goûts du public.

L'entreprise de spectacles est le type le plus ancien de ces divertissements; par suite de changements dans les goûts du public, ces spectacles se sont multipliés et leur genre a dévié du spectacle primitif, de l'auteur jouant sur une scène l'œuvre d'un poète ou d'un dramaturge : les cafés-concerts, les concerts musicaux, les expositions publiques d'objets d'art, de productions du commerce et de l'industrie, les cirques, hippodromes, vélodromes, rentrent dans cette catégorie des exhibitions où l'entrepreneur utilise les produits de l'intelligence, de l'art, du talent, du travail, des aptitudes physiques de certains sujets; il y a achat pour revendre ou location pour sous-louer.

Le caractère commercial devra également être reconnu aux établissements forains (1) (ménageries, montagnes russes, chevaux de bois) (2), bals publics (3), théâtres de marionnettes, aux organisations de fêtes publiques (4), panoramas, casinos, musées, à la société du Jardin d'acclimatation (5). On devrait reconnaître la même nature à l'organisation de courses de chevaux, de concours agricoles ou hippiques, si la plupart du temps ce genre d'exhibitions n'était entrepris par des sociétés ou comices, dont le but est d'obtenir des bénéfices à seule fin de subventionner les

---

(1) Trib. de paix de Liège, 2 nov. 1871, D. 73.3.16.
(2) Rennes, 5 mars 1873, S. 73.2.164.
(3) Paris, 19 août 1852 (*J. trib. comm.*, 52, p. 403).
(4) Paris, 20 mai 1852 (*J. trib. comm.*, 52, p. 245).
(5) Comm. Seine, 20 juillet 1895, *Pand. franç. chronol.*, 94.2.16.

œuvres protégées (1). La même solution s'impose pour une fête de bienfaisance organisée par un particulier ou une commune.

Nous considérons comme commerciale une société d'artistes, celle de la Comédie française par exemple qui, formée suivant des règles spéciales (Décret du 15 octobre 1812, dit de Moscou) (2), n'en est pas moins une société accomplissant des actes de négoce, car elle a pour objet la production au public des œuvres des auteurs dont elle joue les pièces.

Un acteur qui organise une représentation à son bénéfice fait-il acte de commerce ? La question est délicate : un arrêt de la Cour de Paris du 3 juillet 1857 (S. 58.2.193 et la note) l'a tranchée dans le sens de l'affirmative. Il y a erreur à notre avis : le bénéfice que l'auteur cherche à tirer de cette représentation n'est pas la rémunération d'une entremise : c'est son talent, une longue suite de services rendus à un théâtre, qu'il met en avant pour faire appel à l'argent du public ; les camarades qui l'entourent lui offrent généreusement leur concours et les pièces des auteurs joués ne sont pour rien dans l'espérance de son gain ; il n'y a là à notre avis aucun élément indiquant que l'acteur fasse un acte d'intermédiaire.

Deville dans la note citée prétend qu'il y a une entreprise, le fait de louer la salle et les services des machinistes ayant ce caractère ; en effet ces actes suffiraient pour qu'il y ait entreprise s'ils établissaient l'intention de la part de leur auteur de continuer le trafic dont il s'agit ; mais l'annonce même de la représentation, sa nature exceptionnelle nous obligent à ne pas attribuer à cet acteur

---

(1) C. d'Et., 23 juin 1873, D. 73.3.93.
(2) V. Duvergier, *Collection des lois*, t. XVIII.

la dénomination d'entrepreneur. Il donne bien un spectacle, cela est vrai, mais c'est lui-même, son art qu'il donne
en spectacle et non l'art d'autres artistes ou l'œuvre d'un
écrivain. Ses actes diffèrent profondément de ceux d'un
impresario ou d'un directeur de théâtre qui s'entremet
entre les acteurs ou les auteurs et le public.

SECTION III. — Opérations sur le mouvement de l'argent et des capitaux.

A côté des diverses opérations ayant pour objet la circulation des denrées et des marchandises, c'est-à-dire des
objets corporels d'une consommation plus ou moins rapide,
l'article 632 (4° et 5°) range au nombre des actes de négoce
toutes les opérations relatives à la circulation des capitaux,
c'est-à-dire de l'argent et des titres qui le représentent.

« Toute opération de change, banque et courtage;
Toutes les opérations des banques publiques. »

Occupons-nous d'abord des actes de courtage qui ne se
rattachent pas nécessairement à ce sujet.

§ 1. — Opérations de courtage.

Le courtage consiste dans tout acte d'interposition entre
deux personnes dont l'une veut se défaire d'une chose que
l'autre désire; il s'applique aussi bien au commerce des
marchandises qu'au commerce des capitaux.

Si l'on se borne à représenter le marchand comme ayant
toujours pour but une opération relative à des valeurs
passant entre ses mains sans y séjourner, le courtier devrait être exclu du commerce : loin de détenir ou de ma-
nipuler ces valeurs (marchandises ou capitaux), il ne fait

que créer une circulation qui n'existait pas ou ranimer un mouvement qui semblait arrêté, mais une fois ce rôle achevé il disparaît, et la circulation recommence sans s'arrêter à lui. Quoique non détenteur de valeurs, ses opérations sont des actes d'entremise d'une utilité incontestable puisque sans lui le producteur ne trouverait peut-être que difficilement l'écoulement de ses produits que le consommateur serait obligé d'aller chercher plus loin.

Aujourd'hui, les offices de courtiers de marchandises sont libres ; leur privilège a été supprimé par la loi du 18 juillet 1866. Depuis, toute personne, pour toutes matières (sauf l'assurance maritime et l'affrètement maritime), peut se présenter comme courtier. Le courtier, à raison du service essentiellement personnel qu'il rend, ne semble pas devoir appartenir au droit commercial : c'est pourtant à raison de cette entremise personnelle si manifeste qu'il a été considéré comme accomplissant un acte de commerce.

Lorsque le courtage s'applique aux effets de commerce, il est exercé en principe par les agents de change, qui en ont, en droit, le monopole ; mais il est exercé en fait par les banquiers.

La loi considérant uniquement le rôle d'intermédiaire joué par le courtier, le caractère commercial doit être reconnu à tous les actes de courtage quelle que soit la nature des opérations dans lesquelles ils s'interposent : ils répondent au même besoin de rapprochement de l'offre et de la demande : ainsi, le courtier qui se charge de la vente d'immeubles fait acte de commerce, car le fait qu'il accomplit, pure entremise, n'entraîne entre lui et ses clients aucune obligation immobilière (1). Lorsque les deux

(1) Trib. comm. Marseille, 15 mars 1800, D. 62.3.24.

clients font un acte purement civil, l'acte de courtage n'en reste pas moins commercial pour la même raison : ce serait le cas de celui qui mettrait en relation un éleveur de chevaux avec un particulier désirant acheter un cheval de selle, par exemple.

§ 2. — Opérations de banque et de crédit.

Les opérations que la loi qualifie opérations de banque et de change seraient mieux dénommées opérations de crédit, ou opérations sur le mouvement des capitaux. Elles consistent en effet dans une entremise permanente dans la circulation des capitaux et ont pour base la confiance la plus absolue que les hommes puissent avoir les uns à l'égard des autres, quand leurs intérêts sont en jeu, confiance réciproque entre l'homme d'entreprise et le capitaliste, confiance qui est devenue aujourd'hui le principal ressort de l'activité commerciale et industrielle.

Sans le crédit, l'esprit d'entreprise entre des mains vides ne peut acquérir la force et le développement qui lui donneront l'essor ; la fortune entre des mains inertes resterait inactive et stérile. C'est le crédit qui sert de relation entre ces deux facteurs de l'activité sociale : le cerveau et la force, c'est lui qui vient au secours de l'homme d'initiative, en aide à l'homme de fortune: c'est une assistance mutuelle. On comprend que dans un pays civilisé, où les besoins sont si divers et les situations si différentes, ces relations ne soient pas facilement établies ; de là l'utilité de l'existence de ces intermédiaires entre ceux qui offrent leurs capitaux et ceux qui les demandent, de là l'utilité de ces opérations que nous appelons aujourd'hui opérations de banque, et dont l'objet principal est de porter le capital disponible entre les mains de l'entrepreneur, et de répondre à cette offre et à cette demande.

C'est là la raison pour laquelle l'article 632 range parmi les actes de commerce « les opérations de banque et de change ».

Les opérations de banque ont pour objet le commerce de l'argent et des titres qui le représentent ; les opérations de change ont pour objet le trafic des effets de commerce : ces deux genres d'opérations sont en fait aux mains des banquiers, quoique l'article 76 (C. comm.) donne aux agents de change le monopole « de la négociation des lettres de change et effets commerçables et de la constatation des cours ». Ces officiers ministériels ne s'occupent plus actuellement que de la négociation des valeurs mobilières (effets publics et valeurs industrielles), et pour le respect de la loi, leur syndic signe chaque soir la cote du cours des effets de commerce dressée par les banquiers. Nous étudierons leurs opérations dans un chapitre suivant où nous traiterons des opérations de bourse (1).

Toute opération de banque et de change constitue une entremise intéressée dans le mouvement des capitaux.

Le capital, c'est toute valeur aux mains de l'homme, susceptible de produire de la richesse ; les capitaux, au sens dans lequel nous l'emploierons désormais, c'est l'ensemble des fonds disponibles ou en circulation, consistant en valeurs métalliques, ou en titres aussi nombreux que variés qui représentent ces valeurs aux mains de ceux qui les ont avancées.

A. *Banques privées.* — Les opérations de banque, ainsi que nous l'avons vu, sont une conséquence de la création

---

(1) Nous nous occuperons des opérations de change en même temps que de la lettre de change en parlant de la commercialité de forme.

de la monnaie ; elles se sont développées au fur et à mesure des besoins du commerce, des nécessités croissantes des grandes entreprises, des habitudes d'épargne des travailleurs et des rentiers.

Le mécanisme de la banque va nous permettre d'assister au mouvement perpétuel des capitaux, et de comprendre à quels besoins ce mouvement répond, pourquoi ceux qui y participent interviennent dans la chaîne du commerce.

L'argent est une marchandise comme une autre, plus nécessaire que toute autre, puisque c'est le seul moyen de nous procurer les autres marchandises dont nous avons besoin.

En tant que marchandise, il est susceptible d'être produit, de circuler, d'être consommé ; il est susceptible de plus ou moins d'offres et de demandes, et par conséquent d'avoir une valeur. Le producteur d'argent, c'est le capitaliste, le rentier, le petit employé qui, ayant des sommes disponibles ou des deniers épargnés, demandent à s'en défaire pour en tirer un profit qui sera le loyer, l'intérêt de cet argent, ce sera celui qui vient de vendre un immeuble, ou auquel vient d'échoir une succession ou donation mobilière, qui vient de recevoir un paiement, qui veulent trouver un placement de cet argent en effets publics ou en valeurs industrielles.

Le consommateur d'argent, ce sera l'entrepreneur, l'industriel, le commerçant, l'agriculteur ayant besoin d'une somme de premier établissement destinée à constituer leur capital fixe, pour monter une usine, exploiter un brevet, ouvrir un magasin, lancer une affaire, acheter une ferme ; ce sera le simple particulier qui veut construire une maison de rapport, améliorer ses terres ; ce seront des détenteurs de valeurs mobilières, de titres représentatifs de cet argent, qui, pour une raison ou pour une autre voudront s'en défaire afin d'avoir des sommes liquides et chercheront un acheteur de leurs créances (au sens large du mot : titres de rentes, actions de sociétés, obligations) ; ce sera aussi le commerçant qui, ayant besoin de capital circulant pour acheter des matières premières, vendra les effets de commerce qu'il a tirés ou dont il est porteur, pour les convertir en deniers.

Cet argent que les uns offrent et que les autres demandent devient l'objet d'un commerce, une matière à spéculation : si ceux qui ont besoin et ceux qui veulent se défaire arrivent à se rencontrer et à s'entendre, il ne se produira aucune entremise, il n'y aura aucun acte de commerce ni d'un côté ni de l'autre. Si j'ai 50.000 francs disponibles m'appartenant, si Paul sachant que je consentirais à les prêter vient me demander, en m'offrant des garanties suffisantes, à me les emprunter, quand même serais-je usurier, il n'y aura pas commerce ni d'un côté ni de l'autre ; il se peut que j'aie offert au public par voie de publicité ou autrement ces 50.000 francs dont je veux tirer parti, il se peut que Paul ait eu recours au même moyen pour se les procurer (nous avons vu que là ne gît pas la commercialité), il se peut que nous ayons eu recours à un agent d'affaires, à un courtier pour nous rapprocher ; de notre part, à Paul et à moi, il n'y aura pas acte de commerce, parce qu'il n'y aura pas eu entremise. Peut-être ai-je souscrit des actions, des obligations, engagé mes fonds comme commanditaire dans une affaire commerciale ; peut-être Paul s'abouchant directement avec moi me vendra-t-il pour 50.000 francs de rente française (1) ;

(1) On sait que si le ministère des agents de change est le seul légal pour la négociation des valeurs mobilières, il n'est pas obligatoire.

tous ces actes resteront civils pour le motif ci-dessus énoncé. C'est que si cet argent circule, il circule de proche en proche sans qu'un intermédiaire intervienne dans cette circulation.

Mais supposons que ces diverses opérations, au lieu d'être accomplies directement, soient traitées par un intermédiaire, nous aurons les opérations de banque et de change et les opérations de bourse.

L'opération la plus simple consistera à échanger des monnaies d'une espèce contre d'autres monnaies, de l'or contre de l'argent, des monnaies françaises contre des monnaies étrangères, du numéraire contre du papier faisant office de monnaie ; c'est là la profession du changeur, quelquefois exercée par des banquiers, le plus souvent par de petits commerçants dont c'est la principale occupation.

Les opérations de banque proprement dites ont une plus haute portée et exigent une activité extraordinaire: le banquier est un marchand de crédit, un marchand d'argent ; c'est lui qui met en relation les capitaux et l'entreprise.

a) *Dépôts.* — Il facilite l'écoulement des capitaux qui lui sont offerts ou qu'il sollicite, en les recevant en dépôt irrégulier, ou même à titre d'emprunt: lors en effet que le banquier, au lieu de recevoir des deniers restituables à première réquisition fixe au déposant un terme avant lequel le retrait ne pourra avoir lieu, il y a là un véritable prêt, car il est de l'essence du dépôt que l'objet déposé soit restituable à première réquisition (art. 1944, C. civ.). Ces dépôts sont le principal aliment du commerce de banque, de sorte qu'on comprendrait presque à la rigueur que le banquier n'eût pas de capitaux personnels, si pourtant ceux-ci n'étaient indispensables pour rassurer la clientèle. Les maisons de banque sont ainsi le déversoir des capitaux momentanément sans emploi ; le banquier se les procurera en bonifiant un intérêt d'autant plus faible que le délai de restitution est plus abrégé, et profitera de ces délais pour s'engager dans des opérations de plus longue haleine.

b) *Prêts.* — Il faut en effet que ces capitaux ne soient pas immobilisés, il faut qu'ils circulent, que le banquier en tire un profit ; il ne peut y arriver qu'en les prêtant à son tour à un intérêt plus rémunérateur que celui qu'il verse à son déposant. C'est ce qu'il fera en prêtant à long terme, en stipulant un intérêt de 5 à 6 0/0 (alors qu'il ne verse qu'un intérêt de 2 1,2 0/0 au maximum, et en exigeant des garanties telles qu'une bonne hypothèque, une subrogation dans le privilège du vendeur ou du constructeur (art. 2103), ou des remises de gages, comme des titres de rente ou des valeurs solides qu'il exécutera s'il n'est pas payé à l'échéance (1).

c) *Opérations de change, escompte.* — Il fera des ouvertures de crédit qu'il garantira de la même manière et enfin des prêts à court terme, par le moyen de l'escompte des effets de commerce : il achètera aux négociants les effets dont ceux-ci sont détenteurs, pour la valeur causée, déduction faite d'une somme représentant l'intérêt à courir jusqu'au jour de l'échéance, plus ce qu'on a appelé le droit de commission ; si l'effet est tiré sur une place différente, il percevra en plus le droit de change.

d) *Service de caisse.* — Mais si ce sont là les opérations principales dont se chargent les banquiers, ce ne sont pas

(1) V. sur les opérations de banque, Maxime Véran, *Des prêts faits par les banquiers, Revue de droit commercial*, 1891.

les seules ; ils accomplissent la plupart des opérations de caisse de leurs clients, en effectuant pour le compte de ceux-ci le recouvrement de leurs créances et de leurs effets de commerce, en acceptant des mandats de paiement, en pratiquant des virements, en passant avec eux des comptes courants.

Ils font des opérations de change tiré en se rendant acheteurs de lettres de change tirées sur l'étranger et en les revendant au prix courant de ces effets, qui se liquident comme toute marchandise suivant la loi des offres et des demandes du marché : c'est un achat pour revendre compliqué d'une sorte de jeu dans les arbitrages de banque.

e) *Affaires financières.* — Enfin les banquiers servent d'intermédiaires pour lancer les grosses affaires financières, telles que les emprunts d'État ou les émissions d'actions des sociétés ; leur intervention peut avoir lieu de deux manières : ou bien, ils souscrivent la totalité de l'emprunt, c'est-à-dire qu'ils achètent tous les titres, et les revendent au public avec une prime souvent énorme (mais l'opération est à leurs risques) ; ou bien, ils ne font que commissionner l'émission, lui prêtant l'appui de leur nom et leurs services, moyennant une rémunération convenue. C'est là encore une entremise dans le mouvement des capitaux.

Souvent ces émissions sont faites sous la garantie d'un syndicat de banquiers qui prend toute l'affaire à sa charge ; nous n'hésiterions pas à reconnaître à ces associations, le caractère commercial (1).

_____

(1) Dernièrement, à l'occasion de l'émission des bons de l'Exposition de 1900, le syndicat de garantie, composé du Crédit Lyonnais, de la Société Générale, du Comptoir d'Escompte, s'est assuré des sous-garants, principaux commerçants, auxquels il a demandé de souscrire un certain nombre de bons.

Pour être commerciales, les opérations de banque et de change doivent être accomplies avec l'intention d'en tirer un profit : la simple entremise ne suffit pas : c'est ainsi qu'un notaire, dépositaire de fonds de ses clients, lorsqu'il se charge de leur trouver un placement sur hypothèque ou autrement, n'exigeant que ses honoraires, ne fait pas acte de commerce ; le contrat n'a que le caractère d'un mandat purement civil ; le notaire n'agit pas à son compte ; la différence primordiale entre le banquier, le commissionnaire ou le courtier et le mandataire, consistant en ce que le mandataire n'a pas d'intérêt pécuniaire à l'entremise qu'il exerce (1).

Ainsi, grâce aux opérations de banque, grâce à l'intermédiaire du banquier, nous avons vu l'offre mise en relation constante avec la demande, les capitaux disponibles allant de l'homme d'épargne à l'homme d'entreprise, le banquier répondant aux besoins du producteur et du consommateur. Par les opérations de change, le papier commerçable représentatif de marchandises et d'argent, passe de main en main, faisant fonction monétaire, grâce à l'office du banquier, allant de celui qui veut le vendre pour en réaliser la valeur, à celui qui veut l'acheter pour effectuer des paiements dans des places données : aussi est-ce avec raison qu'on a pu dire que le banquier est un « marchand de capitaux ».

B. *Banques publiques.* — Le paragraphe 7 de l'article 632 ajoute aux actes de commerce : « toutes les opérations des banques publiques ». C'était bien inutile à dire ; de ce qu'une banque est placée sous la surveillance et le contrôle du gouvernement, il ne s'ensuit pas que ses opé-

(1) En ce sens, Nancy, 30 déc. 1848, S. 50.2.578 ; Caen, 10 août 1857, S. 58.2.401.

rations ne soient pas commerciales : la Banque de France et celle d'Algérie, à part le privilège qu'elles ont d'émettre des billets au porteur et à vue, sont des banques, comme toutes les autres, ayant peut-être plus de crédit, leur ancienneté et le contrôle de l'État inspirant confiance.

On pourrait être tenté de dire que le Crédit foncier de France, à raison du caractère hypothécaire de ses prêts, ne fait pas commerce. Mais pourtant, ce sont bien des opérations de banque auxquelles il se livre : il emprunte par émission d'obligations foncières et communales ; il reçoit des dépôts, escompte des effets de commerce, fait des opérations de caisse, et consent des prêts aux particuliers et aux établissements publics : le caractère immobilier de la garantie qui lui est accordée, la longue durée du prêt pas plus que la surveillance du gouvernement ne peuvent retirer à ces actes le caractère essentiel d'opérations de banque et de change.

§ 3. — Opérations de bourse.

La multiplicité des sociétés par actions, sociétés industrielles (compagnies de chemins de fer, sociétés minières, compagnies de gaz, d'électricité) ou sociétés financières (banques de diverses espèces, sociétés d'assurances), l'augmentation sans cesse croissante des titres de rentes, correspondant, hélas ! à l'augmentation de notre dette, ce développement énorme de la propriété mobilière incorporelle a donné naissance à un mouvement immense de transactions et de spéculations sur valeurs mobilières négociables.

A côté des achats ou des ventes faits à la Bourse par les détenteurs de capitaux pour les placer ou par les pro-

priétaires de titres pour s'en débarrasser, à côté des souscriptions d'actions et d'obligations, à côté des achats et
ventes de toutes ces valeurs, qui sont des placements de
père de famille et peuvent se faire directement ou par intermédiaires (1), se placent les opérations de spéculation
et d'agiotage, qualifiées *opérations de bourse*, et quelquefois *jeux de bourse*.

La jurisprudence, avons-nous vu, étend aux meubles
incorporels (titres de créances, effets publics, valeurs industrielles) l'application de l'article 632, en les comprenant
parmi les denrées et marchandises ; et c'est avec raison ;
on doit entendre par « marchandises » dans l'esprit de la
loi toute valeur de nature mobilière (*merx*) susceptible de
satisfaire aux besoins de l'homme et en tant seulement
qu'elle est utilisée par lui, c'est-à-dire capable d'avoir une
valeur « fixée par la libre et naturelle concurrence du
trafic ».

Dès lors, nous allons voir que les valeurs mobilières
sont soumises aux mêmes opérations que les meubles
corporels.

La Cour de cassation, dans un arrêt très net et forte-
ment motivé (Civ., 26 août 1868, D. 68.1.439), a posé ce
principe absolument exact : « Que si les opérations de
bourse sur les effets publics ne sont pas nécessairement
par elles-mêmes des actes de commerce, elles peuvent
d'après les circonstances et selon l'objet que se propose le
négociateur constituer des faits commerciaux et que l'ha-

_____

(1) Les opérations sur valeurs officiellement cotées peuvent se faire de
deux manières : ou par intermédiaires, et l'on ne peut légalement s'adresser qu'à des agents de change (art. 77. C. comm.) ; ou directement entre le
vendeur et l'acheteur, lorsque ces deux personnes sont d'accord pour
conclure l'opération (Arrêté du 27 prairial an X (art. 4, al. 2) ; Cass.,
21 mars 1893, D. 94. 1. 9).

bitude de semblables opérations peut donner à celui qui s'y livre dans des vues de trafic la qualité de commerçant (1). « Quelles sont les circonstances qui vont donner aux opérations sur valeurs mobilières le caractère commercial ? ce sera conformément à notre critérium l'existence d'une entremise aspirant au lucre.

Un titre de rente est émis par l'Etat, une société émet des actions ou des obligations ; nous assistons à la création de la richesse qui va circuler et s'offrir au public, ou s'établir de suite dans le portefeuille du rentier qui en tirera des revenus, qui la consommera, économiquement parlant. Le fait de cette production d'une valeur n'est pas commercial de la part de l'Etat, mais il l'est de la part d'une société qui se livre au commerce, comme accessoire de son négoce (art. 632, 6°), ou même depuis la loi d'août 1893, de la part de toute société même à objet civil ayant emprunté la forme commerciale. Désormais, le titre est lancé et va faire l'objet d'entremises successives ou s'arrêter immédiatement dans le portefeuille du souscripteur ou du commanditaire : de la part de ces derniers, pas de commerce.

A. *Marchés de spéculation.* — Mais l'Etat emprunteur ou la société s'est adressé à un banquier, ou à un syndicat de banquiers ; ceux-ci ont souscrit pour l'opération intégrale ; ils revendent souvent avec une prime considérable, profitant du crédit que l'opération trouve auprès du public ; mais cette vente n'a pas lieu directement ; des agents de change ou des coulissiers ont reçu de leurs clients l'ordre d'acheter 100.000, 200.000 francs de ces titres ; il

---

(1) A l'égard des valeurs industrielles et des opérations de bourse en général, V. dans ce sens : Cass., 21 mai 1873, D. 73.1.415 ; 15 juin 1874, D. 75.1.158.

les ont achetés au comptant ou à terme, celui pour lequel l'achat est fait a revendu à terme (fin courant) ou pour un terme plus éloigné que son achat; il espère une hausse dans les cours ; d'un autre côté un baissier a vendu à découvert des titres qu'il n'avait pas, espérant acheter le jour de la liquidation à un prix inférieur à ce qu'il a vendu, comptant sur une baisse qui ne s'est pas produite ; il a prolongé son opération pendant un mois encore par le moyen d'un report, et finalement sa spéculation a réussi ; plus simplement encore, c'est un particulier ayant des fonds disponibles pendant un ou deux mois qui a acheté comptant au banquier 1000 titres avec l'intention de les revendre d'ici deux mois quand la mise en marche de la société aura fait monter les cours ; dans tous ces exemples, entremise du banquier, de l'agent de change, du coulissier, du spéculateur à la hausse et à la baisse, il y a commercialité parce qu'entre les mains de tous ces intermédiaires, le titre, l'argent ne fait que passer, se maintenant dans l'état instable d'une marchandise qui n'a pas encore trouvé de consommateur.

Ces diverses opérations que nous déclarons commerciales n'ont pas été sans soulever quelques résistances de la part de la jurisprudence.

B. *L'agent de change est-il commerçant?* — D'abord l'agent de change, en tant qu'officier ministériel, peut-il être commerçant? La jurisprudence est définitivement fixée en faveur de l'affirmative (1), malgré l'article 85 (Comm.) qui leur interdit de faire « des opérations de commerce et de banque pour leur compte », malgré leur caractère d'officiers publics : « Attendu, dit la Cour de Paris (22 janv. 1875) que les agents de change sont des agents intermé-

(1) Bordeaux, 21 mai 1845, S. 05.2.94 ; Paris, 22 janv. 1875, S. 77.2.37.

diaires d'actes de commerce; que leur rôle consiste dans des
opérations de courtage et de commission réputées actes de
commerce par l'article 632: que la prohibition de l'article 85 doit s'entendre des agissements étrangers à leur
profession et ne peut retirer à leurs actes professionnels
le caractère de commercialité qui leur appartient. » —
M. Thaller (1) donne en faveur de la commercialité un autre argument tiré de l'assimilation entre les actes accomplis par les agents de change et les coulissiers, intermédiaires non reconnus par la loi ; ceux-ci font certainement
des actes de commerce ; il en est de même des agents de
change ; leur fonction publique ne leur interdit, comme
aux notaires, que l'immixtion dans des actes qui ne sont
pas de leur profession.

Si l'on examine maintenant la question de savoir si le
particulier qui achète des titres et les revend ensuite fait
acte de commerce, elle est plus délicate et a été l'objet de
décisions nombreuses.

Pas de difficulté pourtant, dans le cas où un particulier
achète comptant et se fait livrer les titres dans le but de
revendre plus tard au moment de la hausse, — pourvu que
l'intention de revendre et de tirer profit de cette revente
résulte, soit directement de l'acte accompli, soit « des circonstances de la cause ».

La circonstance dont la Cour de cassation fait dériver
l'intention de revendre est l'habitude de se livrer à des
opérations de ce genre, nombreuses et réitérées ; ce n'est
pas qu'un achat isolé, opéré dans ce but, soit civil, mais il
sera presque impossible de savoir s'il a été fait dans le but
de revendre ou de faire un placement ; tandis que le fait
d'un individu qui a opéré 5,10 acquisitions de titres, sui-

(1) *De la faillite des agents de change.*

vies dans un délai variable de la revente de ces mêmes titres, alors surtout qu'ils sont à la hausse, établit une présomption *juris tantum* permettant de juger presque avec certitude que chacun de ces achats a été fait dans l'intention de revendre (1).

De ce que les marchés de ce genre avaient le caractère commercial, lorsqu'ils étaient accomplis par le client de l'agent de change dans un but de spéculation, les Cours ont conclu avec raison que le mandat donné à l'agent de change, toujours commercial vis-à-vis de celui-ci, puisqu'il est commerçant, pouvait être tantôt civil, tantôt commercial, suivant la nature de l'acte accompli par le donneur d'ordres, et que les difficultés relatives à l'exécution de ce mandat pouvaient devenir de la compétence des juges consulaires (2).

C. *Jeux de bourses.* — Le cas que nous venons d'examiner d'un particulier donnant à un agent de change des ordres successifs d'achats et de ventes de valeurs cotées est le plus simple : il se résout en somme à la recherche de l'intention du donneur d'ordres. Mais à côté de ces marchés au comptant ou à terme, qui ont une existence réelle parce que les parties ont l'intention de les réaliser, de livrer et de recevoir des valeurs, le Parquet des bourses

---

(1) Cass., 15 juin 1874, D. 75.1.158 ; 4 juillet 1881, S. 82.1.15 ; 23 janvier 1882, S. 82.1.263 ; 7 février 1894, D. 94.1.111. « Attendu, dit l'arrêt de 1874, qu'il résulte des faits que G... a fait à la Bourse un certain nombre d'opérations sur les actions commerciales dans une pensée de spéculation, et qu'il avait l'habitude de se livrer à ce genre de négociations. »

(2) Cass., 29 août 1808, D. 68.1.459 ; — Aix, 16 juillet 1861, S. 62.2.109. Cette solution a pourtant été combattue par Dutruc (Note sous Cass., 13 juillet 1859, S. 59.1.516.) — Le caractère commercial du mandat lorsque l'ordre donné est un acte de spéculation ne nous paraît pas contestable, en vertu de la théorie de l'accessoire ou de la commercialité par destination, que nous verrons plus loin.

abrite un grand nombre d'autres opérations sur valeurs
cotées ou non cotées (plus de 120 milliards par an) qui
sont pour la plupart des *spéculations* ou des *jeux* de bourse,
parce que les achats et ventes intervenus entre les parties
n'ont pas en vue des placements sérieux, mais des réalisa-
tions de différences.

Une jurisprudence presque unanime, antérieure à 1885,
refuse le caractère commercial à ces marchés, qui pourtant sont la spéculation la plus évidente, la plus flagrante
qui puisse se manifester dans un acte juridique, puisque
c'est de ces opérations que vient ce mot employé à tout
propos pour désigner l'acte de négoce.

Depuis la loi du 18 mars 1885 qui a réduit presque à
néant l'application de l'exception de jeu et en quelque
sorte supprimé le jeu de bourse, la question aurait dû
perdre beaucoup de son intérêt, le caractère illicite des
marchés à terme ayant presque disparu, il aurait semblé
que l'exception de jeu ne dût plus triompher que dans des
cas exceptionnels (1). Néanmoins, comme il est encore
possible que certaines opérations de bourse présentent les
éléments d'un pari, et surtout depuis que la jurisprudence
la plus récente accueille l'exception de jeu, soit directement comme avant 1885, soit d'une façon détournée, en
ce qui concerne les valeurs non cotées passées en coulisse, — la question mérite d'être examinée.

Les auteurs et les arrêts donnent deux motifs à l'appui
de leur opinion : ces actes sont illicites ; ce sont de plus
des marchés fictifs (2). Ce sont des actes illicites ; ils se

---

(1) V. Baudry-Lacantinerie, *Précis de droit civil*, III, n° 893 ; Hau-
mont, *Revue du commerce et de l'industrie*, juin 1886.
(2) Cass., 27 juin 1883, 9 mars 1885, S. 85.1.241 (note Labbé) ; Aix,
6 mai 1861, S. 62.2.109 ; Paris, 28 décembre 1881, 21 juin, 22 novembre,
10 décembre 1884, 16 avril 1885, S. 85.2.122.

résument en effet en un jeu, un pari sur la hausse et la baisse des valeurs cotées ; les opérations de ce genre ne sont pas reconnues par la loi (art. 1965) (V. aussi Bozérian, *La Bourse*, n° 385 *bis*).

Nous l'avons vu, ce qui est illicite n'est pas incompatible avec ce qui est commercial ; sans doute le pari n'existe pas au regard de la loi, mais s'il existe en fait, il n'en contient pas moins les éléments qui le rendent commercial ou le laissent civil.

L'acte est un marché fictif, ajoute-t-on : les parties ont entendu ne se régler que par différences ; il n'y a donc ni achat, ni vente, donc pas d'achat pour revendre. — Mais d'abord la plupart des marchés de bourse, des marchés à terme ne sont pas fictifs, ils ont une existence réelle ; le but de celui qui les accomplit est de faire une opération sérieuse souvent préparée depuis longtemps ; les contrats de spéculation exigent une prévision savante des phénomènes économiques et politiques qui peuvent influer sur les offres et les demandes de titres, et si les règlements n'ont lieu que par différences, c'est pour simplifier les liquidations. Le règlement par différences n'ayant lieu qu'en vertu d'une convention postérieure à la conclusion du marché, l'exception de jeu ne sera pas applicable, aux termes de la loi du 18 mars 1885.

Oui, le marché devient fictif lorsqu'il n'est qu'un pari sur un événement quelconque à déchéance de la prochaine liquidation, lorsqu'il est fait par un fils de famille ruiné, par un joueur d'occasion, et la jurisprudence a parfaitement raison ; l'opérateur ne vise qu'une chose : la différence des cours, qui lui fournira le gain espéré ou lui fera subir la perte. Mais, même alors que dans son esprit le contrat n'a aucune réalité, qu'il cache une simple mise aventurée, le joueur n'a-t-il pas une contre-partie qui a pu agir sérieusement ? N'a-t-il pas donné à l'agent de change un ordre que celui-ci est tenu d'exécuter ? et si le marché est fictif dans l'intention du joueur, il n'en a pas moins une existence réelle à l'égard des autres contractants ; c'est « un pari unilatéral » ! s'il est valable et réel il conserve sa nature d'acte de trafic ; un contrat ne change pas de nature parce qu'une partie a l'intention de ne pas exécuter ses obligations ; il sera donc commercial, quoique qualifié jeu de bourse, et ce sera au tribunal de commerce à statuer sur la validité de l'exception de jeu (V. en ce sens, note Labbé, sous Cass., 85.1.241) (1).

D. *L'engagement du commanditaire ou du souscripteur.* — Si, au lieu de supposer un titre émis par l'État ou par une société en commandite ou par actions, faisant l'objet de spéculations nombreuses et variées, nous prenons ce titre à l'état de repos et de valeur de portefeuille, acquis par un particulier pour en faire un placement, quelle sera la nature des opérations ainsi faites ?

Une société veut se fonder pour exploiter une industrie quelconque, et se livrer à des actes de commerce ou même des actes purement civils : un État fait appel au crédit pour couvrir son emprunt : la petite épargne, les deniers disponibles entre les mains des gros capitalistes se précipitent pour trouver là un placement, sinon rémunérateur tout au moins tranquille ; le public s'empresse autour des souscriptions.

Quelle va être la nature de cette souscription de la part de ceux qui n'y voient que l'occasion de faire un placement, et n'ont pas *ab initio* l'intention de revendre ?

(1) En ce sens : Aix, 25 mars 1851, D. 72.2.79 ; 16 juillet 1861, S. 62.2.109 ; Paris, 28 décembre 1881, 10 décembre 1884, S. 85.2.122.

Pour la souscription d'un titre de rente ou de titres d'une société à objet civil (avant 1893) pas de doute : on est d'accord pour reconnaître à l'engagement la nature civile (au moins cela résulte des arguments donnés dans l'hypothèse suivante).

Mais, au contraire, les titres émis sont des parts d'intérêts ou des actions d'une commandite, des actions d'une société anonyme constituée dans un but commercial. Cette souscription d'actions, cet engagement du commanditaire sont-ils des actes civils ou de commerce ?

Remarquons que la souscription n'est pas un achat, c'est un contrat *sui generis facio ut des* ou *do ut des*, c'est, suivant la définition de MM. Lyon-Caen et Renault, « l'acte par lequel une personne s'engage à faire un apport pour devenir actionnaire ou intéressé dans une société ».

La solution de cette question a donné lieu à un grand nombre d'arrêts et à de longues discussions d'auteurs, surtout à l'égard du commanditaire qui semble lié plus intimement à la société que l'actionnaire ; cependant depuis 1867, l'intérêt du débat a considérablement diminué par suite de la suppression de la contrainte par corps et de l'attribution par la loi du 15 juillet 1856 (nouvel art. 631), des procès entre associés de commerce aux tribunaux consulaires ; il existe pourtant à l'égard de la capacité du mineur et des pouvoirs du tuteur : le mineur ne pourra pas, si ces actes sont commerciaux, souscrire d'actions dans une société, et son tuteur ne pourra pas le faire pour lui (1).

À l'heure actuelle, la jurisprudence de la Cour de cassation à laquelle se sont successivement ralliées toutes les

_____

(1) Lyon-Caen, note sous Paris, 22 mai 1885, S. 85.2.97.

Cours et l'opinion des auteurs même les plus récents (1) ont tranché la question dans le sens de la commercialité de la souscription d'actions et d'intérêts.

Les arguments puisés dans les différents arrêts sont les suivants :

Les commanditaires ne sont pas comme on le prétend de simples bailleurs de fonds ; — ils sont des « associés bailleurs de fonds », dit l'article 23 du Code de commerce (2), ils participent comme tels aux actes accomplis par la société, et en même temps aux chances de bénéfices qu'elle peut réaliser (3), ils ne sont pas de simples prêteurs dont le bénéfice espéré est toujours le même, l'intérêt de leur argent ; ils ont la possibilité d'avoir des bénéfices considérables et le risque de subir des pertes ; ils courent donc ainsi l'aléa du commerce entrepris par la société ; d'ailleurs, quand même ils ne feraient pas le commerce par eux-mêmes, ils le feraient par intermédiaire, et s'il leur est interdit de s'immiscer dans la gestion, c'est dans leur propre intérêt, « afin de les préserver du risque de perdre plus que la somme qu'ils ont commanditée (4) ».

Les mêmes motifs ne sont pas tout à fait applicables aux souscripteurs d'actions ; les arrêts se bornent à faire ressortir le caractère de spéculation inhérent à ces engagements (5), et tirent argument de ce que l'article 632 (1°), classant parmi les actes de commerce les opérations de banque, « c'est évidemment une opération commerciale que celle qui consiste à verser des fonds dans une maison

(1) Lyon-Caen et Renault, *Traité*, II, n° 170 ; — V. aussi, Vavasseur, *Traité des soc. civ. et commerc.*, t. I, n°s 288 et 752.

(2) Grenoble, 25 février 1857, D. 59.2.15.

(3) Cass., 3 août 1856, D. 56.1.383 ; — Paris, 21 mai 1884, S. 85.2.97.

(4) Grenoble, 25 février 1857, précité.

(5) Cass., 3 août 1856, précité.

de banque en vue de prendre part aux bénéfices résultant du mouvement de ces fonds confondus avec d'autres » (1) ; en un mot, l'acte est commercial, parce qu'il est une participation aux actes accomplis par la société, ces actes étant commerciaux par eux-mêmes.

Nous ne nous attarderons pas à discuter les arguments divers mis en avant pour soutenir la théorie de la commercialité de l'engagement du souscripteur d'actions : guidé par notre fil conducteur, il nous est facile de voir que la souscription faite par un particulier dans le but de placer ses fonds n'est pas un acte de commerce.

Tout d'abord, nous contestons que, par le fait de sa souscription ou de l'apport de sa part, l'actionnaire ou le commanditaire participe aux actes accomplis par la société ; cette participation est évidente, incontestable de la part des associés en nom collectif, puisque ce sont eux-mêmes qui passent les actes rentrant dans l'objet de la société, qui accomplissent tous les actes de gestion. En est-il de même du commanditaire ou de l'actionnaire ? l'actionnaire ne représente qu'un morceau de capital, il n'a qu'un pouvoir de surveillance dans le gouvernement de la société ; il ne signe rien, il ne s'engage pas : les actes sont exercés en dehors de lui ; la position du commanditaire est la même, soit qu'il ait une action, soit qu'il ait un intérêt, la position de celui-ci dans une commandite par intérêts pourrait, semble-t-il, se rapprocher de celle de l'associé en nom collectif, à raison de l'*intuitus personae* ; mais il n'en est rien ; il reste absolument étranger à la gestion ; l'article 27 du Code de commerce lui interdit formellement de s'immiscer, de sorte, comme dit spirituellement M. Michaux-

(1) Cass., 23 février 1844, D. 44.1.145.

Bellaire (1), « que le commanditaire ne pourrait faire en s'engageant qu'un acte de commerce, celui qui l'empêchera d'en faire d'autres ».

On a aussi invoqué la spéculation ; mais nous avons vu qu'il est impossible de s'attacher au seul élément spéculatif pour distinguer l'acte commercial de l'acte civil ; comme on l'a parfaitement dit, en tant que chacun cherche la satisfaction de son intérêt tout le monde spécule ; si l'on ne devait voir dans l'acte de souscription d'actions que l'espoir du bénéfice, l'engagement en question serait commercial, même pour le bailleur de fonds d'une société à objet civil (du moins avant 1893) ; cela est insoutenable ; qu'importe que les fonds souscrits servent à la création d'une société commerciale, qu'ils soient destinés à accomplir des opérations de banque ou à faire marcher une usine ou une compagnie d'assurances, il n'y a pas de la part de celui qui souscrit, même comme associé, le fait d'entremise sans lequel n'apparaît pas la commercialité ; le souscripteur tire les fonds de sa poche, il les remet à la société ; celle-ci les emploie à l'usage qui lui convient d'après ses statuts et son objet ; les deniers sont consommés aussitôt offerts, ou plutôt, ils commencent à être utilisés pour produire de nouvelles richesses.

Ainsi donc, non seulement il est contraire à la loi de déclarer commercial l'engagement du commanditaire (l'art. 632 n'énumère pas cet acte parmi ceux qu'elle répute commerciaux) (2), mais, ce système est irrationnel ; il est également contraire à l'histoire de la commandite, qui, comme on le sait, fut organisée au XIIe siècle afin de per-

---

(1) *Revue de droit commercial*, 1894, I, p. 117.

(2) A l'inverse, le Code italien (art. 3, 5e), déclare actes de négoce « les ventes et achats de parts et actions dans les sociétés commerciales ».

mettre à ceux qui ne pouvaient faire le commerce de s'intéresser aux affaires commerciales, sans déroger et sans violer la prohibition du prêt à intérêt, édictée par la loi canonique (1).

Mais dès qu'apparaîtra l'entremise, si nous supposons par exemple un banquier usant des fonds qui lui sont remis en dépôt pour les faire fructifier en souscrivant des actions de sociétés, nous n'hésiterons pas à reconnaître la commercialité : car il y aura alors une opération de banque.

E. *Cessions d'actions.* — La controverse qui s'est élevée sur la nature de l'engagement du commanditaire ou du souscripteur d'actions d'une société commerciale s'applique soit à la cession de la part d'intérêt du commanditaire, si elle est susceptible de cession aux termes des statuts sociaux, soit à la cession d'une action.

A notre avis, la cession entre les parties ne peut être qu'un contrat purement civil, soit qu'elle soit faite directement soit par l'intermédiaire d'un agent de change : il n'y a pas du côté du vendeur ni de l'acheteur d'entremise commerciale ; le titre passe d'un patrimoine dans un autre pour y rester (nous supposons bien entendu que l'acheteur opère en vue d'un placement, et non d'une spéculation ou d'un jeu ; d'ailleurs il n'y a pas achat pour revendre).

Les Cours de Bordeaux et de Lyon, poussant jusqu'à leurs dernières limites les conséquences rationnelles de la théorie de la commercialité des souscriptions, ont par deux arrêts reconnu la même nature aux actes de cession

(1) En notre sens, Michaux-Bellaire, *loc. cit.* ; Cass., 22 févr. 1876, D. 59.1.208 ; Dijon, 21 mars 1851, D. 52.5.3 ; 4 août 1557, D. 58.2.117 ; Angers, 12 mars 1873, S. 74.2.214 ; Paris, 26 janv. 1874, S. 76.2.3. V. aussi Thaller, *Ann. de dr. commerc.*, 1895, *loc. cit.*

A. — 19

ultérieurs (Bordeaux, 10 novembre 1836, Lyon, 26 juin 1839, D. *Répert., v° Acte de comm.,* n°⁵ 79 et 81 ; Cf. Conclusions de l'avocat général Valentin, sous Lyon, 7 février 1850, D. 50.2.135) (1).

La Cour de Lyon dans un autre arrêt (7 février 1850, précité), et la Cour de cassation (21 février 1860, D. 60. 1.129) n'ont pas osé aller aussi loin que les deux arrêts précédents; mais si les arrêts de 1836 et de 1839 ont été plus hardis, ils ont été plus logiques : dire que la souscription d'une action est un acte de commerce et que la cession de cette même action est un acte purement civil, surtout après avoir argué de ce que la souscription est l'acquisition d'une part d'associé, c'est faire une cote mal taillée : ou l'acte d'acquisition est un acte de commerce, parce qu'il a fait du souscripteur un associé participant aux opérations de l'entreprise, et cette part, qui est l'action, a de ce fait acquis aussi le caractère commercial, entraînant avec elle chez ses différents cessionnaires les parcelles de commercialité qu'elle contient ; — ou bien, l'acte de souscription, comme nous le soutenons, est purement civil, et la cession l'est aussi ; or, nous avons démontré que la souscription n'est pas un acte de commerce; elle a fait sans doute du souscripteur un associé, mais la qualité d'associé disparait devant celle de bailleur de fonds, de fournisseur de deniers ; le contrat n'est pas fait *intuitu personæ*, mais *intuitu pecuniæ* ; le commanditaire, ou le souscripteur n'est admis dans la société, ne reçoit de droits qu'à raison de la quantité d'argent qu'il apporte ; or, de sa part, le fait même de cette remise d'argent n'est pas commercial.

(1) « La cession d'une action, dit-il, de même qu'une substitution d'associé est un acte commercial au premier chef ; elle sera si l'on veut ce dernier acte de l'actionnaire cédant et le premier du cessionnaire. »

Mais vouloir que la cession de l'action ou de la part d'intérêt soit civile, alors que la souscription est commerciale, c'est reconnaître soi-même la fausseté des prémisses posées : la cession confère au cessionnaire, à l'acheteur, au donataire certains droits ; ces droits sont les mêmes et de la même nature que ceux du cédant, ils n'ont pas changé par ce fait seul qu'ils ont séjourné pendant quelques jours ou plusieurs années dans le patrimoine du souscripteur ; il a fait *ab initio* un acte de commerce, l'acte qui l'a fait entrer dans la société ; en se retirant, c'est-à-dire en cédant sa part et ses droits, celui auquel il cède lui est substitué juridiquement, est subrogé dans ses droits, et fait également acte de commerce en entrant à sa place dans la société.

Nous ne tirons pas argument de ce que, dans le système adverse, l'accès des sociétés serait impossible aux magistrats, aux avocats, aux mineurs, à tous ceux qui ne peuvent exercer d'actes de commerce : la conséquence pratique d'un système ne doit pas nous le faire écarter.

La Cour de cassation dans l'arrêt de 1860 évite ces conséquences en argumentant de ce que « les opérations dont il s'agit ne sont pas comprises dans l'énumération des articles 631 et suivants, au nombre de celles qui constituent par elles-mêmes des actes de commerce ». C'est s'en tirer par une échappatoire qui n'a rien de juridique, car si l'article 632 est limitatif quand on veut déclarer commerciale la souscription, il ne doit pas l'être davantage lorsqu'on attribuera la même nature à la cession du même titre.

C'est donc une inconséquence qu'on évite en admettant avec notre système que le fait de souscrire des actions dans une société commerciale ou de s'y engager comme commanditaire reste un acte purement civil (1).

(1) En notre sens: Paris, 1er mai 1848, D. 49.2.89 ; 21 mars 1849, D. 49.2.175 ; Lyon, 17 juillet 1883, D. 84.2.180.

CHAPITRE II

COMMERCIALITÉ SUBJECTIVE, OU PAR DESTINATION.
THÉORIE DE L'ACCESSOIRE.

Jusqu'ici, la loi, pour distinguer les actes commerciaux des actes civils, prenait pour base la nature de l'opération réalisée, l'objet de cet acte : dans les deux derniers paragraphes de l'article 632 elle change sa manière de faire : elle envisage soit la forme de l'engagement, soit la qualité du sujet, de l'un des auteurs de l'acte. Ce sont les théories de la commercialité de forme et de la commercialité subjective.

A vrai dire, l'étude de ces deux nouvelles théories ne rentre pas dans la théorie de l'acte de commerce, *stricto sensu*, de l'acte objectif. C'est encore de l'acte de commerce qu'il s'agit, mais envisagé à d'autres points de vue, dont nous ne nous sommes pas encore occupé dans le courant de cette étude.

Dans le paragraphe 6 de l'article 632, l'acte juridique appelé acte de commerce n'est plus considéré objectivement, mais à raison de la qualité d'un de ses auteurs : a-t-il été accompli par un commerçant? il sera acte de commerce; a-t-il été fait par un particulier non commerçant? il restera purement civil. C'est une répercussion de la qualité de la personne sur la nature de l'acte, un choc en retour de la commercialité objective ; celui qui fait sa profession d'exercer des actes de commerce communique à tous les actes qu'il accomplit dans l'intérêt de ce commerce la commercialité qui s'est attachée à sa personne : c'est comme un fluide émané de lui qui se répand sur tous les actes de sa vie de commerçant.

C'est là l'application du second principe dont s'est inspirée la loi pour la détermination des actes qualifiés commerciaux ; la commercialité, d'abord partie du fait pour aller à la personne (art. 1er du C. de comm.), revient au fait; c'est la règle connue sous le nom de *Principe de l'accessoire* ; elle a pour conséquence d'entraîner à l'égard de tous les actes d'un commerçant une présomption simple de commercialité contre laquelle la preuve contraire est admise.

SECTION I. — Sa signification.

« La loi répute actes de commerce : toutes obligations entre commerçants, marchands et banquiers. »

Le principe, connu aujourd'hui en doctrine et en jurisprudence sous le nom de principe de l'accessoire, établit une règle en vertu de laquelle le droit commercial va s'étendre au delà des bornes naturelles de son domaine : désormais, les juridictions consulaires vont avoir à connaître de deux sortes d'actes de commerce de nature bien dif-

férente : à côté des actes de commerce en eux-mêmes, qui
sont l'objet principal du négoce, va venir se grouper une
multitude d'actes de commerce, de différente nature, d'o-
rigines multiples, répondant à des besoins toujours plus
variés, tout un réseau d'actes accessoires que l'on pourrait
comparer à autant de ramifications destinées à amener le
mouvement et à conserver la vie à cet organisme préexis-
tant qui s'appelle une entreprise commerciale.

On comprend en effet que la mise en œuvre d'un négoce
ou d'une industrie, même de la plus faible importance, ne
va pas sans entraîner avec elle l'accomplissement d'actes
nombreux dans le but même de l'entreprise : location
d'immeubles, de boutiques, d'usines, de hangars, achats
de machines, d'outils, de voitures de transports, louages de
services, engagement de représentants, travaux d'ameublement et d'embellissement des locaux, abonnements
avec des compagnies d'éclairage, appel au public par voie
de publicité, emprunts destinés à effectuer des améliorations, contrats passés avec des compagnies d'assurances
contre l'incendie et tous les accidents divers, — tel est
ce réseau d'actes multiples qualifiés « de commerce en
vertu du principe de l'accessoire ».

Le principe de l'accessoire est très rationnel : *acces-
sorium sequitur principale* est un axiome qui trouve ses
applications dans toutes les branches du droit ; de même
que le droit de propriété s'étend à tout ce qui vient
augmenter l'objet de ce droit à titre de dépendance ; de
même que le caractère immobilier s'attache à des objets
de nature mobilière incorporés d'une façon intime à un immeuble pour son exploitation ou son utilité, — de même
la commercialité s'étend et s'épanouit sur tous les actes
nécessaires ou seulement utiles à une exploitation com-

merciale ; à défaut des textes, les principes seuls de la raison et du droit nous permettaient de délimiter nettement le domaine d'application de notre principe.

Cependant, ces mots « principe de l'accessoire » sont-ils absolument propres à désigner ce qu'ils veulent dire ? le mot « accessoire », impliquant l'idée d'une dépendance entre deux phénomènes, nous semble ne devoir s'appliquer que dans le domaine des forces physiques et mécaniques, où la volonté de l'homme n'intervient pas. Comme l'a démontré Labbé dans une remarquable note (sous Cass., 28 janv. 1878, S. 79.1.289), « c'est la destination intentionnelle plus encore que le rapport d'accessoire au principal qui est la circonstance décisive ;... la destination de l'acte a, d'après la loi, une importance majeure pour déterminer sa commercialité ; — la volonté est le critérium. » Les auteurs du Code civil ont bien compris la nécessité de faire mention de la volonté lorsqu'ils ont établi les règles relatives aux biens immeubles en vertu du principe de l'accessoire : — les articles 517 et 524 parlent de l'immobilisation *par destination* (et non par accessoire) lorsqu'elle résulte d'une affectation voulue par le propriétaire de l'immeuble ; ils parlent au contraire *d'accession* dans les articles 552 et 565, suiv., quand la relation de dépendance se produit par suite d'un simple concours de faits matériels.

Ici l'acte devient commercial, bien moins parce qu'il est passé par un commerçant, bien moins parce qu'il est accessoire d'une profession commerciale, que parce qu'il a pour but les intérêts, l'utilité du négoce, parce que *sa destination* est de concourir directement ou indirectement au bon fonctionnement de l'entreprise commerciale. En suivant ce fil conducteur nous aurons ainsi une règle sûre qui nous permettra de trancher les différentes questions sur lesquelles on n'est pas d'accord, malgré la généralité des termes de l'article 632 (6°).

C'est donc, à notre avis, avant tout à raison des circonstances qui l'ont exigé, à raison des besoins à satisfaire que tel ou tel acte émané d'un marchand sera commercial. En disant que l'acte est « commercial par destination », nous faisons mention du rôle qu'y joue l'auteur, le sujet de cet acte (commercialité subjective, de M. Manara) (1).

SECTION II. — Origines du principe.

Cette théorie de la commercialité par destination est une théorie qui ne date que de notre Code, car, au dire des commentateurs de l'ancien droit, l'Ordonnance de 1873 ne l'avait pas admise.

Cela peut paraître singulier : alors qu'autrefois un acte ne pouvait en principe devenir commercial qu'en vertu de l'exercice d'une profession commerciale, à titre de dépendance de cette profession, tous les actes qui ne se rapportaient pas d'une manière principale et directe à l'objet du négoce échappaient à la répercussion qui frappait ceux-ci de commercialité. La commercialité partait de l'homme pour aller au fait, mais elle ne s'étendait pas aux dépendances de ce fait. Jousse, interprétant strictement les termes de l'article 4 du titre XII de l'Ordonnance de 1673, expose les règles dont nous venons de parler : l'article 4 déclare que « les juges-consuls connaîtront des différends *pour ventes faites par des marchands*, artisans et gens de

---

(1) C'est sur ce critérium de la destination de l'acte que se basent MM. Lyon-Caen et Renault pour déclarer quand un prêt fait par un banquier sera commercial ou civil pour l'emprunteur.

métier, *à fin de revendre ou de travailler de leur profession* ». Et il ajoute : « d'où il suit que les ventes faites par des marchands à des artisans *de choses qui ne doivent point être employées ou converties en ouvrages de leur profession ne sont point de la compétence des juges-consuls,* quand même les choses vendues seraient de l'usage de la profession des ouvriers qui les achètent... De même, les ventes d'outils et autres instruments de travail, faites par des marchands à des gens de métier, ne sont pas de la compétence des juges-consuls », parce que, dit-il, « la vente est une vente ordinaire, faite pour l'usage de l'ouvrier seulement et non à fin de revendre ».

Dans les travaux préparatoires du Code de commerce, au moment de déterminer la compétence des tribunaux consulaires, se posa la question de savoir comment cette juridiction serait délimitée : borner la compétence des juges consuls à la simple connaissance des actes de commerce par eux-mêmes, c'était priver des avantages de cette juridiction (célérité, économie), une multitude d'actes passés entre commerçants pour les besoins ou à l'occasion de leur commerce ; et c'est pourquoi la loi répute commerciaux tous engagements entre commerçants, en mettant en dehors tous les engagements qui ne présentent pas la même nécessité commerciale, ceux relatifs à leurs besoins personnels. Ainsi, la loi actuelle, plus large que l'Ordonnance de Colbert, et faisant dériver la profession de commerçant des actes accomplis, admet une répercussion de la qualité de marchand, que l'ancien système n'admettait pas, quoique tous les actes alors réputés commerciaux ne fussent qu'une conséquence de la profession.

SECTION III. — **Portée du principe.**

Les actes accomplis par un commerçant doivent donc être distingués en plusieurs catégories au point de vue de la compétence :

1° Les actes commerciaux par eux-mêmes, énumérés par l'article 632, entraînant la compétence réelle ;

2° Les actes essentiellement civils par leur nature, par leur destination : achats de denrées, de vêtements, placements de capitaux, locations d'immeubles, ventes de vieux tableaux, engagements de domestiques ;

3° Entre ces deux classes, toute une série d'actes se rattachant par un lien plus ou moins étroit à la profession principale de leur auteur.

Cette influence de l'exercice d'une profession sur la nature des actes qui y sont relatifs n'est pas spéciale au commerce : nous avons vu que les divers achats et ventes, tous les contrats passés par un cultivateur, par un vigneron, un artisan, un sculpteur, alors même qu'ils seraient commerciaux par nature, resteraient civils, comme accessoires d'actes civils. Il en est ainsi en matière commerciale ; ce principe existe, il n'est plus contesté ; reste maintenant à en déterminer la portée.

S'applique-t-il à tous les actes qui ont un rapport quelconque avec l'exercice du commerce ? Sur cette question, trois systèmes sont en présence.

A. La juridiction commerciale étant une juridiction d'exception, les commerçants n'en sont justiciables que *pour les actes déclarés par la loi actes de commerce.* C'est le système suivi par l'Ordonnance de 1673, et adopté par M. Desjardins (*Revue critique*, 1864, I, p. 216) et par Beslay (*op. cit.*, p. 155 et s.). « La qualification d'acte de commerce, dit ce dernier, tient à la nature même de l'acte, non à la qualité de celui qui le fait. » L'article 632 (6°) signifie simplement que les tribunaux de commerce sont compétents pour connaître entre commerçants des faits qualifiés de commerce par les 6 premiers paragraphes de l'article 632. Ce système a d'ailleurs un avantage, c'est d'éviter l'arbitraire, il n'y a plus à chercher de la sorte si l'acte en question est ou non relatif au commerce (1).

Cette théorie n'est guère acceptable : si l'article 632 (6°) n'est là que pour indiquer que les tribunaux consulaires sont compétents pour connaître entre commerçants des actes de commerce par nature, il est inutile, et il rend inintelligible l'article 631, qui distingue bien : α. les obligations entre commerçants ; β. les actes de commerce entre toutes personnes. De plus, on se demande quelle différence il y aurait entre les commerçants et les non-commerçants puisque l'un et l'autre sont justiciables des tribunaux de commerce, en vertu de la nature seule de l'acte accompli. Enfin, cette théorie a l'inconvénient d'admettre tout ce qui a trait à l'exploitation ; une fabrication, un magasin ne vont pas sans accessoires : toutes ces acquisitions forment l'actif commercial, et donnent naissance à des dettes commerciales : c'est tout cela qui constitue une entreprise, et tout cela doit être pris en considération.

B. Le principe de l'accessoire ne peut s'appliquer qu'*aux engagements qui rentrent dans l'objet direct du commerce de leur auteur* ; il faut que l'acte, non seulement émane d'un commerçant relativement à son commerce, mais qu'il

(1) En ce sens : Orléans, 29 nov. 1852, S. 52.1.2.9. cassé, 11 avril 1854. V. *infra*.

ait « *un rapport direct et immédiat* avec l'objet de l'entreprise », qu'il rentre dans le mouvement des affaires auxquelles se livre le négociant (1) ; quand même cet acte
serait avantageux, cela ne suffit pas ; il faut qu'il soit une
suite nécessaire des actes commerciaux par eux-mêmes.
Un embellissement des magasins n'aurait pas ce caractère.

Ce système semble raisonnable et conduirait peut-être
à de bons résultats s'il n'aboutissait à un arbitraire déme-
suré, et ne tenait trop peu compte du caractère général de
l'article 632 (6°) ; quand un contrat ou un marché rentre-
ra-t-il dans l'objet direct du commerce ? Quel critérium
accepter ? questions susceptibles d'autant de solutions que
d'espèces, suivant la nature du négoce, les circonstances
de la cause, les conditions de temps et de lieu.

C. Le principe de l'accessoire s'applique « toutes les fois
que l'engagement a eu pour cause et pour but principal
les intérêts du commerce », qu'il a été contracté à l'*occasion du commerce.*

Tel est le principe admis depuis de longues années déjà
par la Cour de cassation et de nombreux auteurs ; il est for-
mulé par un arrêt de cassation du 28 janvier 1878 (S. 79.
1. 389, et n. Labbé) (2) ; le raisonnement suivi par la Cour
de cassation pour arriver à cette solution semble irréfuta-
ble :

« L'article 631 attribue aux tribunaux de commerce la
connaissance de toutes contestations relatives aux engagements et transactions entre négociants et marchands » ; or,
— « l'article 638 n'excepte de la compétence commerciale
les actions intentées contre un commerçant pour paiement

---

(1) En ce sens : Rouen, 28 nov. 1856, S. 57.2.280).
(2) V. aussi Cass., 24 janv. 1865, S. 65.1.153 ; 10 juin 1872, S. 72.1.280 ;
29 janv. 1885, S. 85.1.482.

de denrées et marchandises que lorsque ces objets ont été achetés pour son usage particulier ».

Donc, tous les autres engagements entre commerçants sont commerciaux (1).

Par application de cette règle, la commercialité s'étendra non seulement aux actes nécessaires, indispensables à une exploitation, mais encore à tout ce qui peut lui être utile, avantageux même, et profiter d'une façon directe ou indirecte à l'entrepreneur.

C'est là le vrai domaine de la théorie de l'accessoire ; c'est à cette conclusion aussi que nous avions abouti *a priori* par la théorie de la commercialité par destination ; c'est le but utilitaire, profitable au commerce que poursuit le commerçant ; du moment qu'ils produisent une utilité quelconque, ils prendront la nature des opérations qu'ils sont destinés à satisfaire ; cet ensemble d'actes secondaires forme un faisceau intimement uni à l'acte principal et tombe avec lui sous l'application de la même loi.

La théorie de la destination va nous permettre de trancher cette question douteuse : ces actes, qui seraient commerciaux s'ils dépendaient d'un commerce déjà existant, le seront-ils s'ils précèdent l'exercice de l'acte principal qui doit rendre leur auteur commerçant ? — M. Labbé soutient que l'accessoire peut être préétabli dans l'attente du principal, et trouver alors « un support comme point d'appui de sa commercialité. » (Note précitée.) — Nous avons cru démontrer que ce n'était pas la relation de principal à accessoire qu'il fallait surtout envisager ; il ne peut pas y avoir d'accessoire s'il n'y a pas de principal. Nous considérons avant tout la destination de l'acte : l'intention de son auteur peut se manifester (et pour cause), bien

---

(1) Cass., 11 avril 1854, S. 54.1.240.

longtemps avant le commencement des opérations principales par un appel au public, une commande de machines, l'achat d'un fonds de commerce, des devis demandés
à un architecte : autant d'actes que nous pouvons rattacher à l'acte principal futur, en vertu de l'intention commune qui les dirige tous (1).

MM. Lyon-Caen et Renault soulèvent une autre diffi-
culté : « Ne convient-il pas, disent-ils (*Traité*, I, n° 147 *bis*),
d'admettre la théorie de l'accessoire pour toutes les opérations se rattachant à un acte de commerce isolé fait par
un non-commerçant ? » Ainsi, un non-commerçant achète
une coupe de bois pour la revendre ; pour l'exécution de
cet acte, il fait divers contrats : engagements d'ouvriers,
contrats de transport : ces actes ne peuvent-ils pas devenir
commerciaux en vertu du même principe. Notre thèse ne
s'y oppose nullement ; la commercialité des actes en
question nous paraît évidente ; elle n'est qu'une conséquence du but recherché par l'auteur de l'acte principal ;
le résultat à atteindre est toujours le même, que le commerce soit pratiqué à titre professionnel, ou à titre purement accidentel (2). C'est d'ailleurs là peut-être le premier acte d'une profession à laquelle il prétend se livrer
plus tard (3). MM. Lyon-Caen et Renault concluent de
même en argumentant de l'article 91 (Comm.), qui déclare
commercial le gage constitué pour garantie de toute dette
commerciale, sans distinguer si le débiteur est commerçant ou a fait un acte isolé de trafic.

(1) En vertu de cette règle, nous reconnaîtrons le caractère commercial
à l'acte par lequel une personne accepte la fonction de gérant d'une commandite (si celle-ci a un objet commercial).

(2) Nous avons conclu, par application de ces idées, au caractère
commercial du mandat donné à un agent de change par un spéculateur
à la Bourse.

(3) Aix, 16 juillet 1861, S. 62. 2. 109.

SECTION IV. — **Conditions d'application de la règle.**

Nous venons de voir quelle était la portée du principe posé, à quelle série d'actes il s'appliquait ; il faut maintenant rechercher avec quelque détail s'il s'applique à tous les actes accomplis par un commerçant dans les conditions sus-indiquées, ou s'il en est quelques-uns auxquels notre théorie ne pourra pas s'étendre.

Il faut avouer que tout est silence dans ce texte du Code, la règle de l'accessoire est peut-être celle qui fait venir devant les magistrats consulaires le plus grand nombre d'affaires ; aucun texte n'en fixe les limites. Les caractères de spéculation et d'entremise que nous avons reconnus à l'acte objectif n'ont plus à intervenir ici : c'est une grossière erreur de Beslay d'avoir voulu ramener à un même critérium deux théories de la commercialité qui partent de deux principes différents.

Le paragraphe 6 de l'article 632 combiné avec le paragraphe 1er de l'article 631 reconnaissent le caractère d'acte de commerce aux « engagements, transactions, obligations entre négociants, marchands et banquiers ». Ses termes sont aussi larges que possible : le mot *transaction* semble s'appliquer aux contrats ; les *engagements et obligations* semblent signifier les autres sources d'obligations : quasi-contrats, délits, quasi-délits, loi.

Dire que les actes commerciaux par destination sont ceux accomplis « dans l'intérêt d'un commerce », n'est-ce pas restreindre la portée si large de nos deux articles et en exclure les délits, les quasi-délits qui produisent des résultats fâcheux pour le patrimoine, et les obligations dérivant de la loi, qui ne sont pas nées du fait du commerçant lui-même ?

C'est pourtant notre opinion : les obligations nées de quasi-délits n'ont pas et ne peuvent pas avoir le caractère commercial ; nous expliquerons pourquoi. Les obligations nées de la loi s'adressent plutôt au citoyen qu'au commerçant.

Dans un autre ordre d'idées, la commercialité par destination doit-elle régir les actes passés par un commerçant et ayant pour objet des immeubles ? Quelques auteurs l'ont soutenu ; à notre avis, malgré la généralité de nos articles, nous croyons que les actes relatifs aux immeubles, accomplis dans l'intérêt du commerce, ne sont pas commerciaux ; ce n'est pas que la nature des immeubles répugne à la commercialité ; mais malheureusement, il ne faut pas étudier l'acte de commerce *in abstracto* ; il faut se préoccuper des règles qui régissent la compétence des tribunaux consulaires, car c'est à ce sujet que le législateur a posé les règles relatives aux actes de négoce ; or, sur ce point, le doute n'est pas possible ; les travaux préparatoires de nos Codes, l'esprit des rédacteurs, le titre II du livre IV du Code de commerce (art. 631 à 644) ne nous permettent pas de comprendre parmi les actes soumis à la juridiction consulaire les contrats sur immeubles. Donc, ne seront pas actes de commerce : l'achat d'un immeuble pour y bâtir une usine, le marché passé avec un entrepreneur pour construire des halles, des fours et tous les bâtiments nécessaires à l'exploitation, pas plus que le contrat de bail d'une boutique ou d'un local quelconque (1) (sauf le cas qui se présente dans l'achat d'un fonds de commerce).

(1) En ce sens : Cass., 29 janvier 1883, S. 85.1.482 ; Rouen, 7 janvier 1839, D. 40.2.66 ; Bordeaux, 2 juillet 1847, S. 48.2.247 ; Paris, 22 mars

Il faudrait pourtant considérer comme acte de commerce le fait de faire élever des constructions volantes,
en fer et briques par exemple, qui ne tirent leur utilité
que de la destination à laquelle elles sont affectées et
n'auraient que peu de valeur entre les mains d'un autre ;
on peut citer ainsi : les hangars en bois et carton bitumé
destinés à une cour d'usine ; sur un chemin de fer, les
cabanes des aiguilleurs ou des employés au block-system,
les disques, les grues fixées au sol, une bascule, etc. (en
ce sens, Labbé, note précitée).

Nous dirons donc que les caractères de l'acte commercial par destination sont qu'il est *un acte accompli par un
commerçant pour les besoins ou dans l'intérêt de son commerce avec l'intention d'en tirer profit* (à l'exclusion des
actes portant sur la propriété ou la jouissance d'un immeuble par nature).

A. *Intention de tirer un profit direct ou indirect,* ce qui
exclut le cautionnement, contrat généralement gratuit ;

B. *Satisfaction des besoins du commerce principal,* pour
l'intérêt ou seulement l'avantage de celui-ci : c'est donc ici
la destination utilitaire de l'opération jointe à l'intention
d'en profiter qui sera notre guide.

A l'occasion de son commerce, comme dans son existence civile, le commerçant peut accomplir toutes sortes
d'actes ; tous lorsqu'ils auront lieu à l'occasion de son
commerce seront-ils commerciaux, pourvu qu'on y trouve
les éléments indiqués? c'est la question que nous allons
examiner.

1851, S. 51.2.205 ; 22 juillet 1852, D. 53.5.96 ; Nancy, 3 janvier 1872, S.
72.2.18 ; Montpellier, 10 août 1883, S. 84.2.36. *Contrà* : Paris, 14 novembre 1846, *J. Pal.,* 46.2.713 ; Cass., 28 juin 1843, S. 43.1.571.

§ 1. — Application aux contrats.

Les contrats conclus par un négociant dans l'intention d'en faire profiter ses affaires seront commerciales, il suffit même qu'ils soient passés en vue d'un commerce futur : la destination n'en est pas moins évidente. L'application la plus curieuse se produit à propos de l'achat d'un fonds de commerce.

A. *Achat d'un fonds de commerce.* — L'achat d'un fonds de commerce est le premier acte, non pas de la profession de commerçant puisqu'il ne peut constituer en lui-même un acte de commerce, mais de la vie commerciale d'un individu. Il n'est pas toujours possible ; il est quelquefois trop hardi de se lancer dans le commerce sans avoir des antécédents qui assurent un trafic important et des opérations rémunératrices. C'est pourquoi l'achat d'un fonds est l'acte préliminaire de la plupart des établissements commerciaux ou industriels.

Qu'est-ce qu'un fonds de commerce ?

Un fonds de commerce est une chose incorporelle à laquelle on reconnaît généralement la nature de meuble incorporel (1) ; meuble, parce que l'achat de l'immeuble ou la cession du droit au bail des locaux occupés (en admettant avec M. Colmet de Santerre que le droit du preneur soit immobilier) ne sont la plupart du temps que des accessoires de la vente ; — incorporel, parce que les marchandises comprises dans le fonds sont souvent d'une faible importance. Un fonds de commerce en effet se compose presque toujours : de la cession du droit au bail des lieux occupés, ou de la vente de l'immeuble et des bâtiments

---

(1) Cass., 13 mars 1838, *Ann. de dr. comm.*, 1838, p. 171. — *Contrà*, Paris, 25 juillet 1851.

affectés à l'industrie ; — du matériel, des marchandises restant dans le magasin et soldées à bon compte ; — enfin, de l'*achalandage*.

C'est l'achalandage qui forme généralement l'objet principal du contrat ; il est la première espérance de celui qui s'établit : c'est cette chose immatérielle, multiple et variable qui donne au fonds sa valeur : c'est la clientèle, assurée par une longue probité et la fourniture de denrées de première qualité ; un nom honorablement connu, porté souvent depuis plus d'un siècle par les différents propriétaires du fonds, qui ont su en conserver la bonne réputation ; ce sont l'enseigne, la marque, les récompenses obtenues aux expositions, c'est en un mot la vogue, ce qui fait l'engouement du public, conserve les clients anciens et attire les nouveaux. C'est là dessus que l'acheteur du fonds de commerce a compté, c'est cela qui fait la base même de son marché, et qu'il paiera un tel prix que la nécessité de rémunérer le capital avancé fera souvent sombrer la maison.

Voilà pourquoi les fonds de commerce sont l'objet d'un trafic incessant et d'offres d'achat souvent nombreuses. Quelle est donc la nature de cet achat ? Aucun doute ne s'élève dans les deux cas suivants ; le fonds a été acheté pour être immédiatement revendu ou loué ; c'est un acte de commerce par nature (art. 632. 1°. — *Contrà*, Thaller, *Annales*, 1895) ; ou bien le fonds a été acheté pour être exploité ; mais c'est la valeur des marchandises qui forme la partie principale du prix : il y a achat de marchandises pour être revendues : acte de commerce (même article) (1).

_____

(1) En ce sens : Cass., 8 mars 1880, D. 81.1.261 ; il s'agissait d'un magasin de meubles vendu 53.000 francs, les meubles étant estimés 48.000 francs.

En dehors de ces hypothèses, c'est l'achalandage et le droit au bail que l'acheteur a eu principalement en vue : il n'y a pas là un acte de commerce en lui-même, l'achat n'est pas pour revendre, mais pour exploiter.

Si l'acte n'est pas commercial par lui-même, ne l'est-il pas au moins par destination ? C'est la question si souvent agitée et si diversement tranchée.

Contre la commercialité de l'achat, on dit que l'article 632 (6°) répute acte de négoce toute obligation « entre commerçants » ; or, celui qui achète un fonds de commerce n'est pas encore commerçant, c'est donc un acte purement civil. Les arrêts dans ce sens statuent sans justifier leur solution (1).

Malgré ces décisions, l'opinion presque unanime admet aujourd'hui la commercialité de l'achat : comme disent MM. Lyon-Caen et Renault (*Traité*, I, n° 175), « il est difficile de trouver une opération plus empreinte de commercialité, rentrant davantage dans les aptitudes des tribunaux de commerce » (V. aussi Lèbre, *Traité des fonds de commerce*, p. 28 et s., p. 265).

C'est la destination de l'acte à un commerce actuel ou futur qui nous détermine en faveur de la commercialité de l'achat ; il est indubitablement fait en vue d'un négoce futur ; il exprime la décision de l'acheteur de se livrer au trafic. Tout le monde admet d'ailleurs la commercialité de l'achat d'un fonds fait par un concurrent exerçant le même genre d'affaires ; c'est un acte accessoire dont l'utilité est incontestable : l'acheteur a peut-être baissé ses prix depuis longtemps, il a peut-être perdu de l'argent pour arriver à se débarrasser de son adversaire, et maintenant que celui-

(1) Paris, 14 avril 1831, S. 31.2.160 ; 19 nov. 1830, S. 31.2.264 ; 2 janv. 1843, S. 43.2.269 ; Cass. req., 21 avril 1861, D. 61.1.255.

ci ne peut plus lutter, il lui a acheté son fonds à bas prix ;
c'est l'histoire de Jay Gould et des compagnies de chemins de fer américaines.

Quelle différence y a-t-il entre ce cas et celui de l'homme
qui achète un fonds de commerce pour l'exploiter si ce
n'est que l'un est commerçant et l'autre pas? l'intention
est la même, c'est cette intention qui doit nous guider. —
La jurisprudence est maintenant fixée dans ce sens (1). Il
faut bien entendu que l'exploitation du fonds acheté ait
pour objet principal d'accomplir des actes rentrant parmi
les actes de commerce : ainsi l'achat d'un débit de tabac (2),
d'un office de commissionnaire au mont-de-piété (3), d'un
office ministériel n'est pas commercial, parce que la profession à exercer ne comporte pas d'actes de ce genre.

Les mêmes solutions s'imposent pour celui qui achète un
brevet en vue de l'exploiter, soit qu'il exerce déjà une
industrie, ou que ce soit le premier acte de son exploitation (4).

B. *Contrats relatifs au commerce principal.* — Désormais, le nouveau commerçant va accomplir une multitude d'actes ayant pour but la mise en marche de son
négoce et le maintien de ses affaires à un certain niveau :
tous les contrats qu'il va passer ainsi jusqu'à ce qu'il
quitte les affaires vont constituer des actes de commerce,
en vertu du principe de la commercialité par destination : ce sont les achats de matières premières, de voitures de commerce, frais de réparations, d'entretien,

(1) Cass., 7 juin 1837, J. Pal., 43.1.58 ;, Paris, 31 déc. 1839, J. Pal., 37.
2.627 ; Montpellier, 19 nov. 1852, S. 53.2.217 ; Paris, 7 fév. 1870, S. 71.2.
149 ; Paris, 20 déc. 1877, S. 78.2.251.

(2) Dijon, 21 mars 1873, S. 73.2.215.

(3) Comm. Seine, 12 avril 1870, S. 71.2.121.

(4) Bourges, 5 févr. 1853, S. 55.2.286.

d'embellissement, marchés de fournitures, engagements d'ouvriers, de commis, d'ingénieurs ; — contrats de transports ; abonnements pour la fourniture du gaz ou de l'électricité, pour le téléphone ; souscriptions de billets à ordre, de chèques, constitutions de gages, emprunts destinés au commerce ; paiements de dettes commerciales, mandats donnés à un avoué ou à un agréé ; contrats de comptes courants, d'ouvertures de crédit avec les banquiers, contrats d'assurances, d'affrètement ; — location d'un emplacement dans une exposition, publicité, etc., actes innombrables et dont l'énumération est impossible.

C. *Vente du fonds de commerce.* — Après avoir exercé pendant un certain temps le commerce, quand il estime que ses forces, ses moyens, son âge, les résultats obtenus lui permettent ou l'obligent de se retirer des affaires, le négociant va céder son fonds.

Que décider lorsque la vente est ainsi faite par un individu commerçant, après ou sans liquidation préalable des marchandises ? — La même solution doit être admise que pour l'achat ; il y aura acte de commerce, non pas parce qu'elle a pour destination le commerce, puisque le commerce va cesser, mais parce qu'elle est la conclusion nécessaire d'une existence de marchand, « le dernier acte de la vie commerciale », l'acte suprême dans lequel l'ancien négociant sur le point de se retirer des affaires, cherche à faire argent de cette chose incorporelle qu'il a peut-être créée, façonnée de son intelligence et de ses mains, dont il a fait la renommée.

C'est dans ce sens que se décide aujourd'hui la jurisprudence (1).

___

(1) Paris, 7 février 1870, D. 71.2. 43 ; — 30 juill. 1870, D. 71.2.16.

§ 2. — Application aux quasi-contrats.

La théorie de la commercialité par destination doit s'appliquer aussi aux quasi-contrats par lesquels un commerçant peut être obligé ; ce sera la gestion d'affaires et la répétition de l'indu, pourvu, bien entendu, que l'acte accompli l'ait été dans l'intérêt du commerce, alors même qu'il n'aurait pas réussi.

Dans la gestion d'affaires, le commerçant sera obligé si l'acte fait par le gérant a eu pour but de procurer un avantage au commerce du maître, c'est-à-dire dans les cas où le mandat donné par celui-ci eût été pour lui un acte de commerce ; c'est par exemple un tiers qui a effectué un paiement au nom du négociant pour éviter à celui-ci la mise en faillite ; l'obligation dont est tenu le maître sera commerciale.

Inversement, le négociant en tant que maître de l'affaire, fait commerce si la gestion qu'il accomplit vise les intérêts de son trafic : il fait au nom d'un de ses débiteurs, commerçant, qui lui doit de grosses sommes, un paiement, afin d'empêcher la déclaration de faillite de ce débiteur, dont les affaires sont momentanément gênées par suite d'une faillite importante, dont celui-ci est le principal créancier. Si, au contraire, la gestion n'a eu aucun avantage pour le commerce, c'est un simple acte d'ami, qui restera civil.

Pour le cas de la répétition de l'indu, l'action ne sera portée devant les juges consulaires que dans les mêmes conditions : le commerçant a cru par erreur recevoir le paiement d'une dette commerciale alors que celle-ci n'existait pas ou avait une cause civile (Paris, 10 mars 1857, D. 57.2.237 ; il s'agissait de la répétition de marchandises

qu'un négociant avait reçues alors qu'elles étaient destinées à un autre).

§ 3. — Application aux délits.

La conséquence civile du délit, c'est-à-dire de tout fait
dommageable intentionnel est de donner lieu à des réparations dites civiles, dont la poursuite a lieu en principe
devant la juridiction ordinaire.

Cependant, nous croyons qu'il y a des cas où le *délit
civil* commis par un commerçant constituera un fait de
commerce : c'est un négociant qui (dans un but assez
peu moral il est vrai) usurpe la réputation d'une maison
déjà connue pour « établir une confusion entre deux établissements en vue d'enlever à l'un tout ou partie de sa
clientèle au profit de l'autre »(1), confusion portant soit
sur le nom, soit sur les produits (concurrence déloyale), soit
sur les marques de fabrique, soit par l'emploi illégal d'un
procédé breveté (contrefaçon). L'auteur de ces faits de
contrefaçon et de concurrence déloyale peut y chercher
des avantages, illicites il est vrai, destinés à profiter à son
commerce ou à son industrie ; la destination commerciale
de ces faits doit, suivant nos principes, nous les faire
considérer comme donnant naissance contre leur auteur à
des obligations commerciales, et c'est devant les juges
consulaires que sera portée l'action civile en réparation
(sauf pour les questions de contrefaçon où le tribunal civil
est seul compétent, loi du 5 juillet 1844 : la question de
propriété industrielle prime toutes les autres).

D'autres actes illicites peuvent être intentionnellement
commis par un marchand : il donne sur un concurrent des

(1) E. Pouillet, *Traité des marques de fabrique*, n° 459.

renseignements défavorables qui sont faux ; — il altère ses livres afin de faire croire à un chiffre d'affaires inexact; il a introduit des marchandises de contrebande en fraude des droits de douane ou d'octroi ; l'État ou la commune lui réclame les perceptions auxquelles il a indûment échappé : nous croyons que ces actions (en dehors de l'action pénale) pourraient être portées au principal devant la juridiction commerciale.

C'est parce que l'auteur était commerçant qu'il a agi ainsi, c'est donc l'intérêt de ses affaires qui a inspiré ces actes ; un acte, avons-nous dit, peut être à la fois illicite et commercial ; les éléments de la commercialité par destination se rencontrent ici : nous en appliquerons les règles (1).

§ 4. — Non-application aux quasi-délits.

Le quasi-délit civil diffère du délit en ce qu'il est accompli sans intention de nuire, quoique en fait il cause un dommage.

La jurisprudence est presque unanime pour reconnaître le caractère commercial aux quasi-délits accomplis *à l'occasion d'un commerce.*

Maintenant suffit-il que l'auteur soit commerçant ? faut-il que la victime le soit aussi ; faut-il distinguer suivant les circonstances autant de systèmes sur lesquels on n'est pas d'accord.

Suivant nous un quasi-délit n'est jamais un fait commercial. Voici nos motifs :

(1) En ce sens : Cass., 4 mars 1845, D. .45.1.203; Bordeaux, 23 août 1851, D. 54.5.162; Paris, 24 juin 1866, D. 66.2.197 ; Nîmes, 3 août 1874, D. 75.2.69; Cass., 5 août 1875, D. 77.1.325. — *Contrà :* Paris, 28 avril 1866, D. 66.2.128.

a) L'essence du quasi-délit est d'être accompli involontairement sans intention de nuire ; pour qu'il y ait commercialité par destination, il faut que l'acte ait pour but de profiter au négoce ; or, un acte accompli sans volonté, entraînant des conséquences dommageables, qu'on n'a pu ni prévoir, ni faire naître, ne peut pas avoir pour résultat de favoriser le commerce ; il cause un préjudice à autrui ; il entraîne pour son auteur l'obligation de réparer ce préjudice ; où est là dedans la destination commerciale ? elle n'apparaît pas, elle ne peut pas apparaître. Mais, nous répondra-t-on, cette obligation de dommages-intérêts, ce fait dommageable se sont produits à *l'occasion du commerce*, accessoirement à l'exercice de celui-ci. — Qu'importe, puisque, suivant notre critérium, c'est l'intérêt des affaires qui doit nous guider, la volonté, l'intention de l'auteur.

b) L'obligation de réparer ne s'attache pas à la qualité de commerçant ; elle dérive de ce principe d'éternelle justice que celui qui cause, même involontairement, un dommage doit le réparer : c'est la théorie de la *responsabilité civile* développée dans les articles 1382 et suivants (C. civ.) ; elle s'applique aux faits personnels de l'auteur du dommage et s'étend aux faits accomplis par certaines personnes, qu'il peut avoir sous sa surveillance. — Ces deux sortes de responsabilités peuvent naître à l'occasion d'un commerce.

α. *Responsabilité personnelle* : c'est une explosion qui se produit dans une usine et détruit des bâtiments voisins ; un ouvrier a un bras pris dans un engrenage qui n'était pas protégé ; — faits dommageables obligeant le patron à des réparations, si sa faute est prouvée.

β. *Responsabilité à raison du fait d'autrui.* — Une collision se produit entre deux trains par le fait d'un mécanicien, d'un aiguilleur, d'un chef de gare ; — une voiture de commerce écrase un passant ; la compagnie de chemins de fer, le commerçant répondent civilement des fautes de leurs agents.

Nous ne voyons là aucun élément permettant d'appliquer les règles de la commercialité par destination. Mais, cependant, ces réparations pécuniaires sont des dettes commerciales, elles vont grever le passif commercial du patron ou de la compagnie, diminuer d'autant les bénéfices. — Il ne faut pas confondre les conséquences d'un fait avec la nature de ce fait : le loyer des lieux occupés commercialement compte bien dans les frais généraux, et le contrat de bail n'est pas commercial. — Pour nous, la source de l'obligation de dommages-intérêts dans les cas ci-dessus, se trouve dans une règle d'ordre purement civil, dans un principe de justice, dont les conséquences, purement civiles aussi, se produisent indépendamment de la qualité des personnes, règle à laquelle il n'y a pas lieu de déroger à l'égard des commerçants, puisque leur commerce n'est pas intéressé à la question (1).

Ce sont des relations d'homme à homme, et non des relations de marchand à particulier ou entre marchands, qui donnent naissance à ces obligations ; est-ce parce qu'il

(1) V. en ce sens, Trib. civ. Lyon, 13 mars 1862, S. 63.1.498. « Attendu que l'article 631 ne peut s'entendre même entre commerçants que des contestations relatives à des engagements commerciaux ou à des actes de commerce ; — Attendu qu'il est vrai que les engagements résultant d'un quasi-délit peuvent être soumis à la juridiction consulaire lorsqu'ils prennent leur source dans l'*exercice volontaire* et abusif d'un commerce ou d'une industrie, mais qu'on ne saurait admettre qu'un commerçant qui dans l'exercice de son commerce commet involontairement un fait de maladresse, d'imprudence ou de négligence puisse à raison d'un fait pareil être traduit ailleurs que devant la juridiction ordinaire... »

fait commerce que le patron sera tenu de réparer le dommage causé à son ouvrier par une machine, à un étranger par une voiture de commerce? Non, c'est parce que les principes de l'équité, de la sécurité publique exigent qu'un citoyen ne puisse pas, même par négligence ou omission, causer dommage à la vie ou aux biens de ses concitoyens. Des considérations d'utilité pratique, ou des préjugés inspirés par ce qui se produit actuellement ne doivent pas faire perdre de vue cette idée : il n'y a là rien de commercial; l'obligation dont il s'agit ne sera pas commerciale.

La jurisprudence la plus récente des Cours et de la Cour suprême se décide de plus en plus contre ce système (1); après avoir reconnu la compétence des tribunaux de commerce à l'égard des quasi-délits, lorsque le demandeur et le défendeur sont commerçants (Civ., 11 déc. 1895, 2 mai 1896, *Ann. de dr. comm.*, 1896, *Bull. jud.*, p. 4 et 259), la Cour de cassation statue dans le même sens, lors même que le demandeur ne serait pas commerçant, pourvu que le dommage résultant du quasi-délit se soit produit à l'occasion du commerce de l'obligé (Civ. rejet, 28 octobre 1896, *Ann. de dr. comm.*, 1897, *Bull. jud.*, p. 2) (2), mais il faut qu'il s'agisse d'un fait relatif au négoce de celui-ci (Comm. Seine, 8 août 1896. *Le Droit*, 18 août 1896).

SECTION V. — De la présomption de commercialité.

Nous avons étudié le principe de l'accessoire, la théorie

---

(1) V. à ce sujet, Thaller, *Bulletin judiciaire. Ann. de droit commercial*, 1897, p. 1 et s.

(2) Dans le même sens : Paris, 19 mai 1896, *Droit*, 6 sept. 1896 ; Amiens, 1er février 1896, D. 96.2.334 ; Comm. Lyon, 23 mai 1896, *Mon. jud.*, 1er oct. 1896.

de la commercialité par destination dans ses termes et dans son application. Quoique la règle et ses conséquences soient connues, en pratique les cas où elle devra s'appliquer ne seront peut-être pas toujours aisés à distinguer. La question se pose devant les tribunaux et a une grande importance pour le demandeur qui peut se voir opposer une exception d'incompétence qu'il ne soupçonnait pas.

La présomption de commercialité a pour effet pratique d'éviter ces renvois de juridiction en juridiction et de simplifier les effets du principe de l'accessoire; en voici le fonctionnement et les avantages.

Les actes commerciaux objectifs ne se présument pas ; ce sera au demandeur à prouver que l'acte litigieux doit revêtir le caractère commercial à raison de ses éléments, de l'intention des parties, de l'objet sur lequel il porte. — A l'inverse, les actes de l'article 632 (7o) sont commerciaux entre toutes personnes, en vertu d'une présomption légale de commercialité qui investit le demandeur d'une réplique victorieuse contre l'exception d'incompétence.

Pour les actes de l'article 632 (6o) le système de la loi est mixte ; ils ne sont ni commerciaux par eux-mêmes, ni entre toutes personnes ; mais lorsqu'ils émanent d'un commerçant, il y a une présomption *juris tantum* qu'ils sont faits dans l'intérêt du commerce, donc qu'ils sont commerciaux: mais cette présomption peut être combattue par la preuve contraire : cependant, elle protège le demandeur qui a introduit une action devant les juges consulaires, tant que ce défendeur n'aura pas établi que l'acte a été accompli pour ses besoins personnels.

Ainsi donc, non seulement la loi admet une extension de la commercialité en dehors de son domaine propre en

vertu de notre principe, mais elle ajoute que ce principe
dominera tous les actes de la vie du marchand, sauf preuve
contraire à sa charge. Elle présume au profit de tous les
créanciers que la qualité de commerçant absorbe celle de
simple particulier, parce que les affaires commerciales sont
les plus nombreuses, les plus actives, qu'elles ont besoin
d'être jugées vite, et qu'il faut éviter aux dettes commerciales une discussion que le défendeur n'essaiera pas, puisqu'il est certain d'avance de succomber.

La présomption dont nous venons de parler n'est édictée
par l'article 638 (2°) (1) que pour les billets souscrits par
un négociant. Mais tout le monde avec raison l'étend à tous
les actes accomplis par un commerçant (2), à toutes les
obligations qu'il souscrit, « Attendu que les termes de
l'article 638 (2°) ne sont pas limitatifs ».

C'est la qualité de la personne qui détermine la présomption de la loi. Mais d'autre part, cette présomption ne pro-
tégeant pas indéfiniment le demandeur, son adversaire est
admis à prétendre que l'acte a été fait dans son intérêt
personnel, et il peut administrer cette preuve par tous les
moyens (3) : sur les billets à ordre cette preuve pourra
résulter de la mention d'une cause étrangère au commerce,
par ex. : valeur en immeubles (art. 630, *in fine*). Pourtant
aux termes de l'article 637, le particulier non commerçant, obligé par billets, pourra être poursuivi devant la
juridiction consulaire avec d'autres, tenus commercialement.

---

(1) « Néanmoins, les billets souscrits par un commerçant seront cen-
sés faits pour son commerce. . . . ., lorsqu'une autre cause n'y sera point
énoncée. »

(2) Cass., 6 juillet 1836, S. 36.1.694.

(3) Même arrêt.

CHAPITRE III

COMMERCIALITÉ DE FORME.

Dans le paragraphe 7 de l'article 632, le Code s'inspire
d'idées nouvelles ; peu importe la nature civile ou commerciale de l'acte, l'opération qu'il accomplit, peu importe
qu'il émane d'un commerçant ou d'un non-commerçant, la
loi ne tient compte que de la forme : de ce que l'acte se présente au public sous tel aspect extérieur employé généralement dans le négoce, la loi induit que cette forme recèle
une opération commerciale, et elle en tire la conclusion
que l'opération accomplie est un acte de commerce. La loi
statuant *de eo quod plerumque fit*, la forme ne fait pas la
commercialité, elle ne fait qu'entraîner une « présomption
de commercialité » contre laquelle la preuve contraire
n'est pas admise.

Il existe aujourd'hui deux ordres de cas, où la forme est
attributive de commercialité :

1° En matière de lettres de change (art. 632, modifié
par la loi du 7 juin 1894) ;

2° En matière de sociétés revêtant la forme de la commandite ou de l'anonymat (art. 68, loi du 24 juillet 1867, mod. par la loi du 1er août 1893).

SECTION I. — Lettre de change.

Nous avons étudié pourquoi les opérations de change constituaient des actes de commerce ; examinons maintenant le contrat de change en lui-même, dont la lettre de change est le mode d'exécution.

A. *Le contrat de change.* — Le contrat de change suppose, nous l'avons vu, un déplacement de numéraire, et, comme tel, remonte à la plus haute antiquité, aux temps proches de la création de la monnaie ; ce contrat primitif, dit contrat de *change manuel,* consiste dans l'échange des monnaies ; aujourd'hui, il est d'un usage assez rare, et n'a plus lieu que pour les monnaies d'argent ou de billon, les pièces d'or ayant cours dans tous les pays d'Europe, et même faisant prime dans quelques-uns.

Le développement des relations commerciales entre pays d'outre-mer donne naissance à un autre contrat, appelé au moyen âge « *cambium trajectitium* », aujourd'hui *change local* ou *change tiré* ; la nécessité d'effectuer des paiements dans un pays autre que celui où se trouvait le débiteur fut l'origine de ce contrat, que Cicéron nous montre pratiqué de son temps par *permutatio* (V. IIIe partie, ch. IV).

Le contrat de change est une convention par laquelle une personne s'engage, moyennant une valeur qu'elle reçoit ou qu'elle doit recevoir, à faire toucher à une autre une somme d'argent dans un lieu autre que celui où le contrat est formé. Cet engagement du promettant en échange de la valeur reçue peut s'exécuter de façons multiples ; il chargera un ami ou un tiers qu'il paiera de remettre la somme due dans un lieu peut-être éloigné (autrefois on envoyait un esclave de confiance) ; ou bien, il enverra les deniers par voie de terre ou par navire, ou plus simplement par la poste ; aujourd'hui, il enverra un chèque sur une succursale de la banque où il a des fonds en dépôt ; ou il souscrira un billet à ordre ; mais le plus souvent il tirera une lettre de change sur un de ses débiteurs dans le même lieu, et il la fera parvenir à son créancier.

La lettre de change apparaît ainsi comme le mode d'exécution le plus fréquent du contrat de change ; son existence n'est pourtant pas très ancienne ; elle ne date que du XIIᵉ ou XIIIᵉ siècle, et fut, dit-on, utilisée d'abord en Italie ; peu importe d'ailleurs.

Les développements du commerce intérieur et international ont rapidement multiplié son usage, et de nos jours l'emploi de la lettre de change sera d'autant plus fréquent que, la plupart des législateurs ayant supprimé l'exigence de la remise de place en place, elle est devenue avant tout un moyen de crédit.

Ces considérations historiques ne seront pas inutiles pour arriver à la conclusion que nous cherchons.

B. *Le contrat de change n'est pas commercial par nature.* — On répète partout que la lettre de change est acte de commerce, parce qu'elle est le moule dans lequel se manifeste le plus souvent le contrat de change ; or, il en est ainsi parce que le contrat de change est lui-même un contrat essentiellement commercial.

C'est cette assertion que nous prétendons combattre.

C'est un contrat *sui generis*, c'est certain, et le Code civil, pas plus que le Code de commerce, — d'ailleurs, —

ne s'en occupe ; mais, dit-on, celui-ci le range parmi les contrats commerciaux puisque l'article 632 (4°) répute acte de commerce « toute opération de change ».

a) Le silence du Code civil n'empêche pas le contrat de change d'être civil (ex. pour le contrat d'assurance, dont il ne dit rien non plus, et qui très souvent est civil) ; pourquoi, de sa nature le contrat de change serait-il commercial ? J'habite Paris ; j'ai reçu de Marseille une caisse de savon pour ma consommation, valeur 50 francs ; la maison N. qui m'a fourni est créancière envers moi de 50 francs ; j'ai en même temps à toucher à Marseille à peu près à la même époque une somme de 50 francs, trimestre échu d'une rente viagère ; ou bien je veux régler mon avoué de Marseille de 50 francs d'honoraires que je lui dois, et les lui faire toucher à la succursale du Crédit Lyonnais, avec lequel j'ai un compte à Paris.

Par le moyen d'un mandat tiré sur mon débi-rentier ou sur le Crédit Lyonnais de Marseille, je m'engage envers la maison N. ou envers mon avoué à leur procurer à Marseille la somme qui leur est due ; en quoi ce contrat, cet engagement unilatéral de ma part constitue-t-il un acte de commerce par nature ? Y a-t-il de ma part recherche d'un gain ? le gain, c'est l'extinction de ma dette, et en cela il est vrai, je m'enrichis ; y a-t-il entremise ? il n'y en a pas dans le fait de ce double mandat, mandat à l'un de payer, mandat à l'autre de toucher dans un même lieu ; par ce moyen deux dettes seront éteintes à la fois, voilà tout. Et si le contrat est civil lorsqu'il est exécuté par l'expédition d'un chèque sur le Crédit Lyonnais, pourquoi changerait-il, lorsque j'envoie une lettre de change ? le mode d'exécution d'un contrat n'en change pas la nature ni les conséquences.

b) On ajoute d'ailleurs que l'article 632 pourrait à la rigueur ne s'entendre que d'une opération de change manuel, qui est certainement de la part du changeur un acte d'entremise intéressée ; de plus, le contrat de change n'est pas une « opération de change » ; ces mots doivent s'entendre du fait de s'interposer dans la circulation des effets de commerce, en pratiquant l'escompte de ces titres, et en spéculant sur le cours de ces effets (1).

C. *Raisons de la commercialité de la lettre de change.* — Nous croyons donc avoir démontré que le contrat de change en lui-même n'est pas commercial : la vérité c'est qu'il est né de la pratique du commerce, qu'il est une conséquence nécessaire du trafic international, qu'il est indispensable aux commerçants pour régler leurs opérations ; le contrat de change est né du besoin que de bonne heure eurent les commerçants de deux villes souvent éloignées de s'acquitter de leurs dettes ; il est donc essentiellement commercial par son origine, par les personnes qui le pratiquèrent d'abord. De ce qu'il est ainsi, de ce qu'il a ou a eu généralement une cause commerciale, il ne faut pas conclure qu'il soit un acte de commerce en lui-même ; c'est par une répercussion de la qualité de ses auteurs qu'il l'est devenu, en vertu de la règle de l'accessoire.

Le même phénomène s'est produit pour la lettre de change ; c'est entre commerçants qu'elle servit le plus souvent. De ce fait, l'ordonnance de 1670 tire la conséquence que la lettre de change voile toujours une opération commerciale, elle établit cette présomption irréfragable que la lettre de change est un fait de commerce entre toutes personnes.

---

(1) En ce sens, Bravard et Demangeat, VI, p. 386.

On a donné de ces règles un autre motif plus rationnel : le législateur a voulu favoriser la circulation de ce titre qui sert merveilleusement les besoins du négoce ; et pour atteindre ce but, pour faciliter le crédit, il s'est efforcé de donner pleine sécurité au porteur, en soumettant l'engagement par ce moyen à toutes les sévérités de la loi commerciale, notamment à la contrainte par corps, maintenant abolie (1) ; de ce fait l'utilité de la commercialité de la lettre de change a beaucoup diminué.

Quoi qu'il en soit, le Code de 1807, jusqu'à ces dernières années, déclarait acte de commerce « entre toutes personnes les lettres de change ou remises de place en place ».

« Entre toutes personnes », c'est-à-dire, quelle que soit la qualité du tireur, commerçant ou non, quelle que soit la cause de l'obligation ; encore aujourd'hui, notre Code s'attache à la même présomption qu'admettait déjà l'ordonnance de 1673 ; et cette commercialité se transmet à tous ceux entre les mains de qui passe une lettre de change, c'est-à-dire aux endosseurs successifs (2), et même au donneur d'aval (3).

D. *Quid, du billet à ordre, dit à domicile?* — Le Code de commerce avait conservé aussi l'exigence surannée de la remise de place en place, partant de ce principe que la lettre de change révélant un contrat de change devait avoir pour but d'effectuer un paiement dans un lieu autre que celui d'où elle était tirée. Cette exigence déjà critiquée par le Tribunat en 1807, par le Tribunal de Laigle, et par de savants auteurs (4) a disparu depuis la loi du 7 juin 1894.

(1) Les travaux préparatoires établissent nettement cette intention (V. Locré, *Légist. de la France*, t. 20, p. 93 et s.).
(2) Cass., 21 février 1814, S. 16.1.177.
(3) Toulouse, 23 janvier 1863, S. 63.2.36.
(4) Garsonnet, *De l'influence de l'abolition de la contrainte par corps;*

Mais le texte de l'article 632, soumettant à la juridiction commerciale « les lettres de change ou remises de place en place », avait donné lieu à une interminable discussion : les mots « remises de place en place » n'étaient-ils qu'une explication des mots « lettres de change », ou au contraire devaient-ils s'entendre de toutes remises de place contenues même dans les billets à ordre ? de sorte que le billet à ordre, dit *billet à domicile*, tiré d'un lieu sur un autre, devait être réputé acte de commerce, indépendamment de la qualité du souscripteur ? De cette façon, la commercialité aurait été en quelque sorte une conséquence de la remise de place, de la nature commerciale du contrat de change lui-même (1). On sait en effet qu'aux termes des articles 636 et 637, les billets à ordre ne sont commerciaux qu'en vertu de l'accessoire lorsqu'ils émanent de commerçants et sont souscrits à l'occasion du commerce.

La question ne présente plus guère d'intérêt désormais ; les travaux préparatoires du Code ne donnent pas d'indication permettant de savoir si les mots « remises de place en place » sont explicatifs ou extensifs ; on a discuté durant six séances sur le point de savoir si on réputerait actes de commerce les lettres de change et *tous* les billets à ordre, ou les lettres de change seulement, les uns alléguant que le caractère commercial de celle-ci provenait de la remise de place en place et du contrat de change qu'elle révélait, les autres soutenant que cet effet dérivait de la clause à ordre ou au porteur, ou plutôt qu'il était attaché à tout papier de commerce, passant facilement de main en main comme moyen de crédit (2).

Mittermaier, *Revue étrangère et française de législation*, 1840, p. 849 ; Bergson, *Revue de droit français et étranger*, 1877, p. 98 ; 1848, p. 419.

(1) V. Locré, t. 20, p. 211, discours de Janet.

(2) Sans vouloir nous attarder sur cette question de la commercialité

La jurisprudence même de la Cour suprême s'est ressentie des lacunes que présentaient à ce sujet les travaux préparatoires. D'abord favorable à la commercialité (Cass., 4 janvier 1843, S. 43.1.234), de 1851 à 1880 elle a jugé que le billet à domicile ne contenait qu'un pur engagement civil lorsqu'il n'était pas causé pour fait de commerce (Cass., 9 juillet 1851, S. 51.1.497; 21 août 1854, S. 54. 1.571; 20 novembre 1856, D. 57.1.29); puis revenant à nouveau sur sa jurisprudence primitive, elle a déclaré que le billet à ordre contenant remise de place en place était un acte de commerce (Cass., 20 mai 1880, S. 80.1.309).

A notre avis, du moment que l'article 632 à tort ou à raison envisageait la nature commerciale de l'engagement comme dérivant de la remise de place, le billet à domicile devait être considéré comme acte de commerce ainsi que la lettre de change, entre toutes personnes.

E. *Aujourd'hui, il n'est plus commercial par lui-même.* Mais aujourd'hui les idées ont changé; une loi demandée depuis si longtemps, la loi du 7 juin 1894, a introduit dans notre Code la réforme inaugurée en 1848 par la loi allemande sur le change, et suivie depuis dans presque tous les pays (Belgique, 1872, Grande-Bretagne, 1882, (Bills of exchange act), Italie, 1881): la lettre de change existe et produit tous ses effets même lorsqu'elle est tirée sur le même lieu.

Cette nouvelle règle a entraîné la modification de l'ar-

possible des effets à ordre ou au porteur admise par la loi belge, il ne nous semble pas qu'il faille étendre les dispositions de la loi commerciale à des titres comme les billets et les chèques qui sont employés par les particuliers autant que par les marchands, et qui ne peuvent être considérés comme voilant une opération de trafic ; une présomption qui aboutirait à ce résultat ferait fausse route et nuirait considérablement à l'usage du chèque, et de la clause à ordre en général.

ticle 632, qui désormais déclare actes de commerce « entre toutes personnes, les lettres de change ». Elle est d'ailleurs la conséquence d'un nouvel ordre d'idées savamment étudié par Einert en 1839.

La lettre de change n'est plus aujourd'hui ce qu'elle était autrefois : elle rend des services indépendamment de la *distantia loci* ; à la vérité son caractère s'est modifié ; M. Garsonnet disait en 1868 (*De l'influence de l'abolition de la contrainte*) : « la remise de place en place est la clé de tout le système ; le jour où l'article 110 sera modifié, avec lui disparaîtra toute la théorie du contrat de change. »

L'article 110 a été modifié. « La lettre de change, dit l'exposé des motifs de la loi du 7 juin 1894 (1), n'implique généralement plus aujourd'hui aucune idée de change ; elle constitue surtout un moyen de faciliter la mobilisation des créances. C'est un instrument de crédit grâce auquel le commerçant peut recevoir immédiatement la valeur des marchandises qu'il a vendues à terme.... C'est dans le but de parer aux inconvénients résultant de l'obligation de la remise de place en place que le commerce français a introduit comme un usage courant la formule du mandat à ordre. »

Donc, désormais, comme autrefois, quelle que soit sa cause, quelles que soient les personnes y participant, la lettre de change reste un acte de commerce ; quant à la question de savoir si le billet à domicile doit être commercial elle ne peut plus se poser ; la remise de place en place n'existant plus ; la traite étant devenue un simple instrument de crédit, la *distantia loci* contenue dans le billet à domicile importe peu. Mais alors surgit une autre diffi-

(1) *Journ. offic.*, 1889, Doc. parlem., p. 198, Annexe, n° 74.

culté ; puisque c'est comme titre de crédit simplement que la lettre de change reste acte de commerce, faut-il étendre cette commercialité à tous les autres effets de commerce, moyens de crédit comme elle, ou bien faut-il s'arrêter à la lettre de change ?

F. *Quid, des autres effets à ordre.* — En se prévalant de l'intention du législateur, on peut soutenir que le caractère commercial doit être reconnu à tous les titres de crédit ayant la même utilité que la lettre de change : c'était la théorie proposée par la plupart des orateurs du Conseil d'État, notamment par Beugnot, lorsqu'il disait : « ce qui constitue la lettre de change effet de commerce, c'est le transport rapide d'une main dans une autre, la facilité de la circulation. »

Ce n'est pas cette solution que nous admettons ; d'abord nous avons cru démontrer que l'idée de commercialiser la lettre de change n'était qu'une extension irrationnelle de la commercialité, le contrat de change n'en revêtant pas les aspects : c'est *utilitatis causa* que le Code de 1807 répute la lettre de change acte de commerce, en vertu d'une présomption irréfragable ; il a voulu mettre à la portée des marchands un moyen facile de paiement, au sujet duquel les contestations puissent être jugées rapidement. On a voulu augmenter le crédit du commerce et de ceux qui signaient ces titres en donnant au porteur la garantie de la contrainte par corps, et en lui évitant la discussion de savoir si ce titre avait ou non une cause commerciale.

Aujourd'hui la contrainte par corps n'existe plus ; il n'y a donc pas lieu d'étendre aux autres effets de commerce employés fréquemment par des non-commerçants, des règles qui ne se comprennent que pour un titre d'un usage essentiellement commercial (1). Molé s'écriait en 1807 (2) : « le billet à ordre (on pourrait en dire autant aujourd'hui du chèque) me paraît précisément le papier ou l'engagement négociable des hommes non commerçants ; au contraire, la lettre de change représente toujours une portion d'un capital disponible ; le billet à ordre, souscrit par le propriétaire, l'agriculteur ou l'artisan représente le plus souvent une portion de revenu, de profit ou même de capital dont on attend le recouvrement. Le billet à ordre est un abus dans le commerce, attendu qu'il offre un engagement trop faible pour lui ; il semble n'être créé que par les autres classes de la société. »

C'est avec raison que l'éminent orateur basait sa distinction sur les causes de l'engagement : que l'on doit toujours présumer commerciales pour la lettre de change, et civiles pour les autres billets.

Enfin, le système que nous adoptons est celui qui a été incidemment exposé par M. Marty, rapporteur de la loi de 1894 devant la Chambre des députés.

« La suppression (des derniers mots de l'art. 632) aura pour résultat de mettre un terme à une divergence profonde qui existe en jurisprudence... Désormais, le billet à domicile restera pour tous sans contestation possible cette fois ce qu'il était dans la pensée des rédacteurs du Code de commerce, un simple billet à ordre, au caractère tantôt civil, tantôt commercial, selon la nature de l'opération à laquelle il se rattache. »

C'est là, croyons-nous, la solution à laquelle il faut adhérer, elle est conforme à la logique, et elle déchargera

(1) V. à propos du chèque. Discours de Rouher, au Corps législatif, séance du 23 mai 1865.
(2) Locré, t. 20, p. 152.

les tribunaux de commerce déjà trop encombrés de la connaissance des titres qui n'ont rien de commercial, pas même les apparences.

SECTION II. — **Sociétés à forme commerciale et à objet civil.**

A côté de la lettre de change, la forme de l'engagement a la vertu de commercialiser l'opération accomplie. Cela résulte de la loi récente du 1ᵉʳ août 1893, sur les sociétés, et tranche une question, jusque-là douteuse pour quelques interprètes.

L'opinion prédominante soutenait que la commercialité d'une société ne pouvait aucunement résulter de la forme qu'elle avait employée, mais seulement de son objet, et que par conséquent une société à forme commerciale et à objet civil était purement civile (1). L'attribution de compétence n'est qu'une des moindres conséquences de la nouvelle loi : la personnalité civile, la faillite, la responsabilité limitée des actionnaires, l'obligation de tenir des livres sont celles qui modifient le plus profondément le régime de ces sociétés, jusqu'ici variable au gré de la jurisprudence, et soumis à l'influence des considérations du moment.

L'article 68 nouveau de la loi de 1867 sur les sociétés porte la disposition suivante :

« Quel que soit leur objet, les sociétés en commandite ou anonymes qui seront constituées dans ces formes du

---

(1) Paris, 15 février, 17 août, 29 août 1868, S. 68.2.329 et note Labbé ; — Dijon, 19 mars 1868, S. 68.2.331 ; Trib. civ. Seine, 4 févr. 1889, S. 89. 2.47 ; Paris, 8 mars 1889, S. 89.2.225 (Compagnie de Panama). *Contrà*, même affaire, Comm. Seine, 18 févr. 1889, S. 89.2.225.

Code de commerce ou de la présente loi seront commerciales et soumises aux lois et usages du commerce. »

A. *Raisons de la commercialité.* — Cette extension de la commercialité de forme à de grandes entreprises ayant un objet civil nous paraît absolument rationnelle : « il n'y a rien d'anormal ni de contraire aux principes du droit, — dit Clausel de Coussergues, dans son rapport, — à dire que pour déterminer le caractère civil ou commercial de la série d'actes réalisés par une société, il ne faut pas se restreindre à la nature des opérations, mais il faut s'attacher aussi à l'esprit de spéculation qui préside à l'entreprise, aux procédés employés, aux appels au crédit, etc. »

La loi, ici encore, s'attache à la forme de l'engagement, et elle établit la présomption que l'usage des procédés commerciaux révèle la commercialité, présomption contre laquelle la preuve contraire n'est pas admise. Cette présomption nous paraît très juste et voici pourquoi :

Toute société qui se forme a en général un but de lucre, des bénéfices à partager ; celles qui se lancent dans des opérations de nature purement civile, tant qu'elles n'ont pas recours aux formes employées par les grandes entreprises commerciales, par les sociétés de capitaux, forment de simples sociétés de personnes, dont les opérations ne diffèrent guère de celles accomplies par un particulier : qu'une carrière soit exploitée, qu'un immeuble soit acheté en vue d'être revendu, par Pierre seul, ou à frais communs par Jacques et Jean, c'est à peu près la même chose. Mais quand les fondateurs de l'entreprise, non contents d'unir leurs mises, font appel au crédit public, s'annoncent bruyamment, attirent les souscriptions par le moyen de la publicité, mettent en circulation des titres destinés à avoir cours sur le marché, à passer de main en main, à repré-

senter de l'argent, ils créent alors un mouvement de
capitaux qu'ils ont pour but de mettre en valeur ; la société
compte sur ces capitaux pour réaliser les grosses affaires
qu'elle a en vue ; en un mot elle complète sa commercialité en effectuant une sorte d'entremise, en faisant valoir
les capitaux qui lui sont confiés, en les faisant circuler, en
les rendant productifs, et c'est à bon droit que cet ensemble
d'opérations est réputé acte de commerce.

Ces considérations nous permettent de décider que les
commandites par intérêt à objet civil restent civiles ; ce
sont des sociétés de personnes où les capitaux associés
n'ont pas la même importance que dans les sociétés par
actions. Cette solution est d'ailleurs conforme aux travaux
préparatoires de la loi où il n'est question que des *sociétés par actions* (Proposition de loi de M. Thellier de Pon-
cheville, rapport de M. Clausel de Coussergues) (1).

Désormais, seront commerciales les sociétés immobilières à forme de commandite ou d'anonymat, les sociétés
minières, les sociétés de construction et d'exploitation
d'eaux, dans les cas où elles seraient restées civiles, les
sociétés coopératives, les sociétés de crédit agricole à objet
coopératif (loi du 5 novembre 1894, art. 4), etc., pourvu
qu'elles soient de création postérieure à la promulgation
de la loi. Les sociétés civiles antérieures ne deviennent
pas de plein droit, mais peuvent devenir commerciales
en vertu d'une délibération de l'assemblée générale extraordinaire (art. 7 de la loi de 1893).

B. *Domaine d'application de la règle.* — Une question s'est posée : ces sociétés nouvelles à forme commerciale et à objet civil attribueront-elles ce caractère com-

(1) En ce sens, MM. Lyon-Caen et Renault, *Traité de dr. comm.*, II,
Appendice, n° 51.

mercial à tous les actes par elles accomplis ; ou cette commercialité, toute d'extérieur, ne s'applique-t-elle qu'à la société elle-même, les actes qu'elle accomplit conservant leur caractère civil ?

M. Lyon-Caen prétend (*Revue du commerce et de l'industrie*, 1894, p. 118) que les actes de ces sociétés à forme commerciale conservent leur caractère civil ; « il n'y a vraiment aucune notion ni théorique ni pratique pour imprimer le caractère commercial, lorsqu'ils sont faits par des sociétés, à des actes ayant le caractère civil lorsqu'ils le sont par des individus ».

M. Lacour critique cette théorie (Dalloz, 95.2.107) : il soutient que les actes de cette société doivent être commerciaux ; comment comprendre qu'une société déclarée commerciale par la loi puisse accomplir des actes civils ? une société, personne morale, ne peut faire que des actes d'une seule nature, conformes à son but, civils ou commerciaux ; elle n'est pas comme un particulier ; or la société en question est commerçante ; ses actes ne peuvent être que des actes de commerce ; l'opinion adverse est d'ailleurs en contradiction avec les travaux préparatoires de la loi (V. pour plus de détails la note précitée) ; de plus, simplement en vertu de la règle de l'accessoire, tous les actes accomplis par cette société commerciale ne peuvent être que commerciaux.

M. Thaller (*Ann. de dr. comm.*, 1894, p. 129) admet à peu près la même théorie, sauf en ce qui concerne les sociétés immobilières : car, « ce qui résiste à la commercialité, ce n'est pas la nature de l'opération, c'est la qualité de la chose sur laquelle elle porte », les immeubles ne sont pas des produits circulants.

Les raisons que nous avons données pour expliquer la

commercialité de ces sociétés vont nous permettre de trancher la question dans le sens proposé par M. Lacour.

C'est par suite du mouvement de capitaux qu'elle met en valeur que la société en question revêt le caractère commercial ; tous les actes accomplis par elle auront la même nature, parce qu'ils auront la même destination. Nous avons vu de plus que les immeubles, suivant nous, ne résistaient pas à la commercialité ; c'est l'esprit de la loi, ce sont les textes qui actuellement les empêchent de tomber sous la loi marchande. La loi de 1893 est venue changer la donnée du problème ; le législateur moderne s'inspirant de notions plus neuves, et pliant la loi aux nécessités de la pratique, a reconnu le caractère commercial à toutes les sociétés par actions, quel que soit leur objet, sans qu'on ait à distinguer si elles opèrent sur des immeubles ou des produits circulants, d'autant plus que, si on poussait à bout la théorie de M. Thaller, il faudrait mettre à l'écart non seulement les sociétés immobilières, mais toutes les entreprises auxquelles M. Thaller a refusé le caractère commercial parce qu'elles ne s'interposent pas dans un produit neuf (entreprises de nettoiement, d'électricité, de terrassement, de constructions, etc.). La loi de 1893 deviendrait dès lors inutile ou rarement applicable.

CONCLUSION

L'ancienneté, devenue l'imperfection, de notre Code de commerce ne semble guère préoccuper le législateur actuel de notre pays. Alors qu'un mouvement d'idées favorables aux modifications des lois commerciales s'est produit ou tend à se manifester dans la plupart de Etats voisins, le Code français de 1807 reste à peu près stationnaire, et dans les sphères parlementaires, l'opinion se désintéresse de ces questions. Pour ce qui a trait à notre matière, si nous n'avions des auteurs heureusement inspirés des principes du droit et de la science économique, et une jurisprudence progressive docile aux nécessités de la pratique, la théorie des actes commerciaux terrestres resterait figée dans l'énumération déjà centenaire de notre article 632.

Or, en un siècle, surtout dans ce siècle-ci, le commerce a pris un développement surprenant : le procédé de l'énumération des actes de trafic, qui, comme nous l'avons démontré, a toujours été et par la force des choses restera toujours imparfait, est devenu complètement insuffisant. Aux progrès du commerce auraient dû correspondre des changements dans la loi destinée à régir les rapports qu'il fait naître et à englober les institutions nouvelles ; il n'en a rien été malheureusement, et tandis que les Codes allemand, belge, italien, espagnol, ont mis leurs dispositions au courant des besoins actuels, nos lois n'ont rien fait et ne cherchent rien à faire dans ce but. — Une seule modification s'impose, mais elle est radicale ; nous

l'avons fait prévoir : remplacer l'énumération de l'article 632 par une définition répondant aux desiderata que
nous avons formulés : c'est-à-dire, tenant compte à la fois
du caractère juridique des actes accomplis, de la notion
économique du commerce, et du rôle immuable, quoique
toujours changeant qu'il remplit dans la société.

Cette définition, nous avons cru la trancher, en proposant de dire que l'acte de commerce était « *un acte d'entremise intéressée entre le producteur et le consommateur
de toute valeur susceptible de satisfaire les besoins du public* » ; essayant ainsi de former la synthèse des différents
termes de l'article 632, et d'indiquer un critérium conforme
aux aspirations du présent et aux nécessités de la pratique.
Nous avons été conduit ainsi à formuler un système plus
vaste que la notion strictement économique du commerce,
plus précis que la théorie de la spéculation. Nous avons
donné les motifs de notre choix.

Le professeur Manara (1), après avoir proposé une définition des actes de négoce, justifie pleinement le législateur d'avoir employé la méthode énumérative et de ne
pas avoir posé en tête de son œuvre, le principe abstrait
découvert par le juriste : « ce serait, dit-il, une impré-
voyance extrêmement nuisible qui jetterait le doute dans
l'esprit du magistrat, car il est bien différent de saisir
l'idée abstraite du commerce et de l'acte de commerce
objectif, et de déterminer quels actes juridiques répondent
le mieux concrètement à cette idée ».

Cette crainte n'est pas complètement dénuée de fondement ; car l'abstraction même contenue dans toute définition oblige le magistrat chargé de l'appliquer à une série

(1) *Gli atti di commercio*, n° 20.

de raisonnements délicats que ne comporte pas l'emploi de l'énumération ; celle-ci implique une simple comparaison de faits et la question est résolue. Cependant, nous avons-vu les difficultés pratiques auxquelles donnaient lieu ces comparaisons ; elles ont abouti à des assimilations fantastiques ; outre que l'énumération est insuffisante, elle laisse le juge errer sans guide dans le dédale des actes juridiques les plus variés ; avec une définition, peut-être il est vrai mal comprise d'abord, et diversement interprétée, mais tout au moins immuable, les auteurs et les magistrats auront un point de départ fixe de leurs conclusions, un fil conducteur permettant à leurs décisions de se conformer à une même règle ; et si quelques divergences d'interprétation se manifestent, elles seront bientôt réduites et ramenées à l'application d'un seul principe, grâce à la jurisprudence uniforme de la Cour suprême.

La vérité, c'est que la limite des faits commerciaux et des faits civils est souvent fort difficile à marquer nettement, et les questions d'espèces y auront toujours une grande influence : l'établissement d'une définition en tête du Code de commerce aura l'avantage énorme de simplifier les difficultés et de diminuer le nombre des questions de fait, — en attendant les réformes dont l'opinion française ne semble pas soupçonner l'existence. Quelles sont d'ailleurs ces réformes ? — les auteurs sont loin d'être d'accord.

Ne conviendrait-il pas d'abord d'étendre l'application du droit commercial au delà de ses limites naturelles, en plaçant sous son égide, non seulement les actes qui par nature dépendent du commerce, mais les actes de tous ceux qui agissent à la façon du négoce ? C'est alors que les difficultés commencent ; sans doute, il faudra absolument

laisser sous la loi civile les faits de consommation, et c'est
à notre avis une erreur insigne du Code de commerce italien d'avoir englobé dans son énumération des actes qui ont
pour cause et pour fin la satisfaction des besoins personnels
du consommateur, l'immobilisation de la richesse et non
sa circulation. Mais en dehors de ces faits, dont la nature
civile n'est pas douteuse, à quel signe extérieur s'attacher
pour définir la commercialité? C'est ce critérium que la
loi a adopté en matière de lettres de change et de sociétés
par actions; ne serait-il pas bon de l'étendre aux engagements de tous ceux qui opèrent à la façon des commerçants, qui emploient leurs procédés, qui se présentent
comme eux? Ne devra-t-on pas alors reconnaître le caractère commercial au fait de s'offrir directement au public,
pour vendre les produits de son fonds, en tenant boutique ou magasin, ouvert à tous, en usant de publicité
pour attirer la clientèle? Cela serait bien vague, et le médecin consultant dans son cabinet ferait trafic comme le
vigneron vendant son vin dans une boutique, ou le bû-
cheron livrant son bois dans un chantier! on pourrait
peut-être exiger qu'il s'y ajoutât l'usage de faire appel au
crédit, le fait d'avoir un compte ouvert chez un banquier,
de souscrire ou d'endosser des effets commerçables, de
signer des lettres de change. Mais alors où commencer et
surtout où s'arrêter? S'il fallait prendre parti, il nous semble que le fait d'agir à la façon de l'industrie ou du commerce, manufacturant ses produits, ou les vendant directement au public sans entremise, joint au fait de signer
habituellement des effets de commerce dans l'intérêt de
ses affaires, pourrait être considéré comme un acte commercial et entraîner avec l'aptitude à la faillite la compétence des juges consuls : n'avons-nous pas démontré que

les désirs du public étaient la raison d'être du commerce?
et l'extension de la commercialité consisterait alors à supprimer la condition de l'entremise réelle, et à faire participer au trafic tous ceux qui se mettent en relations direc-
tes avec le public et font appel au crédit. C'est cette idée
qui a fait classer l'agence d'affaires parmi les entreprises
commerciales, et ce serait peut-être un moyen de donner
un peu de crédit à l'agriculture.

Allant plus loin encore, d'autres ont préconisé avec
beaucoup de conviction l'établissement d'une faillite civile
ou d'un mode de liquidation commun aux négociants et
aux particuliers (1). Sans insister non plus sur les projets
de modification au mode de recrutement des juges consulaires, ni sur la suppression même de ces juridictions, —
réformes proposées par de très bons esprits, armés d'arguments péremptoires (2), — il serait peut-être utile, pour
mettre fin à cette éternelle antinomie de l'acte civil et du
fait commercial, d'opérer la fusion en un seul code du
droit civil et du droit des marchands, de faire une théorie
unique des obligations applicable à tous les citoyens et de
supprimer cette distinction de l'ordre civil et de l'ordre
commercial que beaucoup considèrent comme une ano-
malie dans l'état de notre société moderne.

Un mouvement d'opinion assez marqué se produit en
ce sens en Italie, où, comme l'on sait, une loi de 1888 a
supprimé les tribunaux de commerce. M. Vivante préconise vivement cette réforme, facilement réalisable, dit-il,

(1) Montluc, *Revue internat. du droit privé*, 1869, p. 569 ; — Thaller,
Des faillites en droit comparé, I, nº 37.

(2) Rivière, *Etude sur les tribunaux de commerce*, nºˢ 39 et s. ; Lyon-
Caen, De la juridict. commerc. en France et à l'Etranger, *Ann. de l'E-
cole libre des sciences polit.*, 1895, p. 506 ; — Thaller, L'avenir des tribunaux de commerce, *Ann. de dr. commerc.*, 1889, p. 200.

par suite de l'extension de la commercialité à des faits qui par nature ne participent pas au trafic, par suite de l'infiltration lente des procédés et des usages commerciaux dans la pratique de la vie civile, et surtout grâce à la suppression des tribunaux consulaires (1). Cette idée trouve un terrain favorable chez nos voisins ; la suppression des juges commerciaux la facilite, et la théorie éparpillée de la commercialité la rend désirable.

Il est loin d'en être ainsi chez nous : les tribunaux consulaires ont la vie dure en France ; leur institution n'est pas menacée ; et à côté de raisons théoriques, des questions budgétaires seraient peut-être les premières à s'y opposer.

Quant à la fusion du droit civil et du droit commercial, quant à leur unification dans une même loi, elle exigerait une refonte complète de nos deux codes du droit privé ; c'est une réforme que peu d'hommes en France oseraient proposer, et que nul ne serait assez courageux pour entreprendre. La question n'est pas à l'ordre du jour de l'opinion ; M. Thaller (2) l'a posée il y a déjà dix ans sans rencontrer beaucoup d'adhérents ; pourtant les arguments qu'il mettait en avant n'ont pas vieilli ; un mouvement très marqué s'est produit en Italie ; l'année dernière enfin, M. de la Grasserie (3), s'imaginant soulever un débat nouveau, développait ce projet gigantesque avec une dialectique insuffisante pour en assurer le succès.

A la vérité, la question n'est pas mûre en France ; l'indifférence du législateur pour ces réformes théoriques ne

---

(1) Histoire et Polémique, *Ann. de dr. commerc.*, 1893.
(2) *Des faillites en droit comparé*, I, nº 37.
(3) De la fusion du droit commercial et du droit civil, *Revue du commerce et de l'industrie*, mai-août 1896.

permet pas d'espérer d'ici longtemps cette maturité. Et, jusqu'à l'accomplissement de cette fusion des deux droits, désirable peut-être, mais actuellement impossible, la notion de l'acte de commerce objectif reste la notion de l'avenir ; car elle est encore la base la plus rationnelle et la plus philosophique de la distinction du droit civil et du droit commercial ; malheureusement, elle repose sur des assises mouvantes et mal établies : il faut veiller au plus pressé et substituer à l'énumération incomplète et déjà trop vieille une définition rationnelle, qui s'inspire des tendances du présent et tienne compte des nécessités de l'avenir.

Vu :
Le Président de la thèse,
E. THALLER.

Vu :
Le Doyen,
E. GARSONNET.

Vu et permis d'imprimer :
Le Vice-Recteur de l'Académie de Paris,
GRÉARD.

TABLE DES MATIÈRES

§ 2. — Systèmes soutenant l'impossibilité d'une définition. .   46
§ 3. — Les travaux préparatoires du Code de commerce. . .   49
§ 4. — Possibilité d'une définition ; ses avantages   55

DEUXIÈME PARTIE

QU'EST-CE QU'UN ACTE DE COMMERCE ? SYSTÈMES PROPOSÉS

CHAPITRE I. — **Étude sommaire de l'énumération de l'article 632**   61

CHAPITRE II. — **Les idées de la jurisprudence sur les actes commerciaux**   65

§ 1. — Caractère onéreux   67
§ 2. — Esprit de spéculation   70
    A. Intérêt pécuniaire purement personnel   82
    B. Nature incertaine du profit   86
§ 3. — Mobilité juridique et économique des objets du commerce   88
§ 4. — Actes intermédiaires entre la production et la consommation   95
    A. Faits de consommation   96
    B. Faits de production   96
    C. Faits de production mélangés d'entremise   100

CHAPITRE III. — **Système des auteurs**   107

SECTION I. — *Système de la spéculation*   108
SECTION II. — *Système de l'intermédiaire spéculant.*   113
SECTION III. — *Système de la circulation des biens.*   117

TROISIÈME PARTIE

ESSAI DE DÉFINITION DE L'ACTE DE COMMERCE.

CHAPITRE I. — **Caractères de l'acte de commerce**   123

SECTION I. — *L'acte de commerce est un acte juridique à titre onéreux.*   124
SECTION II. — *Il est accompli dans la sphère du commerce.* .   125
SECTION III. — *Qu'est-ce alors que le commerce ?.*   125
§ 1. — Définitions proposées   126
§ 2. — Différences entre la notion juridique et la notion économique du commerce   127
    A. Au point de vue économique   128
    B. Au point de vue juridique   130

QUATRIÈME PARTIE

ÉTUDE DE L'ÉNUMÉRATION DE L'ARTICLE 632. — CONSÉQUENCES PRATIQUES DU SYSTÈME ADOPTÉ.

Imp. G. Saint-Aubin et Thevenot. — J. Thevenot, successeur, Saint-Dizier (Haute-Marne).

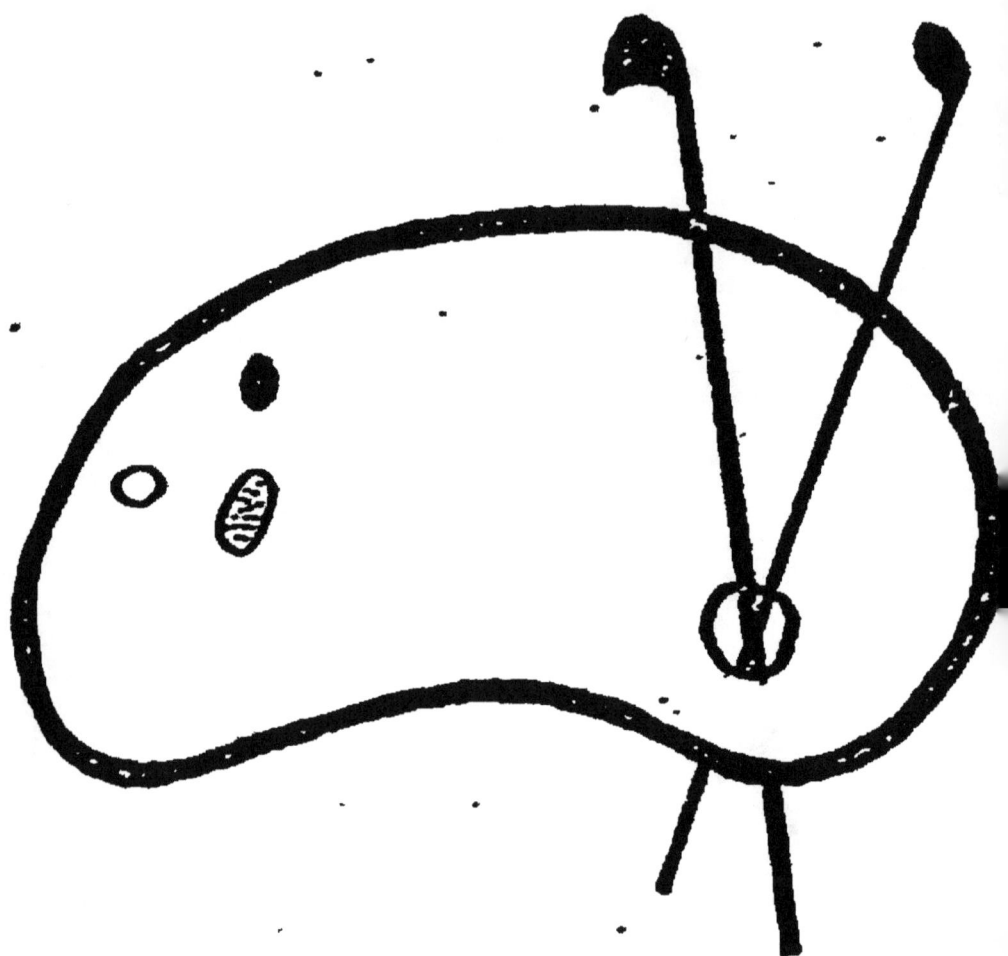

ORIGINAL EN COULEUR
NF Z 43-120-8